出土簡帛
《周易》疏證

趙建偉　著

序

關於《易經》，除傳世本之外，尚有記載中的所謂《連山》、《歸藏》；但對於後二者的具體情況我們不得而知。雖然後人輯有《歸藏》的六十四卦卦名及零星記載，但仍不甚了了。近年來陸續公佈了馬王堆漢墓帛書《周易》六十四卦卦爻辭、《繫辭傳》和《二三子問》、《易之義》、《要》、《繆和》、《昭力》等《易》說，以及安徽阜陽漢簡《周易》六十四卦卦爻辭殘文（包括殘缺的占問卜辭）等出土資料，這使我們對《周易》的研究有可能往前更推進一步。

筆者與陳鼓應先生合作撰著出版了《周易注譯與研究》一書，其間積累了大量的文獻資料，《出土簡帛周易疏證》一書也正是在這個基礎上寫成的。

對於這些有關《易》的出土文獻資料做全部的系統整理和研究的論著目前還沒有，這也是《出土簡帛周易疏證》的價值與難度所在。

本書寫作分八個部份，分別對今本、帛本、簡本、《歸藏》的成卦法和卦序以及今本、簡本（即阜陽漢簡《周易》）、帛本、《歸藏》之卦名進行研究；對今本、帛本、簡本六十四卦卦爻辭以及簡本有些卦中殘存的占問卜辭亦間做詮釋，我們可以藉此瞭解古人的實占情況；對今本、帛本《繫辭》異文做疏證（我們僅附六十四卦及《繫辭》的今本原文；另外，有些不重要的異文則不做詮釋）；並對《二三子問》、《易之義》、《要》、《繆和》、《昭力》等《易》說做疏證。

目　　　錄

第 一 部 份
關於今本、帛本、簡本和《歸藏》疏證

一、今本、帛本、簡本之成卦法及卦序

《晉書·東晳傳》載《汲塚竹書》與《易》相關者爲："其《易經》二篇，與《周易》上下經同"、"《易繇陰陽卦》二篇，與《周易》略同，其繇辭則異"。所謂"二篇"，即《繫辭》"大衍之數"章"二篇之策"的"二篇"，指今本《周易》分上、下經。今本《易經》六十四卦的成卦和排序，是立足於爻畫，即以"非覆（卦爻翻覆）即變（卦爻反對）"爲原則，將六十四卦分爲兩兩相對的三十二組。其成卦是有序的，其排次則是隨意的。帛本《易經》則立足於三畫的單卦重組，即以"分陰分陽"爲原則，將八經卦重組爲分別由《乾》、《坤》率領的陰陽各三十二組的六十四別卦。所謂"經卦皆八，別卦皆六十有四"應該是指帛書《周易》和簡本《周易》而說。

阜陽殘簡《周易》的成卦法和卦序無法得知，但它的很多卦名及卦爻辭的用字與帛本相近。尤其卦爻辭後附有占問卜辭，這與帛書《周易》按照重卦法分爲八宮的實占性質相一致。因此，我們懷疑簡本與帛本在成卦法和卦序上可能有內在聯繫。

《汲塚竹書》所記"《易繇陰陽卦》二篇，與《周易》略同，其繇辭則異"，這指的應該不是帛本和簡本《周易》，因爲帛本和簡本《周易》的卦爻辭與今本《周易》基本相同，而且也不分上下篇。

二、《歸藏》的卦序與結構

《歸藏》也叫《坤乾》，從這個名目看，大概也如同帛本《周易》一樣是"分陰分陽"編排的，或許與《元包》的次序相近，《汲塚竹書》中的"《易繇陰陽卦》二篇"可能指的就是《歸藏》。它分陰分陽編排，陰卦居陽卦前，經卦皆八、別卦皆六十四，而有些卦名及繇辭（即卦爻辭）則與《周易》略有區別。《歸藏》的卦序及編排方式可能即保存在《說卦》中，而所謂"繇辭則異"則可從《繫辭》中略見一斑。如《繫辭下》二章"服牛乘馬，引重致遠，以利天下，蓋取諸《隨》"、"上古結繩而治，後世聖人易之以書契，百官以治，萬民以察，蓋取諸《夬》"。《周易》中《隨》卦的卦名、卦象、卦爻辭與"服牛乘馬"頗有距離，《夬》卦的卦名、卦象、卦爻辭與"書契"同樣相去甚遠。然而，《歸藏》中《隨》作《馬徒》，《夬》作《規》。"馬徒"這一卦名與"服牛乘馬"相合，"規"有刻畫之義，與"書契"亦相合。可以猜想《歸藏》中《馬徒》卦及《規》卦的卦爻辭與《周易》中《隨》卦及《夬》卦有異而與"服牛乘馬"、"書契"相關。

　　《說卦》五章說"坎者水也，正北方之卦也；勞卦也，萬物之所歸也，故曰勞乎坎"。《坎》代表正北方冬至節氣。"勞"可如字解釋爲勞倦，萬物至此勞倦而歸藏休息。以五行說之，則水屬智，智者勞。然而"勞"又與"牽"、"牢"相通（《歸藏》"坎"作"牽"，《說文》"牽，從牛勞省聲"，李過亦說"者勞也"；《後漢書應劭傳》注"牢，或作勞"），陷爲牲坎，關牲爲牢（《周禮·充人》注"牢，閑也"），因此"勞乎坎"蓋即"牢乎坎"，言萬物閉藏於《坎》；"勞卦也，萬物之所歸也"，謂《坎》卦象徵閉闔，萬物至此而歸藏。《呂覽·仲冬紀》也說"無發蓋藏，以固而閉"，《音律》篇說"仲冬日短至，則生黃鍾。黃鍾之月，慎無發蓋，以固天閉地"。又按：《歸藏》卦名之"坎"既然寫作"牽"（牢、勞），又有閉闔歸藏之義，則其卦序很可能是首《坤》、《乾》而終於《坎》（牽、牢、勞）。從《說卦》五章中可知，《連山》與《歸藏》之卦序皆與四時八節相配合，則此二《易》最初皆兼有"治曆明時"之功用。從"帝出乎震"及《坤》不言方位來看（坤土王於四時），其與相生之五行說及四時的關合也是十分明顯的。

三、今本、帛本、簡本之卦名

　　《周易》之卦名，或取諸卦象、或取諸卦爻辭中所含的某一個字或某兩個字、或取諸六爻中某一爻的核心意思，而《彖》、《象》、《系》、《說》、《序》、《雜》六傳則與今本、帛本、簡本《周易》的卦名大抵相對應，它們都屬於同一個大系統是不成問題的。

我們在第二部份《六十四卦異文疏證》中會談到各卦卦名異文問題，所以這部份暫且不談，我們僅以《豫》卦爲例來說明這個問題。

今本《豫》卦，帛本作《餘》，《歸藏》作《分》。今本卦名之所以叫《豫》，因爲（1）、爻辭中有"豫"字。（2）、卦象爲上《震》雷、下《坤》順，有春雷動地而萬物和樂之象，故卦名爲《豫》；《彖傳》"豫順以動"的"豫"即取"和樂"之義。（3）、春雷動出，萬物舒伸，則卦名之"豫"字又讀爲"舒"，《象傳》"雷出地奮，豫"即取斯義；帛本作《餘》，"餘"、"豫"音假並皆與"舒"相通。（4）、"豫"又有"備豫"之義，《繫傳》"重門擊柝，以待暴客"即取此義。

循著這樣的脈絡，《歸藏》之作《分》就可以給出答案了。《歸藏》的卦名、卦爻辭與今本、帛本、簡本大部份都接近或相關，而"分"與"豫"、"餘"音義無關，與本卦卦爻辭亦無聯繫。因此，疑"分"爲"介"字之訛（《孟子音義上》"介字多作分，誤也"，《易略例》、《周禮·內宰注》、《周禮·大宗伯注》、《莊子·庚桑楚》等書之《釋文》說"介本作分"）。本卦六二爻辭說"介于石"，故《歸藏》取其爻辭之字而名其卦名爲《介》；"介"又與"芥"通，有幾微之義（《一切經音義·十五》"介，微也"），故《繫辭》不但從今本卦名（《豫》）而闡發爲"重門擊柝，以待暴客"，又從《歸藏》卦名（《介》）而闡發爲"知幾其神乎……幾者動之微，吉之先見者也。君子見幾而作，不俟終日。《易》曰：介于石，不終日，貞吉。介如石焉，寧用終日，斷可識也"。

四、《歸藏》之卦名

《歸藏》的卦爻辭與《周易》有異，但很多可能都相近，這從大部份的卦名與《周易》都相同或相關這一事實中可以得知。如：《說卦》說"《坤》爲大輿"，《歸藏》中《坤》作《兴》，其音義當與"輿"相關。《需》卦爻辭說"需于酒食"，《象傳》說"君子以飲食宴樂"，《序卦》說"物稚不可不養也，故受之以《需》，需者飲食之道也"，似皆讀"需"爲"濡澤"之"濡"，《歸藏》作《溽》，亦沾濡滋養之義。帛本《少執》卦，今本作《小畜》，《歸藏》作《小毒

5

畜》。"孰"、"畜"同音，"毒"與"孰"同音（《老子》"亭之毒之"，河上公本、嚴遵本"毒"作"孰"），《歸藏》之《小毒畜》爲帛本《少孰》及今本《小畜》之複合。又如帛本《林》卦，今本作《臨》，"林"訓爲"君"，"臨"訓爲治，本卦象爲君主臨治民眾。《歸藏》作《林禍》。"禍"與"轄"同音，"轄"亦有"治"義；"禍"又與"夥"古通，有"眾"義。總之亦謂君主治眾，似亦爲帛本、今本之複合。又《坎》卦之"坎"字本義爲陷牲之阱陷，《歸藏》作《犖》，"犖"與"牢"通。在地下陷牲爲坎，在地上關爲牲牢，二者有聯繫。後天圖中，《坎》爲勞卦，居正北，萬物歸藏（見《說卦》），而"犖"與"牢"、"勞"音通，干寶引《歸藏》作《初犖》，將萬物至此倦勞歸閉（《周禮·充人》注"牢，閑也"，"閑"即關閉之義）的方位亦已標明。

第 二 部 份
六十四卦異文疏證

一、乾 ䷀（下乾上乾）

乾，元亨利貞。

初九，潛龍勿用。

九二，見龍在田，利見大人。

九三，君子終日乾乾，夕惕若，厲無咎。

九四，或躍在淵，無咎。

九五，飛龍在天，利見大人。

上九，亢龍，有悔。

用九，見群龍無首，吉。

【疏證】

1、今本、《歸藏》卦名皆作《乾》，帛本作《鍵》（九三之"乾乾"帛本亦作"鍵鍵"）。按：今本九三爻辭有"乾"字，故取以爲卦名（猶《未濟》六三爻辭有"未濟"字故取以爲卦名）；然卦名爲《乾》字之義與九三"乾"字之義有別，卦名之《乾》用其本義，九三之"乾乾"用其引申義。

《說文》釋"乾"爲"上出也"，所從之"倝"釋爲"日始出光倝倝也"。日之升落表現爲日出、日中、日昃，與六爻所取象的現龍、飛龍、亢龍、潛龍相同，《彖傳》"大明終始"正與此相合。

古人以日爲陽精之氣所聚，日氣、雲氣即是龍的創想來源之一，虹霓也是日氣、雲氣的一種，與龍同象。《乾》卦可能就是古人根據日光氣的不同形狀和亮度而占筮吉凶的筮辭記錄，蓋即《周禮•眡祲》中的"占暉"一類。

"乾"字本爲日之上出、光氣升騰，因與"天"字音近，又因爲"天乃積諸陽氣而成"，所以後來說《易》者便有了"乾爲天"的說法；又因爲陽爲氣所爲之"龍"健行不息，周行環流，加之乾、健聲近，說《易》者又有了"乾，健也"的說法，並且有的本子如帛本索性把《乾》卦的卦名寫成了"鍵"。（有人認爲《周易》之《易》，其本義指日出黃振華：《論日出爲易》，載《哲學年刊》第五輯，一九六八年十一月，臺灣商務印書館），此有一定道理，與其六十四卦首卦的《乾》構成內在聯繫。

卦名《坤》本寫作"川"，謂水流穿地而行。首卦《乾》、《川》，一說上出，一說下注；上出者積陽成天，下注者積陰成地（坤）。日出可乾燥萬物，段玉裁《說文解字注》說"上出爲乾，下注則爲濕，故乾與濕爲相對"。上出之日氣與下注之川水對，亦是此理。

今本《乾》卦小象仍寫作"乾乾"而大象卻把"天行，《乾》"寫成了"天行健"，有可能是受了帛本的影響。

2、夕惕若，厲無咎：

"惕"字帛本作"㞞"，"尸"蓋"夷"字古文之省寫（《漢書•高帝紀》顏注"㞞，古夷字"），與"易"音同（《書•堯典》"厥民夷"，《史記•五帝本紀》作"厥民夷易"，臧琳說："當是以易代夷，轉寫誤，兩存之"），所以帛本之"㞞"借爲"惕"。

3、用九：

六十四卦每卦皆六爻，只《乾》、《坤》兩卦多出一爻，即"用九"、"用六"，表示此兩卦所筮得的六爻皆爲可變之爻陽九（即老陽）或可變之爻陰六（即老陰）。"用九"、"用六"之"用"字帛書作"迥"，有人認爲"迥"爲"用"之借字，或釋"迥"爲"同"。然《易》中"用"字，"同"字習見，帛書均如字作，可見"迥九"，"迥六"別有他義。"迥"即"通"（《太玄•

摘》注"迴，通也"），謂變、變通。就實際操作而言，演卦時，遇到通卦皆爲可爲變的老陽、老陰時，則多設此一爻象，命其爻題爲"通九"、"通六"，筮占時即占此爻。就哲學內蘊而言，此多出的一爻置於《乾》、《坤》的上九、上六之上，包含著"《易》終則變，通則久"的哲學底蘊，其他六十二卦雖無"通九"、"通六"，但在觀照其上九、上六時亦當做此理解。如《明夷》上六"初登于天，後入于地"即包含位元至上爻，需要變通的意思。又如《升》卦上六"冥升，利于不息之貞"，"冥升"即沈迷於升進必有兇險，猶"亢龍有悔"；而"利于不息之貞"即猶《坤》卦通六的"利永貞"。

　　"見"同"現"，謂群龍湧現不見上下首尾。此即所謂"始卒若環"，即《老子》"迎之不見其首，隨之不見其後"，亢極知返，所以說"吉"。

二、坤 ䷁ （下坤上坤）

坤，元亨，利牝馬之貞。君子有攸往，先迷後得，主利。西南得朋，東北喪朋，安貞吉。

初六。履霜，堅冰至。

六二。直方大，不習無不利。

六三。含章，可貞。或從王事，無成有終。

六四。括囊，無咎無譽。

六五。黃裳，元吉。

上六。龍戰于野，其血玄黃。

用六。利永貞。

【疏證】

1、"坤"字帛書作"川"。六十四卦所題卦名之字基本都見於卦爻辭，其卦名不見之於卦爻辭者，則是根據卦爻之義題之。《坤》卦卦爻辭與地及川水無明顯聯繫，但卦爻辭的"攸往"、"得朋"、"喪朋"等與出行貿易有關，而水泉之性流通遍佈，貨幣流通似之，所以《說卦》說"坤爲布"（布，貨幣）；川水穿地而行，爲陰，陰積而爲地；故卦名之《川》後又作《坤》，指地；《歸藏》作《巜》，此字未明爲何字，其音義蓋與"輿"有關，坤爲地，地方，車輿似之（《說卦》"坤爲大輿"）。《乾》謂日光上出，上出者積陽爲天；《坤》謂水流下注，下注者積陰爲地，兩相對待。

《川》變爲《坤》，水轉爲地，在先秦典籍中這種轉譯現象隨處可見。比如《老子》說"水善利物而不爭"，《黃帝四經•稱》說"地之德善與不爭"；《管子•水地》篇亦聯類述說二物之性。這種轉譯現象也包含著文化觀念、文化主流的更革和轉移的趨勢。

《淮南•原道》說"土處下，不在高；水下流，不爭先"，而《坤》卦"先迷後得"、"括囊"等包含有柔退的思想；而因順水地柔退之性，便是"不習無不利"，《老子》則稱爲"絕聖棄智，民利百倍"。寬容的精神常常寓於不爭和柔退之中，《文子•上德》說"地定甯，聖人法之，德無不容"、《象傳》說"地執，坤；君子以厚德載物"。

2、直方大，不習無不利：

"直方"，正直端方。《老子》五十八章"聖人方而不割，直而不肆"即此"直方"。"方"與霜、章、囊、裳、黃協陽部韻。

《象傳》、《文言》皆不釋"大"字，故有人認爲是衍字，聞一多疑其涉"不"字而訛衍（按：可能"大"字形、義與"方"相近而衍。"方"有"大"義）。

"習"，熟悉、嫻熟。六二之爻位居中得正，能行中正之道，雖未嫻熟於事，然亦無所不利，此所謂"不習"之事，經商、從宦等皆屬之。

簡本、帛本皆有"大"字，所以有兩種可能：或者在秦以前"大"字已衍，或者《象傳》脫"大"字，經文"直方大，不習無不利"應句讀爲"直方，大不習無不利"。

三、屯 ䷂（下震上坎）

屯。元亨，利貞；勿用有攸往，利建侯。

初九。盤桓。利居貞，利建侯。

六二。屯如邅如，乘馬班如，匪寇婚媾。女子貞不字，十年乃字。

六三。即鹿無虞，惟入于林中。君子幾不如舍，往吝。

六四。乘馬班如，求婚媾，往吉，無不利。

九五。屯其膏。小貞吉，大貞凶。

上六。乘馬班如，泣血漣如。

【疏證】

1、屯：

帛本、《歸藏》卦名亦寫作"屯"，與今本同。簡本寫作"肫"，帛本《繫辭》亦寫作"肫"，與簡本同，皆借爲"屯"。"屯"字用爲動詞謂"聚"，用爲名詞則謂"聚落"（《漢書•陳勝傳》集注"人所聚曰屯"），即村落、部落。其義與"邨"同，《一切經音義》引《字書》"邨，亦也"（即村），《廣雅•

釋詁四》"邶，國也"。

　　"利居貞"、"利建侯"即說明"屯"之用爲"邶"。建立部落而定居下來，必有酋長，即此"建侯"；部落之興在於家族之興，故必有婚姻，而《屯》卦六爻均與婚姻之事相關。簡本在"初九"前殘存有卜辭"家"字，這意味著問蓍者占得《屯》卦卦辭，筮者以與"家"相關之事說之，這也與我們對卦名爲"屯"字的解釋一致。

　　2、即鹿無虞：

　　"即鹿"即逐鹿，謂獵取禽獸，在此似指男方搶親而說，亦泛指追求好的東西。"虞"，謀度、慮度（亦可從舊說釋爲虞人，掌山林之官，在此指向導）。簡本作"毋吳"，借爲"無虞"。帛本作"毋華"，亦借爲"無虞"（"虞"疑爲母魚部字，"華"爲匣母魚部字，這兩個字韻部相同，聲紐亦相近）。按：韓自強說："帛書作華借爲嘩……吳、虞古通用。《詩·周頌》：不吳不敖。傳：吳，嘩也。疏：人自娛樂必歡嘩爲聲，故以娛爲嘩也，定本娛作吳。故阜《易》（即阜陽漢簡《周易》）吳當讀爲嘩，與帛書同"（見《阜陽漢簡周易研究》），此說可供參考。

　　3、君子幾不如舍，往吝：

　　此謂君子見幾不如放棄，前往追逐是不利的。簡本在此句後附有卜辭"卜有求不"四字。此與簡本《豫》卦初六爻辭後所附的"卜求有得也"相互參照，可知"不"與"得"相對，當讀作"否"，謂"不得"。又解：這兩處的卜辭可能應分別作"卜有求，不〔得〕也"、"卜有求，得也"，《屯》卦卜辭缺"得也"二字，《豫》卦卜辭"求有"當作"有求"。問蓍者占得《屯》卦六三，則若卜有所求而不能得也（"有求"當是問蓍者問卦的內容，"不得也"則應是筮者根據六三爻辭所得的占斷結論）。此與《隨》卦六三爻辭"隨有求得"很相類，它們顯然存在著淵源關係。

四、蒙 ䷃ （下坎上艮）

蒙。亨。匪我求童蒙，童蒙求我。初筮告，再三瀆，瀆則不告。利貞。

初六。發蒙。利用刑人，用說桎梏。以往吝。

九二。包蒙。吉。納婦吉，子克家。

六三。勿用取女。見金夫，不有躬，無攸利。

六四。困蒙。吝。

六五。童蒙。吉。

上九。擊蒙。不利為寇，利禦寇。

【疏證】

1、匪我求童蒙，童蒙求我。初筮告，再三瀆，瀆則不告：

此謂並非我往求蒙昧的問筮者，而是蒙昧的問筮者來求我。初次問筮，我將告之以吉凶，反復問筮，則是輕褻神靈，輕褻則不復有所告。"告"，即《詩·小旻》"我龜既厭，不我告猶"之"告"，謂筮者告之以吉凶休咎。帛書本作"吉"，當是"告"字之訛。

簡本在此卦辭之下附有卜辭"卜雨不"三字，蓋即筮者根據卦辭對問著者卜雨之求所給的否定回答（蓋因祈雨淫祀，故適得其反，卜雨而不得也，此即《易》"東鄰殺牛，不如西鄰之禴祭"）。高亨認為"匪我求童蒙"等是古代占筮之原則，此說可信。

我們這裏就順便談談《周易》占筮守則問題。考察典籍，可知占筮規則大略有四。其一、不邀筮。從事占卦者不主動邀人問著以牟取利益，此即《蒙》卦卦辭所謂的"匪我求童蒙，童蒙求我"。此意在維護《易》的非營利性和《易》占尊嚴。其二、不瀆筮。占卦者不爲問著者就同一事情重復占筮，此即《蒙》卦卦辭所謂的"初筮告，再三瀆，瀆則不告"。此意在維護《易》的神秘性和權威性。其三、先蔽志。問著者問卦之前，先將欲占之事告知占筮者，此即《尚書•大禹謨》所謂的"官占，惟先蔽志"（"蔽"，斷也，猶言決定、考慮好。"志"，意也，指所要占問之事。例如《左傳•昭公七年》："……孔成子以《周易》筮之，曰：'元尙亨衛國，主其社稷'。遇《屯》……史朝曰：'元亨，又何疑焉'"。這裏的"元尙亨衛國，主其社稷"爲命辭，亦即所欲占問之事）。此意在防止占筮者牽強附會以維護《易》占的精確性。其四、不占險。占筮者不爲問著者占卜危險、罪惡之事，此即《左傳•昭公十二年》所謂的"《易》不可以占險"。此意在維護《易》占的純潔性，使得《易》占能夠世代傳承；同時，也使得《易》占躲過被扼殺的劫難。

2、納婦吉，子克家：

這是說占得九二爻，老頭納娶老婦吉利，兒子也可以成家。簡本在此條爻辭下附有卜辭"利嫁"二字，蓋筮者認爲占得九二爲爻辭利於男女嫁娶。

"納"（帛本作"入"，納、入古通用），簡本作"老"，二字形音遠隔。就今本（及帛本）而言，九二爲"老夫"（《大過》卦"九二，老夫得其女妻，無不利"，亦是以九二爲"老夫"），六五爲"老婦"，往應九二，所以九二說"老夫納（入）老婦"。就簡本而言，六五之老婦往應九二之老夫，是老婦有所依歸，所以爻辭強調說"老婦吉"、卜辭說"利嫁"（由於立足於不同的爻位而造成各本的異文還見於《大過》卦、《漸》卦等，說見該卦）。另外，九二小象說"剛柔接"，因此"納婦吉"與"老婦吉"意思可能本無別，皆謂老夫納老婦吉而老婦嫁老夫亦吉，卜辭的"利嫁"可能也是利嫁娶的意思。

簡本在"六三勿用取女"之上附有卜辭"人不吉"三字。按簡本體例，此三字是接在"利嫁"之下，但這樣的話則有些費解；如果是抄寫錯誤，本是接在六三爻辭之下，則可以理解爲問著者占得六三，筮者認爲"〔大〕人不吉"

（卜辭"人不吉"前脫"大"字）。

3、不利爲寇，利禦寇：

"爲"，取、攻取。

上九處《艮》體，當爲"時止則止"（《繫辭》），故不利主動攻取強寇而利於抵禦強寇。

"禦"，帛本作"所"（《漸》卦九三"利禦寇"，帛本亦作"利所寇"），"所"與"禦"音同，皆爲魚部字，故"所"音假爲"禦"（《詩·下武》"來許"，《後漢書》引作"來禦"；《詩·伐木》"許許"，《說文》引作"所所"。可證"禦"、"所"古音近相通）。

五、 需 ䷄ （下乾上坎）

需。有孚，光亨，貞吉，利涉大川。

初九。需于郊。利用恒，無咎。

九二。需于沙。小有言。終吉。

九三。需于泥。致寇至。

六四。需于血。出自穴。

九五。需于酒食。貞吉。

上六。入于穴，有不速之客三人來。敬之，終吉。

【疏證】

1、需：

卦名。簡本亦作"需"。"需"字本爲從"雨"從"天"之字，與本卦上坎下乾正相合。坎爲雨、爲雲、爲水，爲乾天、爲雲氣，天上有雨水，雨水下浸，雲氣上蒸，則是濡澤、浸潤之義；故"需"字當爲"濡"之本字。帛本作"襦"，爲"需"（即"濡"字）字之假。《史記•刺客列傳》索隱"濡，潤也"。由滋潤而引申有滋養之義，《大象》"君子以飲食宴樂"即取"需"（濡）之滋養義。《歸藏》作"溽"，謂沾潤、潤溽。由濡漬而引申有滯留、稽留之義。《詩•匏有苦葉》毛傳"濡，漬也"，又《孟子•公孫醜下》注"濡滯，猶稽也"。爻辭之"需"（濡）即取稽留之義；《小象》同。《彖傳》則讀"需"爲"須"（頷），等待。

2、有孚：

"孚"有二義，一爲卦兆、徵兆，一爲征驗、應驗。此說"有孚，光亨、貞吉、利涉大川"，謂卦兆顯示的是大通順、占問有利、涉險渡川順利。《彖》、《象》均釋"孚"爲誠信。帛書"孚"做"複"（簡本之"有孚"亦均作"有複"）。"孚"字在《易經》中出現四十次之多，研究《易》的人對此字一直困惑不解。這個"孚"字有沒有一個確定的涵義？李鏡池《周易筮辭考》（見《古史辨》第三冊）認爲這個字"《易》文中屢見，卻不能以一個意義解得通，我們也用不著深究它的通義"，他認爲這個字大概是"表示吉凶的占辭"。這似乎是說它沒有一個確定的具體涵義。但後來他在《周易通義》中改變了他的說法，給了它一個"通義"，這就是一律都讀爲"俘"，訓爲俘虜、俘獲、收穫。但是，我們知道，《周易》中（包括通行本和帛書本）沒有"俘"字，凡表示俘獲之義的都用"獲"字。因此將"孚"字一律讀爲"俘"是有問題的。

高亨則訓"孚"爲三義，一是讀爲"俘"，二是讀爲"浮"，訓爲罰，三是訓爲"信"。這種讀訓法顯得過於隨意，也很難令人信服。

多數注家則從舊注一律訓"孚"爲誠、信、誠信。其實，有很多字在經文、傳文中用法是不一樣的，如"貞"字，在經文中一律用爲"占"，而在傳文中則一律用爲"正"。至於"孚"字也是一樣的，其在傳文中一律用爲誠、信、誠信，而在經文中卻似乎另有他義。

　　"孚"爲"俘"的本字，這是近人研究的成果，它在甲骨文中已得到證實。而《易》中的"孚"字應該是"孵"字的假借，《說文》對"孚"字的解釋其實是在解釋"孵"，這恰是《周易》中"孚"字的意義。徐鍇《說文繫傳》："孚，卵孚也"。段玉裁《說文解字注》據玄應書補"即"字，曰"孚，卵即孚也。一曰信也"。卵將孵化是其本義，卵之必然孵化爲雞，故有信驗之義，此爲其引申義。那麼，《易》中的"有孚"正用此二義。卵將孵化，表明事物之徵兆，因此"有孚"可以解作筮得卦兆、事物的徵兆及跡象等義。此是其一義。卵已孵化，表明事物之征驗、結果、報應、應驗，這是它的第二種用法。《解》卦中的"孚"字，程、朱一改他卦之誠、信等訓釋，而明確釋此字爲"驗"。這是非常正確的。因爲第二義的"孚"近似於卜辭中的"允"，是驗辭。如卜辭常說"允雨"、"不允雨"等，意思是數日後所占下雨之事果然有驗、或者未有應驗，這恰可以和爻辭的"有孚"、"罔孚"相對照。《周禮·春官》："占人……凡卜筮，既事則系幣以比其命，歲終則計其占之中否"。《周易》源於早先之筮書，蓋"有孚"即筮書中保留下來的"歲終計其中否"的驗辭。

　　雞之伏卵、卵之破殼孵化與龜甲兆坼是同樣的道理，人們據以預測吉凶。所以古有龜卜，亦有雞卜。雞卜有雞骨卜、雞卵卜等多種方法，恐古人亦有"見卵而求時夜"的以卵之孵化占卜吉凶之法。

　　總之，"孚"或"有孚"一爲占辭，可釋卦兆、徵兆、跡象等；一爲驗辭，可釋爲征驗、應驗、報應、結果等。《周易》講事之徵兆及應驗之事，卻無"兆"、"驗"等字樣，皆以"孚"字爲之也。

　　"孚"也作"勇"，《需》卦《釋文》"孚又作勇"。"勇"謂植物開花，此與卵之孵化都是象徵龜甲兆坼的。《說卦》正義解釋"震爲勇"說："勇，取其春時氣至，草木皆吐勇布而生也"，《解》卦（下坎上震）《象傳》說"天地解而雷雨作，雷雨作而百果草木皆甲坼"，正可釋此"震爲勇"。

　　"孚"及"有孚"在帛本、簡本中均作"複"、"有複"。"複"是報驗、信驗之義（《漢書·穀永傳》注"複亦報也"，《論語·學而》皇侃疏"複猶驗也”），與“孚”音義相近。

六、 訟 ䷅ （下坎上乾）

訟。有孚，窒惕，中吉，終凶。利見大人，不利涉大川。

初六。不永所事。小有言，終吉。

九二。不克訟。歸而逋，其邑人三百戶，無眚。

六三。食舊德，貞厲終吉；或從王事，無成。

九四。不克訟。複即命渝，安貞吉。

九五。訟。元吉。

上九。或錫之鞶帶，終朝三褫之。

【疏證】

1、窒惕：

窒惕，憂懼警惕（聞一多讀“窒”爲“怪”，訓爲“懼”）。帛本作“洫寧”。洫、窒同爲質部字，故洫借爲窒。寧爲泥母耕部字，惕爲透母錫部字，二字聲紐相近、韻部陽入對轉，故寧借爲惕；又有可能“惕”字或本作“易”（今本《小畜》九四之“惕”，簡本即作“易”），帛本以“易”訓爲“安”（《禮記·中庸》注“易猶平安也”），故以同訓之“寧”爲之（《爾雅·釋詁》“甯，安也”）。

2、中吉，終凶：

“中”指前半段，“終”指後半程。《易》通常以“初”、“終”相對，如“初吉終亂”、“無初有終”，“初”與“中”皆指事物進展前半段。帛本“中”作“克”。蓋《說文》古文“克”與“中”形相近而訛。《彖傳》“中吉，剛來而得中也”，亦作“中”。

3、食舊德，貞厲終吉：

“食”，享用、安享。

“舊”，釋爲“恭祖舊”之“舊”。“舊德”，指因祖上恩蔭所享受的俸祿。

“貞厲”，占問不利。此謂坐享祖上的蔭祿，占問不利但最終獲吉。“終吉”二字帛本無，然《彖傳》說“食舊德，從上吉也”，可知《彖傳》所據本有“終吉”二字。簡本亦有“終吉”，與今本同。

七、 師 ䷆ （下坎上坤）

師。貞丈人吉，無咎。

初六。師出以律。否臧凶。

九二。在師中。吉無咎，王三錫命。

六三。師或輿屍。凶。

六四。師左次。無咎。

六五。田有禽。利執言，無咎。長子帥師，弟子輿屍。貞凶。

上六。大君有命，開國承家，小人勿用。

【疏證】

1、貞丈人吉：

《易》中"某某貞吉"與"貞某某吉"意思相同，如《恒》卦六五爻辭"貞婦人吉"，小象說"婦人貞吉"。

"丈人"，《子夏傳》作"大人"。按：當以作"大人"為是。《易》中"大人"習見，而"丈人"僅此一見，似頗可疑。《易》中"大人"或謂五，或謂二，總之皆當居中，本卦卦辭的"貞大人吉"即指居下卦之中的九二，如《困》卦卦辭"貞大人吉，無咎"，《彖傳》說"貞大人吉，以剛中也"，即指居《困》卦下卦之中的九二，與本卦同。"丈人"，簡本（及帛本）殘缺，當亦作"大人"，因為上六"大君有命"（今本、簡本同），帛本作"大人君有命"，衍"人"字；"大君"之所以作"大人君"，可能即是涉卦辭的"大人"而衍出了"人"字的。"貞大人吉"，謂大人占問吉利。

2、田有禽，利執言，無咎。長子帥師，弟子輿屍，貞凶：

簡本在此條爻辭下附有卜辭"不吉"二字，看來占筮者認為《師》卦六五爻辭總的意象是不吉。

3、大君有命，開國承家：

此謂天子有所賞賜，有功之人受國封為諸侯或受家封為大夫。

"大君"，即"王三錫命"的"王"，指天子。

"命"，頒賜（《小爾雅·廣言》"命，予也"，賜予）。

"開國"，建國封為諸侯；"承家"，立家封為大夫（此即古人所謂"諸侯有國，大夫有家"）。"開國承家"呼應卦辭"貞大人吉"。

　　“大君有命”，帛本作“大人君有命”，衍“人”字（說見前）。

　　“開”，帛本、簡本均作“啓”，古通用。簡本“啓”下一字殘泐，韓自強說“啓字下面一字僅存右邊邑旁，應是邦字無疑……簡本沒有避劉邦諱”。按：在出土的簡帛古籍中，“國”也寫作“域”、“郱”等形，此僅存“邑”旁的殘字有沒有可能是“郱”字呢？

八、 比 ䷇ （下坤上坎）

　　比。吉。原筮，元永貞，無咎。不寧方來，後夫凶。

　　初六。有孚比之，無咎。有孚盈缶，終來有它，吉。

　　六二。比之自內，貞吉。

　　六三。比之匪人。

　　六四。外比之，貞吉。

　　九五。顯比。王用三驅，失前禽，邑人不誡，吉。

　　上六。比之無首，凶。

【疏證】

　　1、原筮，元永貞：

　　“原”，舊注多訓爲“再”。俞樾訓爲“始”，可從。“原筮”，即最初占筮、初次占筮。

　　“元永貞”，高亨以爲“元”下奪“亨”字。然《萃》卦亦有“元永貞”

辭例，"元"下亦無"亨"字；帛本這兩卦也都作"元永貞"，同樣無"亨"字。疑"元"訓爲善。"元永貞"猶利永貞，謂占問長久之事吉利。

2、有孚比之，無咎。有孚盈缶，終來有它，吉：

此謂卦兆顯示的是與別人親近就沒有災害。卦兆還顯示瓦罐傾覆，意味著終將有他患，但總歸還是吉利的。

"之"，指代他人。

"盈"，與"傾"通（《老子》二章"高下相傾"，帛書本作"盈"），傾覆。

"缶"，瓦罐一類的器具。《方言·卷五》"缶，其小者謂之瓶"。《屯》卦〈釋文〉引鄭注"缶，汲器也"。瓶罐之傾覆，爲不吉之兆，《井》所謂"羸其瓶，凶"是也。"終來有它，吉"舊皆讀爲"終來有他吉"，釋終有其他吉祥。此不可從。

《說文》"它，蟲也。上古草居患它，故相問無它乎"，"它"字重文作"蛇"。古人稱意外之患"它"。

"終來"猶言終將。"終來有它"如"比之匪人"之類。但儘管終將有它患，總歸親近他人還是吉祥的，這即是卦辭所說"元永貞無咎"。于省吾以"來"當作"未"，備一說。按：簡本在九五爻辭之上附有卜辭"不獲"二字，疑"不獲"非"六四，外比之，貞吉"的卜辭，而是初六的卜辭，所謂"盈缶"猶今語之"竹籃打水一場空"，所以卜辭說"不獲"。

3、比之無首：簡本、帛本均省"之"字。

九、 小畜 ䷈ （下乾上巽）

小畜。亨。密雲不雨，自我西郊。

初九。複自道。何其咎為吉。

九二。牽複。吉。

九三。輿脫輻，夫妻反目。

六四。有孚血去，惕出無咎。

九五。有孚攣如，富以其鄰。

上九。既雨既處。尚德載，婦貞厲；月幾望，君子征凶。

【疏證】

1、密雲不雨，自我西郊：

從《小畜》卦名上看，"密雲不雨，自我西郊"是說含雨之雲蓄積得尚且不夠，故未有雨降。從卦象卦位看，下卦《乾》為西北方之卦，而上卦《巽》為東南方之卦，爻畫自下而上，密雲由西往東，崔寔《農家諺》曰"雲往東，一場空"，故卦辭說"不雨"、《彖傳》說"施未行"。

簡本在卦辭下附有卜辭"卜得也"三字，疑有缺文，當為"卜〔有求，不〕得也"。

2、輿說輻：

"說"同"脫"。"輻"讀為"輹"，束軸之物。帛本作"車說緮"。

3、富以其鄰：

"富"，富裕。

　　"以"猶"與"（《鼎》卦的"得妾以其子"之"以"也讀爲"與"），謂將澤餘施及鄰人，正是誠其"小畜"之義。九五無占辭而其占自明。《象傳》"不獨富也"，釋義正確。簡本作"不富以其鄰"，涉《泰》卦、《謙》卦的"不富以其鄰"而衍"不"字。

　　4、尙德載，婦貞厲；月幾望，君子征凶：

　　這是說貪得過分，婦人占問則不利；將近陰曆十五，男人出行有災。

　　"尙"，重、尊崇。

　　"德"同"得"，帛書及《集解》本即作"得"。

　　"載"，滿，過分。

　　"尙得載"，貪得過分。

　　"婦貞厲"，婦人占問則不吉。此亦誠其小畜。

　　"幾望"，接近陰曆十五。

　　"君子"相對于"婦人"，指男人。

　　"征"，行、出門。

　　"載"字朱熹《本義》及《程傳》訓爲"積滿"。"載"字確有"滿"義，如《詩・生民》"厥聲載路"即厥聲滿路。但毛傳、鄭箋訓"路"爲"大"而不釋"載"字，則疑"載"訓"滿"之古義已失於漢代。"載"字爲什麼有"滿"義呢？我們從出土的秦代竹簡中找到了答案。湖北江陵王家台15號秦墓出土的秦簡《日書》中說："十五日曰載，是胃（謂）望：以乍（作）百事大凶"（見荊州地區博物館《江陵王家台15號秦墓》，《文物》1995年第一期）。"載"即"望"，"望"爲"月滿之名"，故"載"亦有"滿"義。既然"載"即是"望"，而《小畜》卦上九爻辭"尙德載，婦貞厲；月幾望，君子征凶"又以"載"、"望"互文，那麼"載"在這裏也許就可以釋爲"望"，即十五日。這樣看來，"尙"就可釋爲將要（《文選・七發》注引《國語》賈注"尙，且也"。"且"即"將"。劉邦《鴻鵠歌》"雖有繒繳，尚安所施"，"尚"一作"將"）。

"德"，帛本、簡本、《集解》本皆作"得"，與"值"相通（如《漸》卦六四"或得其桷"，帛書作"或直其寇"）。"尚德載"，謂將值十五日。可見"尚德載"與"月幾望"是換文同義，謂將及十五月望之時婦人、君子皆不利。此即所謂"陰擬于陽必戰"而"其血玄黃"也。值月望之時，婦佔有屬、君子征凶，正是秦簡《日書》所謂"以作百事大凶"。

又按："月幾望"既與"尚得載"相對，則"君子征凶"亦當與"婦貞屬"相對，則"征凶"疑當作"貞凶"（帛本、簡本作"正兇"，征、正、貞在《易》中常混用）。

十、履 ䷉ （下兌上乾）

〔履〕履虎尾，不咥人，亨。

初九。素履，往無咎。

九二。履道坦坦，幽人貞吉。

六三。眇能視，跛能履，履虎尾，咥人，凶。武人為于大君。

九四。履虎尾，愬愬，終吉。

九五。夬履，貞屬。

上九。視履考祥，其旋元吉。

【疏證】

1、武人爲于大君：

"武人"，指陰爻六三。《巽》卦"初六，進退，利武人之貞"，亦是指陰爻。"武人"謂勇武之人。

"爲"猶"用"（《漢書》集注），帛本作"迵"（簡本亦作"爲"，與今本同），"迵"即"通"，與"用"同。

"大君"，指上九，《師》卦亦以上爻爲"大君"。

"武人用於大君"，言六三武人仗著得到上九大君的重用而剛愎淩人。六三與上九相應，故有"用於大君"之象。

2、視履考祥，其旋元吉：

此言檢討自己所走過的路，考察外部出現的吉凶徵兆，這樣的話在返回的時候就會是大吉的。

"視"謂檢討，"履"謂自己所走過的路。此是就內而說。"考"，考察，"祥"謂外界所呈現出的吉凶之兆。此是就外而言。（《複》卦〈釋文〉引鄭注"異自內生曰眚，自外曰祥"）。"旋"，還歸、返還（帛本"旋"作"睘"，當讀作"還"），謂爻至上九而往回返還。上九之"旋"與初九之"往"相照。"元吉"，大吉。

十一、 泰 ䷊ （下乾上坤）

泰。小往大來，吉亨。

初九。拔茅，茹以其彙，征吉。

九二。包荒，用馮河，不遐遺，朋亡，得賞于中行。

九三。無平不陂，無往不復，艱貞無咎。勿恤其孚，于食有福。

六四。翩翩，不富以其鄰，不戒以孚。

六五。帝乙歸妹，以祉元吉。

上六。城複于隍，勿用師，自邑告命，貞吝。

【疏證】

1、　拔茅，茹以其彙，征吉：

此謂拔取茅草食用它的根莖，外出吉利。

“茹以”，謂食用（《漢書‧董仲舒傳》集注“食菜曰茹”。“以”，用）。

“彙”，根莖（《爾雅‧釋木》陸德明《釋文》說：“謂，舍人本作彙，云：彙者莖也”）。

“征吉”，外出吉利。

初九象冬春交接之時，此時冬貯已盡，新糧未下，故拔取茅根以食用，外出尋找食物自然吉利。清焦循《荒年雜詩》“采采山上榆，榆皮剝已盡；采采墓門茅，茅根不堪吮”，正此“拔茅，茹以其彙”之義。舊皆句讀爲“拔茅茹，以其彙”，有誤；“茹”字簡本作“如”，韓自強以作爲“如”是，“拔茅如”的“如”爲語辭。按：此說不可取。《易》中“如”作語辭的皆是在動詞後而無一在動賓結構後面的（即動詞加賓語加“如”）。

2、朋亡：

29

《易》中之"朋"字有用爲朋黨之義的,也有用爲朋貝之義的。"朋亡"之"朋"在此用爲朋黨,謂鄰黨、鄰里,指同陽爻的初九。

"亡"當訓爲"無",指沒有食物。

初九拔茅而食用根莖,即所謂"朋亡"(鄰黨沒有食物),此正與九三"於食有福"相對。帛本"朋亡"作"弗忘","弗"當是"朋"字的形訛或音訛。

十二、 否 ䷋ (下坤上乾)

否〔之匪人〕不利君子貞,大往小來。

初六。拔茅,茹以其彙,貞吉,亨。

六二。包承,小人吉,大人否亨。

六三。包羞。

九四。有命,無咎,疇離祉。

九五。休否,大人吉。其亡其亡,繫于苞桑。

上九。傾否,先否後喜。

【疏證】

1、否〔之匪人〕

帛本作"婦之非人",簡本此句缺(不知原本是否有此句)。朱熹認爲"之匪人"三字涉《比》卦"比之匪人"而衍(《象傳》同),參證《泰》卦卦辭,疑朱說是。

　　“否”是閉塞不通之義。《否》卦上卦乾陽上蒸，下卦坤陰內斂，陰陽不交，象徵天地隔塞。就季節而言，《否》卦象夏陽方去，秋陰方至，故《呂覽》以《否》卦爲七月卦。“否”字帛本作“婦”、“不”，簡本作“不”，皆讀作“否”。

　　2、包承，小人吉，大人否，亨：

　　廚中有生肉。小人吉利，大人不利但終亨通。

　　“包”同“庖”。

　　“承”讀若“蒸”或“脀”，生肉（參高亨說）。

　　或問廚中有肉，何以小人吉而大人否其象如此，其占如此，本不一定二者之間都有必然的、合理的聯繫；或以“邦無道，富且貴焉，恥也”之類的說之，不一定能反映爻辭本來面貌。

　　“亨”謂終亨，九五“休否”便是對此的回應，同時也在強調所謂終亨是除卻事物發展的內部規律，還需加入人爲的努力的；《象傳》認爲九二大人雖不利但最終亨通的原因是“不亂群也”（不與小人分甘，不食周粟而自甘貧賤）。簡本在此條爻辭下（即“〔小人〕吉，大人不亨”）所附之卜辭爲“以卜大人不吉，小人吉”，疑筮者“不亨”連讀，理解爲“不吉”。

　　3、包羞：

　　“羞”，熟肉（高亨說）。六三廚中有熟肉自然是六二廚中有生肉的更進一步，因此也顯然是六二占辭“小人吉，大人否”的遞進一層，六三所省略了的占辭當即如此。簡本此條爻辭下附有卜辭“卜雨”二字，從爻辭及小象（“位不當也”）看，卜辭“卜雨”下似應有“不得”二字。

十三、 同人 ䷌（下離上乾）

同人于野，亨，利涉大川，利君子貞。

初九。同人于門，無咎。

六二。同人于宗，吝。

九三。伏戎于莽，升其高陵，三歲不興。

九四。乘其墉，弗克攻，吉。

九五。同人先號咷而後笑，大師克相遇。

上九。同人于郊，無悔。

【疏證】

1、同人于野：

“同人”二字下當有重文號，上“同人”爲卦名（簡本、帛本與今本同）。

“同”是聚合的意思。《同人》卦是講如何聚合眾人、收聚人心，《繫辭》“何以守位曰人，何以聚人曰財”，“聚人”和“守位”密切相關。《同人》卦下《離》上《乾》，“離”古作“羅”，帛書即作“羅”，《繫辭》“作結繩而爲網罟，以佃以漁，蓋取諸離”，亦可見“離”本作“羅”。《同人》卦是天下有羅，謂網羅天下之人，故後人追題此卦卦象名爲《同人》。《乾》變《坤》、《離》變《坎》，則《同人》變爲《師》，“師，眾也”，地中有水名爲《師》，天下有網謂之《同人》。人同則眾，欲眾必同。“野”，郊外曠遠之地。此喻羅聚眾人之廣。卦爻辭“同人”之次序由野而郊、門、宗，由廣而狹，由亨而吝。

2、同人于宗，吝：

"宗"，宗祠、宗廟，同宗人祭祀、宴享的聚會之處。"吝"，困難、危難。欲舉事而聚眾不廣，故將有吝難。

簡本在此條爻辭下所附卜辭有"卜子產不孝弗"六字，疑"弗"下脫"舉"字，當作"卜子產不孝，弗〔舉〕"。蓋問著者問卜生子之吉凶而筮得本卦本爻，故筮者僅筮讀爻辭"于宗吝"（對宗族不利）三字而說之以"卜子產不孝，弗舉（"舉"是生育的意思）"。《同人》卦下卦爲《離》，干支屬午，位在五月，古有"諱舉五月子"之說，如《史記·孟嘗君列傳》："初，田嬰有子四十餘人，其賤妾有子名文，文以五月五日生，嬰告其母曰：勿舉也……五月子者，長與戶齊，將不利其父母"，索隱引《風俗通》說："俗說五月五日生子，男害父，女害母"、《論衡·四諱》也說"諱舉正月、五月子，以爲正月、五月子殺父與母，不得舉也。已舉之，父母偶死，則信而謂之真矣。夫正月歲始，五月陽盛，子以此月生，精熾熱烈，壓勝父母，父母不堪，將受其害"。唐宋時尚有一種與此相反的說法，但看來不過是禁忌的變形，如《新唐書》說"（崔）信明之生，五月五日方中，有異雀（按：《離》卦爲南方朱雀，又雉）鳴集庭樹，太史令史良爲占曰：五月爲火，火主《離》，《離》爲文，日中，文之盛也，雀五色而鳴，此兒將以文顯"。

3、伏戎于莽，升其高陵，三歲不興：

此言最初潛伏兵戎於草莽間窺伺，後又登上高陵炫耀武力，但連續三年也不敢舉兵（"伏"，潛伏。"戎"，兵戎、軍隊。"莽"，林莽、草莽。"升"，登。"興"，舉兵征戰）。三、四爻以戰爭況說聚眾人之事。

"伏戎于莽"，欲行偷襲；"升其高陵"，欲耀武力。但皆因聚眾不廣、實力不足，終不敢興兵舉事。《說卦》說"《離》爲甲冑，爲戈兵"與此爻義相合。

簡本此條爻辭下所附卜辭爲"卜有罪者，凶；戰鬥敵強，不得志；卜病者，不死，乃瘳"。從爻辭看，卜辭"卜有罪者凶"蓋謂在逃犯（此"有罪者"與九五所附卜辭之"繫囚"相對，應該不是指在押犯）經年不得赦免；"敵強"即《象傳》的"敵剛"；患重病者占得此爻，則雖不至死，但將經年臥病在床

（蓋筮者解"興"爲"起"，謂多年抱病不起。《說文》："癃，疲病也"）。九三互二、四爲《巽》（《巽》爲林木、林莽），三居其中，故曰"伏于莽"，此本爲死象；但三居下卦之上，故又曰"升高陵"，此爲不死之象；"三年不興"（"興"，起），又是"乃癃"之象。

4、乘其墉，弗克攻，吉：

此言登上敵城，卻沒有能攻進城內，這是吉利的（"乘"，登上。"墉"，敵國城牆。"克"，能）。聚眾不多，雖已登敵城，仍不能攻入，退而自省，再廣聚眾人，方能獲吉，即《象傳》所說的"困而反則"的意思（"則"，正道、正確的方法）。

"墉"字，帛本假"庸"爲之，簡本形訛爲"唐"（韓自強認爲"唐"爲正字，作"池塘"的"塘"解，僅供參考）。

簡本缺"攻吉"二字（不知是缺殘，還是簡本原就沒有這兩個字），"弗克"下附卜辭"有爲不成"。從卜辭看，簡本也許沒有"吉"字。

5、同人先號咷而後笑，大師克相遇：

"同人"，與卦辭及初、二、上之"同人"意思小異，在此指"同人"者、聚眾者。

"號咷"，痛哭、悲傷。

"師"，眾。"克"，最終。

"遇"，合、聚合。聚眾者最初"號咷"，所謂"三歲不興"也；"後笑"，所謂"大師克相遇"也。

簡本在此爻辭下附有卜辭"卜繫囚"三字，"囚"下缺文當補"吉"或"得也"。獲罪在押，故先號咷；遇貴人而得赦免，故後笑。

6、同人于郊，無悔：

　　"邑外謂之郊，郊外謂之野"，"郊"雖勝於"宗"、"門"，但仍不及"野"之廣，故聚眾者僅無困厄而已（"悔"，困厄），《象傳》也說"志未得也"。

　　簡本此爻辭下附卜辭"卜居官法（廢）免"。蓋問著者問卜居官之事，筮者以"于郊"爲在郊野閒居而斷曰罷黜"廢免"。

十四、　大有　☲ （下乾上離）

　　大有。元亨。

　　初九。無交害，匪咎，艱則無咎。

　　九二。大車以載，有攸往，無咎。

　　九三。公用亨于天子，小人弗克。

　　九四。匪其彭，無咎。

　　六五。厥孚交如，威如，吉。

　　上九。自天佑之，吉無不利。

【疏證】

　　1、大有，元亨：

　　"大有"，卦名。此卦爲《同人》卦的上、下卦顛倒，故次列于《同人》爲卦下。《同人》卦下《羅》上《乾》，謂天下有羅，欲網羅天下之人。《大有》卦則下《乾》上《羅》，羅在天上，天下之物無所不網，故曰"大有"。

簡本此卦辭下附有卜辭"卜雨不雨"四字，即問著者卜雨而筮者斷曰不得雨。蓋筮者觀卦象爲日在天上（上《離》下《乾》），陽光燦爛，故斷曰"不雨"。按：簡本所附卜辭中的斷占之辭根據有二，其一根據重卦的卦象（如本卦）及單卦的卦象（如《同人》卦六二的斷占），其二根據卦爻辭之義，此居多數。

2、公用亨于天子，小人弗克：

此言公卿用網羅所獲獻于天子，小人則做不到（"公"與"天子"對舉，指公卿、諸侯。"用"，指用其網羅所獲，此承"大車以載"而說。"亨"同"享"，《春秋傳》即作"享"，獻也。"弗克"，不能，做不到）。

"亨"，帛本作"芳"，音同相假。"芳"爲滂母陽部字，"亨"、"享"爲曉母陽部字，韻部相同，聲類曉滂通轉（見黃焯《古今聲類通轉表》）。又《易》中"亨"、"享"亦常用爲"烹"（滂母陽部字），故本卦九三的"亨"及《損》卦卦辭"二簋可用享"的"享"字，帛本之所以皆作"芳"，有可能是帛本均讀作"烹"的緣故。

3、厥孚交如，威如，吉：

此言卦兆很好，順人心願，吉利。

"厥"，其。

"孚"，卦兆。

"交"，好（《史記·晉世家》索隱）。

"如"，語辭，下同。

"威"，可讀作"委"，帛本即作"委"，順也。

十五、 謙 ䷎ （下艮上坤）

謙。亨，君子有終。

初六。謙謙君子，用涉大川，吉。

六二。鳴謙，貞吉。

九三。勞謙，君子有終，吉。

六四。無不利，撝謙。

六五。不富以其鄰，利用侵伐，無不利。

上六。鳴謙，利用行師征邑國。

【疏證】

1、用涉大川：

帛本同。"用"謂可行（《說文》："用，謂可施行也"）。"用"與"利"相近，《升》卦卦辭"用見大人"，《音義》說"本或作利見"，帛本即作"利見"。可行則有利，故用、利相通，亦可說"利用"，省爲"利"或"用"。可行爲用，用、利相通，故"利用"亦可說成"可用"，如上六"利用行師"，小象說"可用行師"。要之，可行者爲有用，可行、有用者必然有利，故可、用、利相通。《老子·三章》"不見可欲，使民心不亂"，謂去其利欲之心也，《管子·內業》"能去喜怒欲利，心乃反濟"即此。

2、無不利，撝謙：

此言君子把謙虛精神發揮在事業上，無往不利。于鬯《香草校書》說"武億《考異》謂當作撝謙，無不利"，可從。

"撝謙君子，無不利"與"勞謙君子，有終吉"句例相同。"撝"同"揮"，發揮。此謂將謙虛精神發揮於事業上，《坤·文言》"美在其中，而暢于四支，發于事業"與此同。六四已出下卦入上卦，象謙道已成，離隱入世，故當爲"揮謙"。帛本作"無不利，譌嗛"（"譌"，讀作"撝"），與今本次序同。

十六、豫 ䷏ （下坤上震）

豫。利建侯，行師。

初六。鳴豫，凶。

六二。介于石，不終日，貞吉。

六三。盱豫，悔；遲有悔。

九四。由豫，大有得；勿疑，朋盍簪。

六五。貞疾，恒不死。

上六。冥豫，成有渝，無咎。

【疏證】

1、鳴豫，凶：

《豫》卦下《坤》上《震》，《坤》爲地、爲柔順，《震》爲雷、爲動，又爲龍，象陽氣。"豫"有多種含義，如和樂，《彖傳》、《大象》、《序卦》即取此義；又有逸樂、享樂之義，如爻辭、《雜卦》（"豫，怠也"）即取此義；又有備豫、戒備之義，如《繫辭》即取此義；又有猶豫之義，如爻辭九四即取此義；又與舒展之"舒"相通，《大象》即取此義。《豫》卦象上震動而下和樂順之，故名爲"豫"。

簡本亦作"豫"，帛本作"餘"，借爲"豫"。《豫》卦爲什麼說是講和樂的？《大象傳》說"雷出地奮，豫"，《說卦》說"帝出乎震"、"萬物出乎震，震，東方也"、"震爲雷，爲龍"，《集解》引崔憬也說"雷、陽氣，亦謂龍也"。漢許慎《說文解字》說"龍，春分而登天，秋分而潛淵"，可見《豫》卦象徵春天；《漢書·五行志》也說"于《易》雷以二月出，其卦曰《豫》，言萬物隨雷出地，皆逸豫也"。陽氣上出，大地回春，萬物復蘇，品類舒伸，故"豫"又通"舒"（《爾雅·釋地》李注說"豫，舒也"）；聖人順自然之性，故"刑罰清而民服"（《彖傳》），故"作樂崇德"（《象傳》），《文子·上德》亦說"雷動地，萬物緩……大人去惡就善，民不遠徙；民不遠徙，故民有去就"、"陽氣動而萬物緩，是以聖人順陽道"，這也很像是在闡發《豫》卦。"緩"謂萬物蘇緩，又謂聖人順其性而刑罰寬緩，尊尚生生之文德；這與《彖》、《象》是一致的。初六之"鳴豫，凶"是說聲名外聞而因此耽于逸樂，有兇險。"鳴"，聲名聞於外，此承《謙》卦上六之"鳴謙"。聲名外聞，當行謙道，而初爻反耽于逸樂，宜其有兇險，所謂安而忘危、死于安樂。簡本此爻辭下附卜辭爲"卜求，有得也，後必□"，所缺之字可補"失"字。卜求有得故"豫"，自鳴得意故"失"。

2、盱豫，悔；遲有悔：

此言自大而逸樂，必須及時悔悟；悔悟遲了就有壞事發生。

"盱"兼有喜義及大義（《莊子·盜蹠》疏"于于，自得之貌。于于通作吁吁"，與此同），"盱豫"，謂自大自得而沈迷于逸樂。六三處下卦之終，故有自大自得之象。

"悔"，及早悔悟。六三柔居剛位，不中不正，故勸其及早悔悟。"有悔"之"悔"謂咎吝、患害。若悔悟遲緩，則必有患害悔吝。耽于逸樂則必忽怠，故《雜卦》說"《豫》，怠也"。《管子·形勢》"曙戒勿（忽）怠，後稺（遲）逢殃"，即此"盱豫，悔；遲有悔"。

"盱"，帛本作"杅"，也是自大自得之義（《荀子·儒效》楊注"杅杅即于于"，王引之說"《方言》：于，大也"）；簡本作"歌"，出聲爲歌，出氣爲籥，蓋簡本讀"盱"爲"籥"；又"歌"與"盱"、"籥"、"杅"皆有自鳴得意之義。韓自強引《說文》"盂與杅通"、《方言》"盂謂之柯"、《釋名》"人聲曰歌，歌，柯也"以證歌、杅意義相通，可參考。

3、冥豫，成有渝，無咎：

上六爲卦之極，"冥"爲一天之終，所以"冥豫"謂豫之盡。

"有渝"，帛本作"或諭"，讀爲"有渝"。參照《隨》卦的"官（借爲"館"）有渝，貞吉"，此"成有渝，無咎"當讀爲"城有渝，無咎"，謂城中有變而可無咎。

十七、 隨 ䷐ （下震上兑）

隨。元亨利貞，無咎。

初九。官有渝，貞吉，出門交有功。

六二。係小子，失丈夫。

六三。係丈夫，失小子；隨有求得，利居貞。

九四。隨有獲，貞凶；有孚在道以明，何咎。

九五。孚于嘉，吉。

上六。拘係之，乃從維之；王用亨于西山。

【疏證】

1、元亨利貞，無咎：

簡本此卦辭下附卜辭為"卜病者"，《同人》卦、《蹇》卦有卜辭"卜病者不死"、"卜病不死"，則本卦的"卜病者"的足文當為"卜病者〔不死〕"。

2、利居貞：

簡本"居"作"虗"，借為"居"，所附卜辭為"卜家"，當是卜家居而有利之義。

3、孚于嘉，吉：

"嘉"，慶也（《漢書•禮樂志》注）、"嘉禮，善禮也"（《左傳•莊公二十三年》注）。"嘉"在此指喜慶的典禮，如行賞寬刑、大赦天下等。"孚于嘉"，謂在嘉禮上有好兆頭。又疑"于嘉"讀為"有嘉"，有嘉賞。簡本此條爻辭下附卜辭"卜有患難者解"，與我們的解釋一致。

4、拘係之，乃從維之，王用亨于西山：

"拘係"，指二爻、三爻的"係"。"之"，指代二爻、三爻的"小子"、"丈夫"。

"乃從"，即而後（"乃"，而。"從"即"後"，《國策•韓策》"無為牛後"，《顏氏家訓•書證》引《戰國策音義作"無為牛從"》。

"維"，帛書作"巂"，均借為"觿"（《禮記•月令》"旦觜觿中"，《呂覽•仲秋紀》及《淮南•時則》皆作"巂"），"觿"是解開繫結的工具（《管子•白心》"解不可解，而後解"，注"觿，所以解結也"），作動詞則謂解開。此言王對臣民最初系縛使隨己，而後解其縛以隨人。

"用"猶"可"猶"利"，說見《謙》卦。

"亨"同"享"，享祭、祭祀。

《隨》卦上卦為《兌》，《兌》為西方之卦，故曰"西"。

"山"象徵安泰，故古人祭山以祈天下安泰祥和，天下安泰則祭山以告謝之。王既順隨天下人之性，則臣民亦隨己，故可祭祀西山以祈告天下祥和。簡本"西山"作"支山"，即"岐山"（《升》卦六四"王用亨于岐山，吉"，簡本作"枝山"），在鎬京西，故亦曰西山。簡本此爻辭下附卜辭"卜有求"，當作"卜有求，得也]"。

十八、蠱 ䷑ （下巽上艮）

蠱。元亨，利涉大川，先甲三日，後甲三日。

初六。幹父之蠱，有子考無咎，屬終吉。

九二。幹母之蠱，不可貞。

九三。幹父之蠱，小有悔，無大咎。

六四。裕父之蠱，往見吝。

六五。幹父之蠱，用譽。

上九。不事王侯，高尚其事。

【疏證】

1、元亨，利涉大川，先甲三日，後甲三日：

古以甲、乙、丙、丁、戊、己、庚、辛、壬、癸等記日，甲前三日爲辛，甲後三日爲丁。自辛至丁，七日之內，謂之"先甲三日，後甲三日"，非謂辛日、丁日兩日也。《臨》卦"至于八月有凶"，言八月前皆吉；此謂于辛日至丁日七日內正蠱有成。

又按：帛書作“吉，亨，利涉大川，先甲三日，後甲三日”，參《巽》卦九五“先庚三日，後庚三日，吉”，則《蠱》卦當作“元亨，利涉大川，先甲三日，後甲三日，吉”，今本脫“吉”字，帛本脫“元”字，“吉”字當後移。此言七日之內正蠱可以獲吉。《震》卦、《既濟》卦六二爻辭的“七日得”即此七日吉。

2、乾父之蠱，有子考無咎，厲終吉：

《說文》“蠱，晦淫之所生也”，《太玄·止》注：“蠱，淫也”。《左傳·昭公二十八年》注：“蠱，惑以淫事”。“蠱”是淫亂的意思（帛本卦名作“箇”，與“蠱”同音相假；《歸藏》作“蜀”，同“濁”，蠱、濁同訓爲“亂”）。在卦象上，下《巽》爲“風”，《左傳·僖公四年》注引服虔曰：“牝牡相誘謂之風”。上《艮》爲“狐”（《屯》卦虞注“艮爲狐”），“狐”爲妖淫之獸（《未濟》韓注“狐，野獸之妖者”）。《艮》山之爲狐，因山爲狐之藏身處，故又名狐爲“山魅”，《搜神記》“道士云此山魅也。《名山記》曰：狐者，先古之淫婦也，其名曰阿紫，化而爲狐”。可見《蠱》卦象狐之牝牡相互淫誘，故名之爲“蠱”。《山海經·南山經》“青丘之山，有獸如狐而九尾，食者不蠱”，正與此卦相合。“乾”，正（虞注）。《雜卦》亦說“《蠱》，則飭也”（飭正）。“有子考無咎”一句歷來有兩種讀法，一種是讀爲“有子，考無咎”，釋“考”爲父。一種是讀爲“有子考，無咎”，釋“考”爲“孝”（于省吾），或釋“考”爲“成”（尙秉和）。按：此句當讀爲“有考（成）無咎”，“子”涉“考”而衍。“考、孝金文通用”（于省吾說），蓋本作“有考”，而或本作“有孝”，“孝”字從“子”，則涉“孝”而衍“子”字。《易·複》六五小象“中以自考也”，《釋文》引鄭注“考，成也”。“有成無咎”，謂正父之蠱能夠成功而無咎害。《坤》卦六三“或從王事，無成有終”、《訟》卦六三“或從王事，無成”。有成是無成的反面。“厲終吉”，謂糾正父親的淫亂，雖有危險，但終歸吉祥。前三爻或厲、或不可貞、或小有悔，可見正蠱之艱。所謂“蠱”，實乃《詩·牆有茨》“中冓”之事。而“中冓之言，不可讀也；所可讀也，言之辱也”。衛宣公之娶齊女，即屬此類。簡本此爻辭下附卜辭“卜有”，當作“卜有〔求，得也〕”。

3、不事王侯，高尚其事：

"高尚"，尊尚、重視。

"其事"，指糾正家庭淫亂之事。

"不事王侯，高尚其事"，謂先齊家、後治國也。倘若家蠱未正而從事于王事，則不會有成；即如《訟》卦，已訟未平而"或從王事，無成"也。

帛書作"高尚其德，凶"，此與《象傳》"不事王侯，志可則也"不大一致；然帛本"事"既作"德"，又有"凶"字，可能也有它的道理。不盡力王侯之事，自恃德行清高，或會導致不吉之事；簡本此爻辭下附卜辭"卜事"，"事"、"吏"簡本通作，疑卜辭當作"卜事〔君不吉〕"（《觀》卦卜辭有"事君"辭例）或"卜事（吏）廢免〕"之類，此恰與簡本相合。

十九、 臨 ䷒ （下兌上坤）

臨。元亨利貞，至于八月有凶。

初九。咸臨，貞吉。

九二。咸臨，吉無不利。

六三。甘臨，無攸利，既憂之，無咎。

六四。至臨，無咎。

六五。知臨，大君之宜，吉。

上六。敦臨，吉無咎。

【疏證】

1、臨：

卦名及爻辭中之諸"臨"字帛本、簡本作"林"，聞一多《周易義正類纂》讀"臨"爲"灊"，認爲與"霖"同字，又作"淋"，張立文《帛書周易注釋》從聞說，認爲此卦是講下雨與農作物的關係。此僅備參考。若從聞、張二家之說，則《歸藏》之作"林禍"似乎也可讀爲"淋禍"，與卦辭"至于八月有凶"相合（聞一多說"我國雨量，率以夏秋間爲最厚。《孟子•離婁下》曰：七、八月之間雨集，溝澮皆盈。《莊子•秋水》曰：秋水時至，百川灌河……雨及八月而百泉騰湊，川瀆皆盈，數爲民害，故曰有凶"），但《臨》卦卦象上爲《坤》地、下《兌》澤，澤潦在地中，則顯然本卦並非寫雨霖之事；若反之，澤潦在地上，則是寫霖雨之後澤潦停聚之事，而這又是《萃》卦，而非《臨》卦。

按：地在澤上，地高澤卑，有君主監臨百姓之象，故"臨"有"監"義，《詩•大明》"上帝臨汝"即爲斯義。土在澤水之上，又有擁土治水之義，"臨"字表示由上督下，亦含"治"義。因此，《臨》卦是寫君主督治人民之方策。帛本、簡本作"林"，《爾雅•釋詁》"林，君也"。唯君可督治臣民，故"臨"、"林"互足文義。"林"訓爲君，君王爲大（《老子》所謂"王亦大"），《序卦》"臨者，大也"，與帛本合。《蠱》卦寫齊家，《臨》卦寫治國。由齊家之事而擴大到治國之事，故《臨》卦緊接《蠱》卦；《序卦》"蠱者事也，有事而後可大，故受之以臨"，即此之謂。《歸藏》作"林禍"。通行本《周易》經、傳無"禍"字，均以"害"字爲之。"林禍"蓋即"林害"，"害"借爲"轄"，"轄"亦有"治"義。又"林"訓爲"君"、訓爲"眾"（《詩•賓之初筵》毛傳"林，君也"、《廣雅•釋詁》"林，眾也"），謂君主臨治民眾，則"禍"蓋借爲"夥"，"夥"亦訓爲"眾"（《說文》"碼，讀若楚人名多夥"，段注："《史記》、《漢書》多假旤爲禍，旤即碼也"）。

2、咸臨，貞吉：

"咸"，感，感化。初與四爲正應，相互感應，故曰以感化治民，占問得吉。此"咸"字帛本作"禁",借爲"咸"（禁、咸同爲侵部字,聲類亦通轉）。

按:《臨》卦之諸"咸"字帛本作"禁",而《咸》卦之諸"咸"字帛本作"欽",則今本《臨》卦的"咸"字與《咸》卦之"咸"字在理解上當有區別。

3、咸臨,吉無不利:

高亨說"一卦之筮辭,其文有相同者,其旨趣必異";因兩爻占辭旨趣不殊,故認爲二"咸"字意義當不相同。張立文亦從高說。

按:此處之"咸"字（及帛本之"禁"字）當讀與"鹹"同,《爾雅》"鹹,苦也"。九二之"苦臨"與六三之"甘臨"正相對,亦猶《節》卦"苦節"與"甘節"相對。又如《莊子·天道》"徐則甘而不固,疾則苦而不入",亦是"苦"、"甘"相對。"苦"謂疾切過分,"甘"謂松緩不及。"苦臨",謂嚴苛督治。九二剛爻,但處於柔位,又爲四陰所乘;群陰未順于陽,故當嚴律峻法以督治之。《象傳》所說"咸臨吉無不利,未順命也"即是斯義。

二十、 觀 ䷓ （下坤上巽）

觀。盥而不薦,有孚顒若。

初六。童觀,小人無咎,君子吝。

六二。闚觀,利女貞。

六三。觀我生,進退。

六四。觀國之光,利用賓于王。

九五。觀我生,君子無咎。

上九。觀其生，君子無咎。

【疏證】

1、童觀，小人無咎，君子咎：

"童"，幼稚、浮淺。初六距"地上之木"遙遠，處在最下，故所觀浮淺。小人所觀，流於表像、著於跡，猶"薦"禮也；小人本"器"，故形而下之觀察亦不爲失。君子所觀，在於深刻，猶"盥"禮也；"君子不器"，故形下之觀察則有咎吝。簡本此爻辭下附卜辭爲"卜次"。

按："次"與"齊"音同，簡本《坎》卦等有卜辭"卜齊，不齊"，疑此卦卜辭亦當爲"卜次（齊）〔不次（齊）〕"，"齊"同"霽"，謂問卜雨止而斷曰不能止也。

2、觀我生，進退：

"我生"，我之所行（朱熹《本義》、陳夢雷《淺述》）。《公羊傳 ·桓公八年》注"生猶造也"，造，作爲。"觀我生"，謂對自己所作所爲進行自我觀照，以此來抉擇動靜進退。六三居下《坤》之上，已處地上，具備了自我觀照的能力；同時可進可退，其進退取決於反觀內視的結果。《履》卦上九"視履考祥，其旋元吉"，也是講人及時反觀內省的必要性。六三雖可進可退，但仍處下卦，故其所側重在於"進"；九五近亢，其反觀內視側重在"退"；二者皆"觀我生"，含義則有所區別。

簡本"生"作"產"，訓同。簡本此爻辭下附卜辭爲"吏君先進而後退"。"吏"上當脫"卜"字，"吏"與"事"在簡本中通用，此條卜辭當爲"〔卜〕吏（事）君，先進而後退"，謂問卜事君之事，則斷曰先進用而後退隱。

二一、 噬嗑 ䷔ （下震上離）

噬嗑。亨，利用獄。

初九。屨校滅趾，無咎。

六二。噬膚滅鼻，無咎。

六三。噬臘肉遇毒，小吝無咎。

九四。噬乾胏得金矢，利艱貞，吉。

六五。噬乾肉得黃金，貞厲無咎。

上九。何校滅耳，凶。

【疏證】

1、噬嗑，亨，利用獄：

"噬"，齧，用牙齒決物。《禮記·曲禮上》"濡肉齒決"，即此"噬"字之義。帛本、簡本"噬"作"筮"，《易·蒙》釋文曰"筮，決也"。

"嗑"（簡本及帛本《繫辭》作"閘"，音與"嗑"同），合也（《序卦傳》）。人有違法犯案者，決之使合於法，故卦名《噬嗑》、卦辭言"利用獄"。《噬嗑》卦上《離》下《震》，"離"即"羅"，羅網、法網、刑網。"震"為動。貪欲動於下，則刑網威於上，此為《噬嗑》卦之意象；大象說為"明罰敕法"，得之。

"利用獄"，利於決獄斷案。

六十四卦卦爻辭中"獄"及"利用獄"僅此一見，亦可知本卦為專論獄案刑律之卦。若為官者占得本卦卦辭，則利於決獄斷案；而普通人占得，則似乎應理解爲獄訟有利，簡本作"利用獄訟者"就說明了這個問題。

2、履校滅趾，無咎：

"履"，鞋。在此用作動詞，指腳上戴著。

"校"，木制刑具，在腳爲桎，在手爲梏，在肩爲枷。

"履校"，腳上戴著刑具。

"滅"，去除，割掉。

爻在初位，故言"履"、"趾"，此喻初犯，刑之以輕，以懲其後（即《象傳》所謂的"不行也"），故占辭曰"無咎"。中間四爻，受懲之因，皆由貪欲；初、上未言，蓋省文也。簡本此爻辭下所附卜辭爲"〔卜〕毄（繫）囚者桎梏吉，不凶"，與卦辭合。

3、噬乾胏得金矢，利艱貞，吉：

"乾胏"，經過晾曬帶骨的肉乾。

"金矢"，沒入獵物骨肉中的銅箭頭。

"利艱貞吉"衍"利"字（簡本亦衍"利"字），當從帛本作"艱貞吉"。《周易》可說"利艱貞"或"艱則吉"、"艱貞無咎"，而不說"利艱貞吉"，"利"與"吉"重復。"艱貞吉"，謂占問有險而終可化夷。遇得金矢是"艱貞"有險，未吞入腹中是"吉"而化夷。此亦喻因小懲而免大禍。

簡本此爻辭下附卜辭爲"卜有求也，求（似當作"得"）後吉"。

4、噬乾肉得黃金，貞厲無咎：

"乾肉"，普通的肉乾，與"臘肉"略有別。

"得黃金"（簡本同今本），蓋謂食用獵物肉乾而發現其中有黃金箭頭，但未入腹，所以說"貞厲無咎"（占問危險但終無咎害）。六五爻言"黃"者尚有

《坤》卦六五"黃裳元吉"、《鼎》卦六五"鼎黃耳金鉉"等。帛本作"遇毒"。
前卦的《觀》卦三、五爻亦均說"觀我生",與此卦三、五爻均說"遇毒"的
重復情況相近。六五與六三均爲陰柔,故均以遇陰毒說之。因此帛本作"遇毒"
亦通。

二二、 賁 ䷕（下離上艮）

賁。亨,小利有攸往。

初九。賁其趾,舍車而徒。

六二。賁其須。

九三。賁如,濡如,永貞吉。

六四。賁如,皤如,白馬翰如,匪寇婚媾。

六五。賁于丘園,束帛戔戔,吝,終吉。

上九。白賁,無咎。

【疏證】

1、賁：

《賁》卦下《離》上《艮》,《離》爲日,《艮》爲山。《賁》卦象太陽落山,
其爲黃昏取婦之時。《說文》："婚,婦嫁也。禮,娶婦以昏時。婦人陰也,故
曰婚"。字通作"昏",《太玄·內》"昏者,親迎之時也"。李鏡池《周易通
義》說《賁》卦講的是對偶婚迎親的故事,可從。《賁》卦象黃昏迎親,而婚慶
必有彩飾,故"賁"有文飾之義(《說文》)。

簡本亦作“賁”，同今本。帛本作“蘩”、《釋文》“傅氏作班”，皆與文飾之義相關。《歸藏》作“熒惑”，“熒”亦有華彩明盛之義，與飾、斑等意義相屬；又熒惑爲火星，《賁》卦下卦《離》爲火。《太玄》之《飾》、《疑》準《賁》卦，顯然與《歸藏》之“熒惑”相關。

2、賁如，皤如：

“皤”通“蕃”，帛書即作“蕃”，美盛。此所謂裝飾美盛是就馬飾而說，《詩·碩人》“四牡有驕，朱幩鑣鑣”，毛傳：“幩，飾也。鑣鑣，盛貌”，與此同。漢樂府《孔雀東南飛》“躑躅青驄馬，流蘇金鏤鞍”，亦寫馬飾。此二詩皆寫送婚、迎婚之車馬盛飾，與《賁》卦之寫車馬盛飾同。

3、賁于丘園，束帛戔戔，吝，終吉：

“丘園”，喻女家所住地（高亨、李鏡池說）。上《艮》丘處東北，此爲陰方，象女家所在（《說卦》“艮，東北之卦也，萬物之所成終成始也”）。

“束帛”，五匹絲帛，男方所給之聘物。《儀禮·士昏禮》記載男方娶女，納采、納吉、納征皆以“束帛”。

“戔戔”，少貌，女方嫌聘物少。《孔雀東南飛》記太守爲其子迎娶，所贈聘物爲“雜彩三百匹”。可見後世聘禮之奢淫。

“吝”，因爲聘物的多寡，使迎親出了問題，遇到困難。《列女傳》“邵南申女者，申人之女也，既許嫁于豐，夫家不備而欲迎之，女也遂不肯往“，此亦因聘物之事而使親迎遇到吝難。簡本附卜辭爲“後吉”，蓋與已見之卜辭“卜有求·求後吉”相近。

二三、 剝 ䷖ （下坤上艮）

初六。剝床以足，蔑貞凶。

六二。剝床以辨，蔑貞凶。

六三。剝之，無咎。

六四。剝床以膚，凶。

六五。貫魚以宮人寵，無不利。

上九。碩果不食，君子得輿，小人剝廬。

【疏證】

1、剝：

卦名，帛本同。"剝"是剝落、剝蝕之義，爲卦上《艮》下《坤》，山出於地。以其自高於地，故見剝蝕削損；反之則爲《謙》卦，山入於地，自我減損謙抑。"以其善下之，故能爲百谷王"（《老子》），故《謙》卦"亨"而"有終"；"高而倚者崩"（《黃帝四經》），故《剝》卦"不利有攸往"。山見剝落，則日久必覆，所謂"高而不已，天將蹶之"（《黃帝四經》），故簡本及《歸藏》作《仆》，《象傳》也說"山附于地，剝"（山被剝蝕則必然傾覆，故"剝"引申有傾覆之義）。簡本、《歸藏》作"仆"，"剝"字或體作"刌"（見《說文》）。"剝"、"仆"、"附"、"卜"、"音"聲之字古每相通用，故諸本之剝、仆、附的用義與"仆"或"踣"略同，謂傾覆（《說文》"仆，頓也"、《爾雅·釋言》"前覆曰踣"），《黃帝四經·十大經·正亂》："累而高之，踣而弗救"便是此義。山之剝覆，與在上位者自高自大相關聯，故《象傳》戒之以"厚下安宅"。

2、不利有攸往：

　　"往"謂前往、謂進。處《剝》之時，不宜進宜退，進則不利，退則有利；退而自損，厚下安宅，可轉而亨通。上卦《艮》，亦是"止"而不宜往進之象。

　　簡本卦辭下所附卜辭"冬得不喜罪人不吉"，此條卜辭當爲"〔卜有求〕，冬（終）得不喜，罪人不吉"。《剝》卦下卦《坤》，爲"西南得朋"，上卦《艮》，爲險阻，故雖有得而終非好事；上卦《艮》又爲拘止，故罪人不吉。

　　3、剝床以足，蔑貞凶：

　　"以"猶之。"足"，床腿。

　　"蔑"，小（《方言·二》"小，江淮陳楚之內謂之蔑"）。此言剝蝕床腿，占問小有兇險。剝床之足，雖小有兇險，但積微成大，至四爻則大凶矣。卦象取義於山之剝，爻辭則取義於床之剝，大抵皆爲憂患之事。《太平禦覽》卷706說"夢床所壞者，爲憂妻也"，反映的是同樣的心理。高亨、李鏡池讀"蔑"爲"夢"，可參考。初爻在下，故以"足"取喻。

　　按：本卦諸"剝"字簡本均作"仆"，諸"床"字帛本均作"臧"。有人據此認爲"剝"如字訓或訓爲擊（讀爲"撲"）、"臧"訓爲奴隸；也有人認爲"仆"訓爲奴隸、"臧"訓爲傷（讀爲"牂"）。這樣解釋，爻義可以疏通，並與簡本卜辭之"罪人不吉"相合；但於卦象無取，故僅供參考。

　　4、剝之，無咎：

　　帛本無"之"字，似以有"之"字爲是。"之"指代初及二的"足"和"辨"。床腿、樺頭均被剝蝕而占曰"無咎"者，因六三上有上九其應援。此謂問卦者處於剝時，幸得貴人之助。

　　5、貫魚以宮人寵，無不利：

　　"貫魚"當即"魚貫"，言魚依次相續而進。

　　"以"（帛本作"食"，與"以"音同訓通）猶之。

"籠"，帛本作"籠"，同"罩"（或作"箄"），捕魚之竹器。此言群魚依次相續而進入宮人捕魚籠中，此爲無所不利之占。四已剝盡，至五則剝勢已衰。六五爲尊位，與陽剛上九相比、相承而得助，問卦者因而得吉兆。古人以得魚爲吉祥太平、百事如意之兆。如《詩·魚麗》"魚麗于罶"，毛傳"太平而後微物衆多"。又《敦煌遺書·周公解夢書》說"夢見得魚，百事如意"。

二四、 復 ䷗（下震上坤）

複。亨，出入無疾，朋來無咎；反復其道，七日來複。利有攸往。

初九。不遠複，無祗悔，元吉。

六二。休複，吉。

六三。頻複，厲無咎。

六四。中行獨複。

六五。敦複，無悔。

上六。迷複，凶，有災眚。用行師，終有大敗，以其國君凶，至于十年不克征。

【疏證】

1、不遠複，無祗悔，元吉：

"祗"，簡本作"智"，帛本作"提"，皆當讀爲"抵"，至、至於。

"元"，大。離家出行不過遠即折返，則不至於悔恨，並有大吉。過遠則迷，則超過複期，則有凶。

2、休複：

"休"，止，象人之倚木休止（見《說文》）。此承初九而說，六二比于陽爻初九，猶如"倚木"；初九不遠即複，六二依於初九，亦行之不遠即止而還複。簡本此爻附卜辭爲"卜出妻皆複"（筮者訓"休"爲休妻，訓爲"複"爲和好）。

3、敦複，無悔：

"敦"是質樸之貌，《老子》十五章"敦兮其若樸"（注："敦者，質厚"）。"敦"又同"沌"（《淮南·天文》注"敦，沌也"），《老子》二十章"沌沌兮若嬰兒之未孩"（據馬敘倫校），王弼注："沌沌，無所分別"。

此言心懷質樸地返回家園，沒有悔恨。上六迷而不復，故《複》卦至五，是複之終極，所以說還複于樸。簡本卜辭僅存"得"字，當爲爲"〔卜有求〕，得〔也〕"。

二五、　无妄 ䷘（下震上乾）

无妄。元亨，利貞；其匪正有眚，不利有攸往。

初九。无妄，往吉。

六二。不耕獲，不菑畬，則利有攸往。

六三。无妄之災，或系之牛，行人之得，邑人之災。

九四。可貞，無咎。

九五。无妄之疾，勿藥有喜。

上九。无妄，行有眚，無攸利。

【疏證】

1、无妄，元亨，利貞，其匪正有眚，不利有攸往：

《无妄》卦有三意象，其一爲卦爻辭之意象，其二爲《彖傳》意象，其三爲《象傳》意象。先說卦爻辭之意象。

上卦《乾》天，下卦震雷，天下轟響著雷霆，以象徵天威，人當戒其容止，恐懼修省，不敢妄爲，故卦名《无妄》，卦爻辭皆說"无妄"之事；《震·象》"洊雷，震。君子以恐懼修省"就是這個意思。此源于古人的自然崇拜。《呂氏春秋·仲春季》"（仲春之月），日夜分，雷乃發聲，始電……先雷三日，奮木鐸以令於兆民曰：雷且發聲，有不戒其容止者，生子不備，必有凶災"。古俗還有"二月打雷，須禁一切事務"等說法。尤其是表現在農耕上的禁忌，如《呂氏春秋·仲春紀》"（仲春之月），雷乃發聲……耕者少舍"（鄭注《禮記·月令》說"舍，止也"）；在族，雷鳴的日子不能下地生產，否則會遭旱災；普米族，雷鳴不下種；布依族，每年頭次聞雷三天內不耕作；水族每年立春後第一次聞雷時忌耕作（見《西南少數民族風俗志》、《中國民俗辭典》）。這些亦與本卦六二爻辭"不耕獲，不菑畲"有一定聯繫。《彖傳》意象爲《震》動《乾》天，謂行動要順應"天命"（即天道），不得妄爲。《象傳》兼含卦爻辭之意象，謂天下雷行，示威於人，人不得妄爲；同時，雷鳴則"蟄蟲咸動，開戶始出"（《呂氏春秋·仲春紀》），"雷出則萬物出"（《太平禦覽》十三引《洪範五行傳》），故當順應天時以養育萬物。雷未動而作，是妄作，是逆時，《老子》所謂"靜曰複命……妄作凶"（十六章）；雷已動而不作，亦是妄，是逆時，故《象傳》教人順時而作，助天成物。

"妄"，或本作"望"，簡本、《歸藏》作"亡"，帛本作"孟"，皆"妄"字之假。"其"（簡本同，帛本無"其"字）猶若，假若。"匪"，非（簡、帛即作"非")。"眚",災。"正"(帛本同,簡本作"征")爲"妄"之反,不正則妄爲,妄行妄爲。此言處無妄之時,若妄爲妄作則有災禍,自然不利於有所行往。《老子》"不知常,妄作凶"即此。簡本此卦辭下所附卜辭爲"卜雨不雨,不□齊(此下有重文號),不吏(事)君不吉,田魚(畋漁)不得"。簡本凡卦爻辭說"不利有攸往"、"往吝"等,卜辭大抵爲卜有求不得之類,所以"不事君不吉"之"不"字當爲"卜"字或"而"字,或衍字。

2、无妄,往吉:

"往",行,行動。

初九爲《无妄》之初,要上行發展;陽爻居剛位,是得正;不邪妄,順時而動,動能得正,故可獲吉。卦辭"元亨利貞"、《彖傳》"大亨以正,天之命也"即指此爻。簡本附卜辭爲"卜田魚得而"。

二六、大畜 ䷙ (下乾上艮)

大畜。利貞,不家食吉,利涉大川。

初九。有厲,利已。

九二。輿說輹。

九三,良馬逐,利艱貞;日閑輿衛,利有攸往。

六四。童牛之牿,元吉。

六五。豶豕之牙。吉。

上九。何天之衢,亨。

【疏證】

1、良馬逐，利艱貞；日閑輿衛，利有攸往：

"良馬"，喻賢人。九三純乾，《說卦》"乾為良馬"即指此。

"逐"（帛本、簡本形訛"遂"），馳騁。上有四、五二陰，故曰"艱貞"；而九三陽爻居剛位，為下《乾》之最有力者，又與上九合志，故曰"利"。

"日"（帛本形訛作"曰"），每日、經常。

"閑"（帛本作"闌"，讀為"閑"），練習。

"輿"（帛本作"車"），做動詞，指駕車。

"衛"，防衛。

九三一方面乘馬馳騁，以逐其志；一方面又要日習駕術，以備不肖。"日閑輿衛"與《乾》卦九三"終日乾乾"之立意相近，也含有"用之行而舍則藏"之意。

2、豶豕之牙。吉：

"豶豕"（帛本作"哭豕"，"哭"疑當作"大"），當指大豬。《書·大傳》注"賁，大也"，從"賁"之字多有"大"義，如大陵謂之"墳"，大鼓謂之"鼖"，故大豬亦謂之"豶"也。"豶豕"，在此喻奸佞。"牙"同"互"，即"枑"，圈牲之圍欄，在此指圈住（徐鍇《說文系傳》"枑，交互其木，以為遮闌"）。豕陰五被圈住，則九二賢人可進矣，故曰吉。

二七、頤 ䷚ （下震上艮）

頤。貞吉，觀頤，自求口實。

初九。舍爾靈龜，觀我朵頤，凶。

六二。顛頤，拂經，于丘頤，征凶。

六三。拂頤，貞凶，十年勿用，無攸利。

六四。顛頤，吉，虎視眈眈，其欲逐逐，無咎。

六五。拂經，居貞吉，不可涉大川。

上九。由頤，厲吉，利涉大川。

【疏證】

1、舍爾靈龜，觀我朵頤，凶：

"舍"同"捨"，棄。

"爾"，指初九，即問蓍者。龜之生存，不食穀而食氣，故曰神龜（"靈"，神）。

"我"，筮者自稱，在此泛指他人、別人。

"朵"（簡本作"端"，帛本作"短"，皆爲端母元部字，與端母歌部之"朵"字爲陰陽對轉，故皆假爲"朵"），本謂花葉下垂的樣子（《說文》"朵，樹木垂朵朵也"），此指口頰上下張合（李鼎祚《周易集解》"朵，頤垂下動之貌"）。

捨棄你自己的謀生之道而羨慕別人口中咀食，其結果不是坐以待斃就是鋌而走險，故占曰"凶"。

簡本此爻所附卜辭爲"濟惡吏"，當讀爲"霽惡事"（"濟"通"霽"，《書•洪範》"曰霽"，《史記•宋微子世家》作"曰濟"，"霽"訓爲雨止、訓爲止），所謂戒止惡事與爻義正合。

2、顛頤，拂經，于丘頤，征凶：

"顛頤"讀爲"塡頤"，猶言糊口、塡飽肚皮（采焦循、高亨說）。《禮記·玉藻》"盛氣顛實"，注"顛讀闐"，疏："顛，塞也"，《漢書·武帝紀》集解："闐，音塡塞之塡"。《鼎》卦初六"顛趾"，帛本即作"塡止"。

"拂經"讀爲"弗經"，不去自己動手經營（"拂"字《釋文》引《子夏傳》作"弗"，簡本正作"弗"，下文之"拂頤"、"拂經"，簡本一作"弗"，一作"不"）。《莊子·漁父》釋文曰"經，經營也"。

"于"，往。"丘"（帛本訛作"北"），高坡，指高貴富有者（《呂覽·季夏紀》注"丘，高也"），從爻位上看，是指六五，《賁》卦六五曰"賁于丘園"即其征。"于丘頤"，謂往求高貴者收養。然二與五爲敵應，且六五亦爲不經營者，故前往有凶（"征"，往、行）。想要糊口卻不動手經營，而去乞食，求養於人，非謀生之正道；自己動手，豐衣足食，方是六二應選擇的謀生之道。

簡本此爻附卜辭爲"求不得"，與爻義相合。

3、拂頤，貞凶，十年勿用，無攸利：

"拂"同"弗"。"弗頤"不能養活自己。初與二，本能自養而不自養，三則根本不能自養。要之，皆缺乏生存能力，故占問皆"凶"。

"十年"，多年、很長時間。

"勿用"，不能有所作爲。

"無攸利"即謂發展下去很不利。

簡本所附卜辭爲"十年之後乃複"，回到謀生之正道並恢復元氣要在多年以後。

4、顛頤，吉，虎視眈眈，其欲逐逐，無咎：

"顛"同"塡"。

"虎視"二句是補充解釋"吉"的原因。

"眈眈"或作"耽耽"，謂目不轉睛的注視。

"逐逐"，迫切強烈。六四既不旁顧徒羨，又不仰上乞食，而是如虎之覓食，專注迫切，故能自填口頤，吉而無咎。"欲逐逐"，帛本作"容笛笛"，簡本作"猷逐逐"，並爲"欲逐逐"之音假形近之字。簡本附卜辭爲"卜此大"，疑爲"卜此（讀爲貲，同資）大〔得〕"。《艮》爲手，四互三、五成《坤》，爲泉布（即資財），故四之虎視，卜資大得。

二八、　大過 ䷛ （下巽上兌）

大過。棟橈，利有攸往，亨。

初六。籍用白茅，無咎。

九二。枯楊生稊，老夫得其女妻，無不利。

九三。棟橈，凶。

九四。棟隆，吉，有它，吝。

九五。枯楊生華，老婦得其士夫，無咎無譽。

上六。過涉滅頂，凶，無咎。

【疏證】

1、大過，棟橈，利有攸往，亨：

《大過》卦上《兌》澤、下《巽》木，古人"築土構木以爲宮室"（《淮南·

氾論》），水澤過盛，淹毀宮室，此爲《大過》卦之取象。上爻"過涉滅頂"，是水澤太過之意，故題其卦名爲《大過》。

卦辭"橈"字（簡本亦作"橈"，同今本）及九四之"隆"字帛書均作"䡆"。

按：帛書九四之"䡆"爲"隆"字之假，卦辭之"䡆"涉彼而訛，當從今本及簡本作"橈"（或作"撓"）。

"橈"，曲木。"棟橈"，屋棟被水澤浸漬向下彎曲，即將塌陷。從字面上看，水淹房屋，棟橈將坍，棄屋出行則有利，故曰"利有攸往，亨"（"利有"，簡本作"利用"，同）；然而聯繫《小過》卦辭"可小事，不可大事"來看，則《大過》卦正是當大有作爲之時。挽狂瀾於既倒，拯危溺於既沒，安危定傾之功就在於此，故曰"利有攸往，亨"。簡本卦辭下所附卜辭爲"卜病者不死，妻夫不□□不死"，據卜辭殘簡"妻夫相去"、"〔妻〕夫必相去"例（605、606），則此條卜辭蓋謂因棟橈之象，故斷曰有小恙在身、夫妻小有不睦；而占辭說"利亨"，故筮者又斷曰雖疾不死、夫妻不相去。

2、籍用白茅，無咎：

"藉"，墊，以某種東西做襯墊。初爻最下，故曰"藉"，與上爻之"頂"相照。禮神的祭品多以白茅襯墊，以示潔誠。屋將傾沒，虔誠祭神以禱平安無害。初在最下，力弱而不足以拯溺，但有心誠而已。心誠必有所報，故簡本卜辭爲"得之"（當即"〔卜有求〕得之"）。

3、枯楊生稊，老夫得其女妻，無不利：

"稊"同"荑"（帛本即作"荑"），樹木新生之芽葉。

"女妻"，年少的妻子。

此二句是比喻的寫法，是說于大過之時，能抖擻精神，因而出現一線生機，有了向好的方向轉化的希望，所以說這樣做無所不利。簡本所附卜辭爲"卜病者不死，戰鬥敵強而有勝，有罪而遷徙"（罪人不致殺身，但放逐而已）。

4、棟隆，吉，有它，吝：

“隆”，向上拱起。“它”，意外之患。“吝”，艱難。

九三棟橈彎曲，屋宇將陷，故有凶（《敦煌遺書·斯 620·屋宅篇第二十三》說“夢見屋棟折，死；落者，凶；降者，凶”。）；而九四若能拱撐屋棟於將陷之時，有由凶轉吉之望（即《象傳》所謂“棟隆之吉，不橈乎下也”），但福禍不可測，處大過之時，大勢如此，若無知其不可而爲之之志（即《象傳》的“橈乎下”，向應爻初六陰柔小人低頭折腰），則災患艱難仍無可避免，所謂聽天命而盡人事也。簡本卜辭爲“卜邑及”，蓋筮者據“有它吝”而斷爲屬邑之人有吝難之事。

5、九五：

爻題九五、上六，帛本訛爲六五、上九。蓋帛本抄者以初六爲女妻、九二爲老夫，故誤以爲老婦當爲六五、士夫當爲上九。此爻題之誤，當非抄寫之疏忽，而是刻意訂正。帛本對祖本之改動，不只此一處。

二九、坎 ䷜ （下坎上坎）

習坎。有孚維心亨，行有尚。

初六。習坎，入于坎窞，凶。

九二。坎有險，求小得。

六三。來之坎坎，險且枕，入于坎窞，勿用。

六四。樽酒簋貳，用缶，納約自牖，終無咎。

九五。坎不盈，祗既平，無咎。

上六。系用徽纆，寘叢棘，三歲不得，凶。

【疏證】

1、坎：

此卦有二名，一爲《習坎》（“習”，重，謂兩坎相重），帛本亦作《習坎》（《習贛》，“贛”，讀爲“坎”），《彖》、《象》同；一名爲《坎》，《序卦》、《雜卦》同。然八經卦重卦後，其他七卦卦名不變，則此卦亦當與彼相同，故仍以稱《坎》爲是。“坎”爲陷阱，做動詞則爲掘地爲坎以陷物。甲文中“坎”作“凵”，陷人則作“臽”，陷牛則作“告”，陷鹿則作“鏖”（參裘錫圭《釋坎》，《甲骨文字研究》第四輯）。《歸藏》中《坎》作《犖》，疑即“告”字，與“坎”相同。漢石經殘字作《敀》，更爲醒目。

2、有孚維心亨，行有尙：

“孚”訓爲卦兆、徵兆。

“維”，帛本、簡本作“嵩”，同讀爲“唯”，“唯心”，順心（《詩·敝笱》箋：“唯唯，行相順隨之貌”）。

此“有孚唯心”與《益》卦九五“有孚惠心”同，謂所得卦兆順隨人心。

“尙”，嘉獎、崇尙。時處坎時，見諸行動則有嘉尙。

3、坎有險，求小得：

陷阱險惡，尋求脫險可略有收效。九二陽剛，居中，與九五敵應，故言“得”；未出坎陷，故僅“小得”。他卦敵應不好，而坎險之時，陽剛敵應亦佳。此“得”與上六之“得”相照。

“險”，簡本同今本，帛本作“訦”，假作“險”（“險”爲談部字，“訦”爲侵部字，侵談韻近）。

4、險且枕，入于坎，勿用：

"枕"，帛本作"訦"，或本作"沈"（《釋文》），深。"勿用"，勿輕舉妄動。六三處下坎與上坎之間，進退皆是險而深的坑穴，故當時時警懼而勿妄動，《乾》卦九三所謂"終日乾乾"。

5、樽酒簋貳，用缶，納約自牖，終無咎：

"樽"，酒器。

"簋"，圓形盛飯食器。

"缶"，盆。"用缶"，謂一樽之酒、二簋之食，盛之以盆。

"納"，進獻。

"約"，結，結好。

"牖"，導也、通也。

此言六四柔順居正，以樽酒二簋，進獻結好以自通，終可擺脫困境而免於咎害。

簡本附卜辭為"卜病"（當為"卜病〔不死〕"），蓋筮者以爻辭為有人問疾侍奉之義，故斷曰"卜病不死"（又帛本"約"作"藥"，簡本卜辭蓋與此相關）。

6、坎不盈，祗既平，無咎：

"盈"，滿。"坎不盈"，謂坑坎尚未填平。

"祗"同"抵"，至、至於。"既"，盡，完全。"抵既平"，謂通過不懈努力，很快就會達到完全填平。"祗"，于省吾讀為"災"；帛本作"堤"，張立文讀為"祗"為"坻"，並訓為隆起的高地。簡本卜辭為"卜百吏（事）盡吉"。

7、系用徽纆，寘于叢棘，三歲不得，凶：

"系"，被綁縛。

"徽纆"，繩索。

"寘"同"置"。

"叢棘"，圍有荊棘的牢獄。

"得"與"系"、"寘"相對，指脫險。簡本卜辭"卜齊（霽），不齊（霽）；卜雨，不雨；利中（疑當作"利中〔瀆〕"，猶《家人》卦六二之"在中瀆，貞吉"，亦與其他卦之卜辭"利外事"相反）"。

三十、離 ䷝ （下離上離）

離。利貞，亨，畜牝牛吉。

初九。履錯然，敬之，無咎。

六二。黃離，元吉。

九三。日昃之離，不鼓缶而歌，則大耋之嗟，凶。

九四。突如其來如，焚如，死如，棄如。

六五。出涕沱若，戚嗟若，吉。

上九。王用出征，有嘉折首，獲匪其醜，無咎。

【疏證】

1、離，利貞，亨，畜牝牛吉：

《離》本作《羅》，羅網。帛書六十四卦及帛書《繫傳》皆寫作《羅》（簡本、《歸藏》作“離”，同“羅”），《繫傳》“作結繩而爲網罟，以佃以漁，蓋取諸羅”即其證；《同人》、《大有》等包含單卦的《羅》（《離》）卦，亦是取羅網、網羅之義。《坎》爲以坎陷人陷獸，《羅》爲以羅網人網獸，故《羅》卦次於《坎》卦後。通行本作《離》，亦作《离》，甲、金文中之“离”字亦象以網捕獸之狀，孳乳爲“禽”（即“擒”之本字）。物入羅網則爲遭遇，故引申有“罹”義，亦寫作“麗”，《彖》、《序》即取此義。《說卦》“離爲鱉，爲蟹，爲蠃、爲蚌、爲龜”，這也可見與“羅網”之義相關聯。卦名“離”爲羅網，網得母牛並畜養之使繁衍，故言“畜牝牛吉”；推及人事，畜養培育牝牛柔順謙謹之性，方能避開人世羅網之禍，故曰“畜牝牛吉”。

湖北秦墓所出簡文中有“凡邦有大畜生小畜，是謂大昌”（《江陵五家台15號秦墓》，《文物》1995年1月）。簡本此卦辭下附卜辭爲“〔卜〕居官及家不吉，罪人不解”（“家”或指家居、或指家人），此條卜辭當就卦名爲“羅”（羅網、獄網）字而起義。

2、履錯然，敬之，無咎：

“履”，行進。

“錯然”，謹慎的樣子（集解引王弼“錯然，敬慎之貌也”）。

“敬之”，警覺（《釋名•釋言語》“敬，警也”）。位在最下，前有羅網，行進謹慎警覺，故能免於咎患；此亦所謂“畜牝牛吉”也。簡本附卜辭爲“卜臨官立（蒞）眾，敬其下乃吉”。

3、黃離，元吉：

“元吉”，大吉。關於“黃離”二字，歷來有不同解釋：一、訓“離”爲附麗。二、“黃離”讀爲“黃鸝”。三、“黃離”讀爲“黃螭”。四、讀爲“黃霓”，訓爲雲氣。五、黃昏時設網。六、用黃色網捕取禽獸。

按：第六種說法較合理。《周易》言"黃"者，多在二爻、五爻，如《遯》卦六二"執之用黃牛之革"、《坤》卦六五"黃裳元吉"等，古人尚黃色，二、五居中，故言"元吉"。此言設下金黃色的羅網，大吉利。卦辭"畜牝牛吉"、上九爻辭"王用出征……獲匪其醜"並與此"黃離元吉"相照。簡本附卜辭"之上吉，非則凶"，此當是承初九卜辭而說，亦即"〔卜臨官蒞眾，敬〕之（其）上吉，非則凶"。

4、日昃之離，不鼓缶而歌，則大耋之嗟，凶：

"日昃"，日落、日晦（《廣雅·釋言》"昃，跌也"）。九三爲下卦之終，故言"日昃"，謂日之晦盡、一日之終。

"離"，羅網、設下羅網。

"不鼓缶而歌"之"不"字疑涉"而"字抄衍。"缶"，盆，本爲瓦器，亦爲樂器，《莊子·至樂》"鼓盆而歌"即此。鼓缶而歌或擊杵而歌，皆爲古代居喪之禮；又《抱樸子·微旨》說"晦歌朔哭，一不祥"。

"大耋"，程傳訓爲"傾沒"。按："耋"，帛書作"経"，均當讀爲"窒"，《呂覽·盡數》注"窒，不通"。日暮設網則無獲，日晦樂歌則不祥，此必有困厄不通之歎，故曰"凶"。

又解：這幾句可讀爲"日昃之離（羅），不（否）；鼓缶而歌，則大耋（讀爲"衰"之"経"，帛本即作"経"）之嗟，凶"。"日昃之離，否"是"黃離，元吉"的反面；"鼓缶而歌"則是大喪之象，所以說"則大経之嗟凶"。

三一、 咸 ䷞ （下艮上兌）

咸。亨，利貞，取女吉。

初六。咸其拇。

六二。咸其腓，凶，居吉。

九三。咸其股，執其隨，往吝。

九四。貞吉，悔亡。憧憧往來，朋從爾思。

九五。咸其脢，無悔。

上六。咸其輔頰舌。

【疏證】

1、咸其拇：

“拇”，腳大拇指，在此指代腳指、足腳。

“咸”字舊注皆從《彖》、《象》讀爲“感”，訓爲感動、動。高亨、張立文等從朱駿聲說訓“咸”爲“傷”，古本有“咸劉”一語，即斬傷之義。按：諸“咸”字皆用爲禁止之義，“咸”本與“禁”、“緘”相通。《臨》卦之“咸”字，帛本即作“禁”，本卦帛本（及《歸藏》）作“欽”，當爲“禁”之音假（“欽”字從“金”聲，讀爲“禁”。《荀子·正論》楊注“金讀爲噤”；又“欽”字或讀作“斂”）；《莊子·天運》〈釋文〉說“緘，司馬本作咸”，《禮記·喪大記》注“咸，讀爲緘”，“禁”、“緘”皆爲“止”義，帛書《二三子問》“箴（緘）小人之口”即此卦上六“咸（緘）其輔頰舌”。

2、咸其股，執其隨，往吝：

此與六二“咸其腓，凶，居吉”相對（“咸”讀爲“禁”或“緘”，下同。

“腓”，小腿肚子，指代小腿，“凶”，指外出遠行則凶，與下文“往吝”相近，因此“凶”上疑奪“征”字，下文“往吝”，帛本即奪去“往”字。“居吉”，謂安家定居則吉。時處《咸》時，戒占者先成家而後立業，六爻皆如此。即《屯》卦“勿用有攸往”、“利居貞”）。

　　"股"，大腿。"執"，處，止。"隨"，相隨者，指初六、六二。初六、六二象足與小腿，皆隨大腿之動止，故言"隨"。下卦象人體下半身，上卦象人體上半身。下卦爲《艮》止，則上卦亦取隨《艮》而止之義。帛本脫"往"字。

　　3、咸其輔頰舌：

　　帛本同。"輔"，臉頰。"輔頰"，指代口舌言語。

　　"舌"字高亨疑爲"吉"字之誤，可從。

　　"咸其輔頰，吉"與《坤》卦"括囊，無咎"、《艮》卦"艮其輔，言有序，悔亡"相同。"咸（緘）其輔頰"與"括囊"、"艮輔"、《二三子問》"箴（緘）小人之口"相同，上六《象傳》的"滕口說也"當亦讀爲"滕口說也"（"滕"，緘也）。緘其口說，蓋恐言語不當而生婚訟也。

三二、　恒　䷟　（下巽上震）

　　恒。無咎，利貞，利有攸往。

　　初六。浚恒，貞凶，無攸利。

　　九二。悔亡。

　　九三。不恒其德，或承之羞，貞吝。

　　九四。田無禽。

　　六五。恒其德，貞婦人吉，夫子凶。

　　上六。振恒，凶。

【疏證】

1、浚恒，貞凶，無攸利：

"浚"訓爲深，即過分。"恒"，恒定。初六雖居下卦《巽》體，當主於柔靜，又柔爻居初位，但過分追求恒定，不思進取通變，故"貞凶，無攸利"。陳夢雷說："初在下之下而四在上之下，皆未及乎恒者，故泥常而不知變"即是此意（《周易淺述》）。"浚"字帛本作"夐"，"夐"亦有深遠之義。又按："夐"字有營求、深遠二義，《象傳》"浚恒之凶，求始深也"似即兼此二義而說。

2、振恒，凶：

"振"，動。上六居《震》動之極、《恒》定之終，動極必靜、終而返始，此則動而不已、往而不返，失其恒道，故有凶。"振"字《說文》引作從木耆聲之字，辰聲、氐聲、耆聲之字古聲近通用；帛本作"夐"，蓋或本有音假作"祗恒"者，"祗"有大義，"夐"亦有大義，故帛本又作"夐"。

三三、　遁 ䷠ （下艮上乾）

遁，亨，小利貞。

初六。遁尾，厲，勿用有攸往。

六二。執之用黃牛之革，莫之勝說。

九三。係遁，有疾厲；畜臣妾，吉。

九四。好遁，君子吉，小人否。

九五。嘉遯，貞吉。

上九。肥遯，無不利。

【疏證】

1、遯，亨，小利貞：

"遯"是離去、遯去之義。《遯》卦上《乾》下《艮》，"乾"為日氣、雲氣，"艮"為山、為留止、蓄止。雲氣出於山，不為山所蓄而離去，象賢人不為朝廷所畜養（"艮"為門闕、宮闕）而遯去。《遯》卦顛倒，下《乾》上《艮》，則為《大畜》（☰☶），雲氣在山下，為山所畜止，象徵賢人為朝廷所畜養。從卦爻上看，初、二兩陰漸長，上迫于陽，為卦《遯》將轉為《否》（☰☷）之時，君子洞察幾微，知時而遯。

"亨"，謂陰長漸盛之時，及時遯隱方能亨通，即《彖傳》所謂"遯而亨也"，《正義》亦曰："小人方用，君子日消，君子當此之時，若不隱遯避世，即受其害，須遯然後得通"。

"小利貞"，占問小事有利。此與他卦"小貞吉，大貞凶"意思是一樣的。于陰長陽消、君子隱遯之時，不宜大事大為，僅宜小事。《易》例以陰為"小"，凡言不利大事而僅利小事者，皆當陰長漸盛之時。簡本卜辭為"之以吉，居事不吉"，"之"上可補"卜遯"二字。"居事"即處事、行事、做事（"事"或可釋為"吏"，"居吏"即居官）。

2、執之用黃牛之革，莫之勝說：

"執"，系縛。"之"，指代六二。"勝"，能。"說"同"脫"，逃脫、隱去。

六二與九五正應，欲隨九五之"嘉遯"。然為時所繫，不能遯去；但六二居中得正，自然能以貞潔固守其志，《象傳》的"固志也"就是這個意思。六二未言吉凶，但其無凶咎可知。“執”，帛本作“共”，訓同。“革”，帛本假“勒”爲之。“說”，帛本作“奪”。蓋帛本之義，六二以黃牛之革固執操守，無人能奪改其志，與《象傳》的“固志也”亦合。《遯》之初、二、三處《艮》體，宜靜而止之，不宜行遁走之道。

3、係遯，有疾厲，畜臣妾，吉：

“係遯”，欲遁去而被系縛住。“疾厲”，指疾病及各種患害。

九三無應爻，居不處中，在上卦之極，又陽剛躁動，時所系，而仍匆遽欲遁，故有患害之危。初、二、三皆說“時止則止”之理，四、五、六皆說“時行則行”之理；《象傳》“與時行也”即陳說此二事。“臣妾”，臣仆侍妾，皆人之微者，以“畜臣妾”喻做小事，亦即《象傳》的“畜臣妾吉，不可大事也”。九三既爲時所繫而不得遁去，又不能與俗合汙，只可行微小之事，等待良機，以此趨吉避害。古之人於“系遯疾厲”之時，亦多有“弄兒床前戲，看婦機中織”以“畜臣妾”的方法靜侯時機的。

“係”，帛本作“爲”。若從今本，則“爲”或是“係”（“繫”之或體）的形訛，或是與“系”同訓的“維”字之音假；若從帛本，則謂時處《艮》止之時而欲行遁（即“爲遁”），則必有患害。

4、好遯，君子吉，小人否：

“好”，美好適時。

九四已出《艮》止之體而入上卦，適時而隱，故曰“好遯”；能夠“好遯”，及時避免禍患，因此說“君子吉”。小人則見小利而不知幾微，故不能如君子之“好遯”，因此也不能避開禍患，所以說“小人否”；“否”在此兼“不”（帛本作“不”，讀音爲fou）、“不吉”（讀音爲pi）二義。簡本卜辭僅存“吉”字，當是就君子隱遁不仕而言。

5、嘉遯，貞吉：

"嘉"，謂值得嘉贊崇尚。

九五居中得正，故得"嘉遁"。簡本卜辭爲"卜病，不死；行作之"（蓋當爲"行作之，〔不吉〕"或"之"爲"不"字之訛，作"行作，不吉"，"行作"即勞作，指服務於官）。九五處上卦《乾》體，又互三、四成《乾》，"乾，健也"，故九五嘉遁，病去而健，卜病不死也。

三四、 大壯 ䷡ （下乾上震）

大壯。利貞。

初九。壯于趾，征凶，有孚。

九二。貞吉。

九三。小人用壯，君子用罔；貞厲，羝羊觸藩，羸其角。

九四。貞吉，悔亡。藩決不羸，壯于大輿之輹。

六五。喪羊于易，無悔。

上六。羝羊觸藩，不能退，不能遂，無攸利，艱則吉。

【疏證】

1、大壯：

從卦象上看，上《震》雷、下《乾》天，雷的震動超過了天之上，是該卦有太壯、過壯之義。從卦爻上看，四陽爻剛壯強進，位已過中，有太壯之義；《遁》卦陰氣漸長（䷠），爲《否》之將至（䷋），而《大壯》陽氣過盛（䷡），爲《泰》

之已過（䷡）；因此，《遯》卦戒人察幾而遯，《大壯》則戒人守弱知止。《老子》說"物壯則老"、歐陽修說"物既老而悲傷"、"物過盛而當殺"（《秋聲賦》），及時知止方能壯而不傷，故虞翻注及《釋文》引馬注釋"壯"爲"傷"，《雜卦傳》釋《大壯》爲"止"（"《大壯》則止"），釋"傷"釋"止"均是對《大壯》卦的義理推衍，非"壯"字釋爲"傷"與"止"也。高亨等讀"壯"爲"戕"訓爲"傷"，可能是對虞注的誤解。《歸藏》作"耆老"，即《老子》"物壯則老"之義。

三五、 晉 ䷢ （下坤上離）

晉。康侯用錫馬蕃庶，晝日三接。

初六。晉如摧如，貞吉。罔孚裕，無咎。

六二。晉如愁如，貞吉。受茲介福，于其王母。

六三。眾允，悔亡。

九四。晉如鼫鼠，貞厲。

六五。悔亡，失得勿恤，往吉，無不利。

上九。晉其角，維用伐邑，厲吉無咎，貞吝。

【疏證】

1、初六，晉如摧如，貞吉，罔孚裕，無咎：

"晉"，進。

兩“如”字爲語辭。

“摧”，退（《釋文》）。

初與四應，故可升進；居不當位，故又宜退守。進退適時，故占問得吉。初六在《坤》地之下，下卦之初，故須進退適宜。

“罔”，無。

“孚”，卦兆，徵兆。

“裕”，富裕。

初在最下，尙悔之時，時進時退，雖無富裕之兆，但可無咎害。

“罔孚”或作“有孚”，帛本作“悔亡孚浴”，衍“悔”字，“罔”字音訛爲“亡”。

又，“初六”帛本訛爲“初九”，在帛本中“九”、“六”互訛例甚多，這一現象值得研究。

三六、 明夷 ䷇ （下離上坤）

明夷。利艱貞。

初九。明夷于飛，垂其翼，君子于行，三日不食。有攸往，主人有言。

初二。明夷夷于左股，用拯馬壯，吉。

九三。明夷于南狩，得其大首，不可疾貞。

六四。入于左腹，獲明夷之心，于出門庭。

六五。箕子之明夷，利貞。

上六。不明悔，初登于天，後入于地。

【疏證】

1、明夷于飛，垂其翼：

爻辭中出現五次的“明夷”與卦名之“明夷”意思不同，卦名的“明夷”是指日明傷隕而沒入地中（卦像是《離》日沒入《坤》地中、《序卦》“夷，傷也”、《集解》引蜀才訓“夷”爲“滅”、《小爾雅•廣詁》“夷，沒也”），而爻辭“明夷”之義，高亨、李鏡池等據荀爽“火性炎上，離爲飛鳥，故曰于飛”（《集解》引）及《說卦》“離爲雉”而讀“明夷”爲“鳴雉”或“鳴鵜”，可從。《鼎》、《旅》二卦的上卦都是《離》，都含有“雉”字，所以《說卦》說“離爲雉”。《詩經》“于飛”一詞出現九次，皆就鳥雀而言（如“雄雉于飛”等）。

又按“垂其翼”，簡本同今本，帛本作“垂其左翼”，衍“左”字（《詩經•小雅•鴛鴦》及〈白華〉說“鴛鴦在梁，戢其左翼”，此謂鳥雀之棲息，非“于飛”之狀）。

2、明夷夷于左股，用拯馬壯，吉：

下“夷”字訓爲“傷”。

“左股”，左腿。

“用”猶“利”。

“拯”或作“抍”，帛本作“登”，皆讀作通“乘”（《列子•黃帝》〈釋文〉“升本作乘”），李鏡池亦讀爲“乘”。

“馬壯”即“壯馬”。

此言若以壯馬乘坐而迅速遁去則可獲吉。程傳：“拯用壯健之馬，則獲免之速而吉也”。六二本爲陰爻，又處柔位，能以壯濟弱，果於速退，故而獲吉。又“拯”如字釋爲救、濟，亦通。所謂鳴雉傷了左腿，這是爻象；利於乘坐壯馬，吉利，這是據爻象所得的占辭。下同。

3、明夷于南狩，得其大首，不可疾貞：

帛本作“明夷夷于南狩”，今本似奪“夷”字（下“夷”字仍訓爲“傷”）。“大”字疑衍。

九三爲下《離》之終，故言“首”。“可”猶“利”。所謂鳴雉在獵人狩獵時被射傷，被獵人獲得雉首，這是爻象；問病則不利，這是據爻象所得的占辭。

4、入于左腹，獲明夷之心，于出門庭：

“入于左腹”帛本作“明夷夷于左腹”。今本奪“明夷”二字，下“夷”字訛爲“入”（蓋“夷”又訓爲“沒”，今本則易之以同訓之“入”；又“夷”爲喻母脂部字，“人”爲日母真部字，二字聲紐相近，韻部對轉，故“夷”訛爲“人”，又因形近複訛爲“入”）。六四爲《坤》體，《坤》爲腹（《說卦》），故言“夷于左腹”。“于”，發語詞。

此承九三而說。所謂鳴雉在獵人狩獵時被射傷了左腹，被獵人獲得雉心，這是爻象；應該走出門庭（以避禍患），這是據爻象所得的占辭。

5、箕子之明夷，利貞：

帛本同。注家多以此爻之“箕子”同於《彖傳》的“箕子”，認爲是指殷紂之諸父，並訓“之”爲“有”、或以爲“之”下脫“獲”字（按：“之”字亦可訓爲追逐）。

按：漢人亦有訓“箕子”爲“荄滋”者。“箕”或作“其”，音亥，“箕子”即“亥子”，謂亥末子初之時。宋翔鳳《過庭錄·周易考異下》說“惠定宇曰：蜀才從古文作其子。其，古音亥，故讀爲亥”。亥者，陰之將近；子者，陽之將生。明石室道人《二六功課》說："亥子：亥末子初，嬰始孩也，一身元氣，于焉發陳"。亥末子初陰盡陽生時之鳴雉，元氣有望恢復，同時不會被發現、射傷，故有利於占問。

三七、　家人 ䷤（下離上巽）

家人。利女貞。

初九。閑有家，悔亡。

六二。無攸遂，在中饋，貞吉。

九三。家人嗃嗃，悔厲吉；婦子嘻嘻，終吝。

六四。富家，大吉。

九五。王假有家，勿恤，吉。

上九。有孚威如，終吉。

【疏證】

1、閑有家，悔亡：

簡本同，帛本"閑"訛作"門"。"閑"，戒防，戒備。"有"同"于"。位在《家人》之初爻，不宜有事於外，當先使家有戒備，無後顧之患，悔事則消亡。此爻恐人之不戒備于初，而使禍起蕭牆。

2、家人嗃嗃，悔厲吉；婦子嘻嘻，終吝：

"嗃嗃"讀爲"嗷嗷"（程傳。兩字同屬宵部），愁慮的樣子（《說文》"嗷，眾口愁"）。帛本作從火、樂省聲之字，此亦當讀爲"嗷嗷"（宵、藥對轉），或讀爲"勞勞"，憂愁的樣子。

"嘻嘻"，喜樂過渡的樣子。帛本作"裹裹"，音假爲"嘻嘻"。筮得此爻，愁慮憂患，處危而轉吉；得意忘形，處安而生禍。《左傳·襄公三十年》"或叫于宋太廟，曰嘻嘻出出（杜預注："嘻嘻，熱也。出出，戒伯姬"）。鳥鳴於毫社，如曰嘻嘻（杜預注："皆火妖也"）。甲午，宋大災（火災），宋伯姬卒"。"鳥"當即雉鳥，爲《離》。"甲"木"午"火，木生火。"災"爲火災。《家人》卦九三爲《離》之最上，則《左傳》之"嘻嘻"即出典《家人》之"嘻嘻"，而《家人》九三之"吝"初當亦指火災而言。

3、王假有家，勿恤，吉：

此"王"與"利見大人"的"大人"可能意思接近，均指貴人。

"假"同"格"，至、到。"有"同"于"。"恤"，憂慮。

此言有貴人來至於家，將得貴人相助，勿須再憂慮，非常吉祥。高亨以《呂覽·音初》（亦見《論衡·書虛》）夏帝孔甲至民家之古事說之，可供參考（高亨《周易古經今注》）。帛本作"往吉"，衍"往"字（按：帛本似以六二與九五往來相應說之，故增"往"字）。

4、有孚威如，終吉：

"孚"，卦兆。"威"帛書作"委"，順隨貌。此謂卦兆順人心願，最終吉利。

三八、 睽 ䷥ （下兌上離）

80

睽。小事吉。

初九。悔亡，喪馬勿逐自複，見惡人，無咎。

九二。遇主于巷，無咎。

九三。見輿曳，其牛掣，其人天且劓，無初有終。

九四。睽孤，遇元夫，交孚，屬無咎。

六五·悔亡，厥宗噬膚，往何咎？

上九。睽孤，見豕負塗，載鬼一車，先張之弧，後說之弧，匪寇婚媾，往遇雨則吉。

【疏證】

1、睽：

卦名。“睽”是張目而視（《文選•魯靈光殿賦》注）、目少精彩之義（《一切經音義》），《歸藏》作“瞿”，“瞿”是驚顧無守之義。二字意義相通，四、上之“睽”即用此義，他爻皆說驚視而有所遇見之事。所驚顧者必為乖違之事，故卦名之“睽”用為“乖”，帛本即作“乖”，二字音義相通。

《睽》之為卦，上火下澤，火上炎，澤下流，其象為乖違，故可只為小事；然乖極必變，上下顛倒，則為大亨之《革》。

簡本在卦辭為“小事吉”後附卜辭“大事敗”。

2、小事吉：

占問小事吉利，但不可為大事，故二、四雖遇主、遇元夫，亦僅獲無咎而已。《遯》之“小利貞”、《家人》之“利女貞”、《旅》之“小亨”與此“小事吉"意思接近。或以爲陰柔居五而陽剛居二，故曰"小事吉"。但《遯》卦是陽剛居五而陰柔居二，卦辭仍言"小利貞"。故不采此說。簡本在卦辭"小事吉"後附卜辭爲"大事敗"。

3、厥宗噬膚，往何咎：

"厥"，其（按：帛本"厥"做"登"，籀文"登"字形近"其"，此當爲"其"字之訛）。

"宗"，主、主人，亦猶貴人，指上九。五承上九，上九爲其主。

"噬"，食，在此做使動詞。

"膚"，肉。

"厥宗噬膚"即其主使之食肉。古以夢見食肉爲吉。六五既有貴人食肉之邀，前往自然無害。六五即將出乖離睽，故有此象此占。

4、睽孤，見豕負塗，載鬼一車，先張之弧，後說之弧，匪寇婚媾，往遇雨則吉：

"睽孤"即"睽顧"（虞翻說），驚顧、張望。"負"、背。"塗"，泥。"負塗"，背上滿是污泥。

下卦爲《兌》澤，故見豕行于沼澤，滿背污泥（《莊子》所言"曳尾于塗"之龜與此相近）。豕之與鬼與六三之天與劓相對而言。豕鼻上翻，猶人之劓；鬼皆披髮，猶人之髡頭。皆不詳之兆。《左傳·莊公八年》齊侯田獵，見豕欲射，豕人立而啼，從者以爲公子彭生（杜預注"皆妖鬼也"），齊侯田獵後即被殺。亦是豕妖之古事。

"說"同"脫"，放下。

先張弓欲射，以其爲妖魅強寇；後放下弓箭，因其爲婚媾也。這裏的婚媾是指相應的六三陰爻而說，因此指送婚隊伍。而《屯》卦六二的"匪寇婚媾"是指相應的九五陽爻而說，因此指迎親隊伍（《賁》卦六四的"匪寇婚媾"指陽爻初九而說，與此同）。既有婚媾，則合之象，已經出乖離睽。雨爲陰陽合和之象，蓋古俗本有婚娶遇雨爲吉兆之說。

　　"先張之弧，後說之弧"，下"弧"字或本作"壺"，帛本、簡本亦作"壺"。

　　按：疑此二句本作"先張之弧，後說之矢"，二句互文，言先疑懼而張弓搭箭，後喜悅而弛弓摘箭。後傳寫訛誤而作"後說之弧"（或作"壺"）。《繫辭下》"弦木爲弧，剡木爲矢，……蓋取諸《睽》"，此似取象於《睽》卦上九爻辭的"先張之弧，後說之矢"。

三九、　蹇 ䷦ （下艮上坎）

蹇。利西南，不利東北，利見大人，貞吉。

初六。往蹇，來譽。

六二。王臣蹇蹇，匪躬之故。

九三。往蹇，來反。

六四‧往蹇，來連。

九五‧大蹇，朋來。

上六。往蹇，來碩，吉，利見大人。

【疏證】

　　1、往蹇，來反：

"反"蓋即《象傳》的"反身修德",謂反省自身。

六二能持中,故其蹇非自身之故;九三恃剛不中,故戒之以反省自身,此有《乾》卦九三"乾乾夕惕"之意。

"來"即"複",謂返回。故注家釋"反"爲返回亦通。九三《艮》體,故遇阻返回。簡本卜辭爲"卜病不死"。

四十、 解 ䷧ (下坎上震)

解。利西南。無所往,其來複吉。有攸往,夙吉。

初六。無咎。

九二。田獲三狐,得黃矢,貞吉。

六三。負且乘,致寇至,貞吝。

九四。解而拇,朋至斯孚。

六五。君子維有解,吉,有孚于小人。

上六。公用射隼于高墉之上,獲之,無不利。

【疏證】

1、有攸往,夙吉:

"夙"(帛本作"宿",讀爲"夙"),早、速。若打算南行,則不需猶疑,早行動爲吉。

2、解而拇，朋至斯孚：

"解"，松解、解脫、放開。"而"同"爾"，你，指問蓍者。帛本作"其"，亦通。"拇"，足拇趾，在此指足。九四在上卦之下，故稱足，《鼎》卦九四"鼎折足"同此。"解爾足"，謂放開腳步往西南行，因爲卦辭說"利西南"、《坤》卦卦辭說"西南得朋"。九四之所以要"解其足"，是因爲九四已入《震》體，震爲動，故不宜"無所往"，而當迅速放開腳步往西南行進。

"朋"，朋貝，錢財。

"斯"，乃，於是。

"孚"，《程傳》、《本義》釋爲"驗"，即爲證驗、報應。帛書作"複"，《論語 •學而》皇侃疏"複猶驗也"，《漢書 •穀永傳》注"複亦報也"，與"孚"同。然"孚"（報）有善報、惡報之分，下文"有孚于小人"則惡報也。此言放開腳步往西南行進，乃有得財之報驗。

3、君子維有解，吉，有孚于小人：

"維"（帛本作"唯"，讀爲"維"），繫縛。

"孚"，驗、報。

君子系縛得到開解而轉吉，則小人將有惡報。所謂君子道長，則小人道消。

四一、　損 ䷨ （下兌上艮）

損。有孚，元吉，無咎，可貞，利有攸往。曷之用？二簋可用享。

初九。已事遄往，無咎，酌損之。

九二。利貞。征凶，弗損益之。

六三。三人行，則損一人；一人行，則得其友。

六四·損其疾，使遄有喜，無咎。

六五·或益之十朋之龜，弗克違，元吉。

上九。弗損益之，無咎，貞吉。有攸往，得臣無家。

【疏證】

1、已事遄往：

帛本"已"作"巳"，《集解》引虞翻作"祀"。高享等從虞翻說。"祀事酌損之"正承卦辭"二簋可用享"而說，《益》卦六三"凶事益之"與此爻"祀事損之"正相爲對。參照"益"卦之"凶事"，可知此爻之"祀事"是指祈福的祭事。"遄"（帛本作"端"，借爲"遄"），速。

2、或益之十朋之龜，弗克違：

"或"，不定代詞，指有人。因六五處君位，故"或"可能是指大人、貴人。

古以貝爲貨幣，用繩串起，一串五貝，兩串爲一朋。"十朋"，價值百貝。百貝之龜，蓋即古所謂大寶龜，長一尺二寸（見《史記·龜策列傳》）。貴人以大寶龜助益之，自是大吉之兆，不能拒絕（"克"，能。"違"，背、拒絕）。

帛本脫"或"字（《益》卦六二爻辭與此同，帛本有"或"字），"違"作"回"，讀作"違"。

四二、 益 ䷩ （下震上巽）

益。利有攸往，利涉大川。

初九。利用為大作，元吉，無咎。

六二。或益之十朋之龜，弗克違，永貞吉。王用享于帝，吉。

六三。益之用凶事，無咎，有孚，中行告公用圭。

六四。中行告公從，利用為依遷國。

九五。有孚惠心，勿問元吉；有孚惠我德。

上九。莫益之，或擊之，立心勿恒，凶。

【疏證】

1、益：

卦名之"益"有助益、增益、淫溢（通"溢"，過分）等義。《歸藏》作"誠"，當讀作"淫"，與"益"、"溢"義同（《咸》卦帛本作"欽"，《周禮·司裘》鄭注"故書歛為淫"，此三字皆侵部字）。郭店竹簡《性自命出》之"益樂"即指"淫樂"（益同溢，溢，淫也）。

2、益之用凶事：

把受益的財物用於除去災禍之事，如祭祀祓除、施捨財物等，即後來術士所謂"破財消災"。"凶事"帛本聲訛為"工事"。

3、中行告公從，利用爲依遷國：

"從"即《書·大禹謨》"枚卜功臣，唯吉之從"的"從"，謂聽從龜筮之占。

"爲"，以，連詞。

"依"即《書·大禹謨》"鬼神其依，龜筮協從"之"依"，與"從"同義，依從、依順，指依順龜筮之占、順從天意。關於"依"字尚有如下三種說法，儘管我們不同意這三種說法，但仍抄錄如次，一是訓爲《左傳·隱公六年》"周之東遷，晉鄭焉依"的"依"，釋爲"依傍"、"依憑"。二是讀爲"殷（高亨說）。三是從帛本作"家"（帛本作"家"有如下可能：古"辰"、"依"同字，蓋或本有作"辰"者，"辰"與"家"義近，《爾雅·釋宮》曰："牖戶之間謂之辰，其內謂之家"，故"依"轉寫爲"家"。又："依"、"殷"聲近相假，而"殷"與"家"聲近。《說文》："家，豭省聲"。《史記·酷吏列傳》"殷仲"，徐廣曰："殷，一作假"。《史記·建元以來諸侯年表》"牙殷"，《漢書》作"噂葭"。"依"在微部，"家"在歌部，微、歌古音相近，《釋名·釋床帳》"依，倚也"，《詩·淇奧》"猗重較兮"，安徽阜陽漢簡《詩經》"猗"作"依"，"倚"、"猗"即爲歌部字）。

四三、夬 ䷪（下乾上兌）

夬。揚于王庭，孚號，有厲告自邑，不利即戎，利有攸往。

初九。壯于前趾，往不勝，爲咎。

九二。惕號，莫夜有戎，勿恤。

九三。壯于頄，有凶。君子夬夬獨行，遇雨若濡，有慍，無咎。

九四。臀無膚，其行次且，牽羊悔亡，聞言不信。

九五。莧陸夬夬中行，無咎。

上六。無號，終有凶。

【疏證】

1、夬：

通"決"（爻辭兩見之"夬夬"，帛本均作"決決"），果決，爻辭之"夬夬"即取此義。從卦象、卦辭來看，卦名"夬"取義於決斷、占斷。卦象爲上《兌》下《乾》，按照《說卦》的解釋，"兌爲口，爲巫"，"乾"爲天、象天闕、朝庭。《夬》卦卦象象徵巫人在王庭占斷卦兆，卦辭"揚于王庭，孚號"等即是此義。至於《彖傳》、《象傳》則對卦象有其他解釋。《歸藏》作"規"，"規"，謀斷（《淮南·主術》注"規，謀也"），與"夬"之決斷意義相涵。揚雄《太玄·斷》準《夬》卦，說："陽氣強內而剛外，動能有斷決"，又說："決其聾艷，利有謀也"，可資參證。

2、揚于王庭：

"揚"，稱說（《淮南·說山》注："揚，稱也"。《廣雅·釋詁》："揚，說也"。《漢書·霍光傳》注："揚，謂宣唱之"）。"揚于王庭"謂巫人在王庭占斷卦兆。"揚"，帛本假"陽"爲之。

3、壯于頄：

"頄"，亦作"頯"，帛本即作"頯"，面頰。三在下卦之上，故以"頄"喻，此猶《大壯》初以趾喻、三以角喻，亦猶《鼎》卦初以趾喻，三以耳喻。壯于面頰，喻勇壯見之於顏色。壯形於外，過壯也，故曰"有凶"。三爻以陽居剛，又處下卦之極，故曰"壯于頄，有凶"。"頄"或作"頯"，有人據此讀爲"踤"，從《說文》訓爲"脛肉"。

按：《易》之取象有兩種，一種是就全卦而論，由下至上依次爲趾、腓、股、脢、頰（如《咸》卦）；另一種是就單卦而說，則初與四近、三與上近，《夬》卦等就是屬於後者。九四說"臀無膚"，而《困》卦初六言"臀困于株木"，就是這個道理。

4、遇雨若濡，有慍，無咎：

陽剛九三與陰柔上六正應，以陰柔調節陽剛而使之和柔，有"遇雨"之象。

"若"，而。

"濡"，沾濕。

"慍"宜從帛本作"溫"，謂色和柔（《詩•燕燕》鄭箋）。此對"壯于頄"而說。

勇壯形於色則有凶，而果決獨行本有咎，但調之以陰柔，外見以和悅，則又無咎也。

四四、姤 ䷫ （下巽上乾）

姤。女壯，勿用取女。

初六。系于金柅，貞吉。有攸往，見凶，羸豕孚蹢躅。

九二。包有魚，無咎，不利賓。

九三。臀無膚，其行次且，厲，無大咎。

九四。包無魚，起凶。

九五。以杞包瓜，含章，有隕自天。

上九。姤其角，吝，無咎。

【疏證】

1、姤：

卦名"姤"取自爻辭上九"姤其角"之"姤"，傳訓"姤"爲"遇"，《釋文》"古文作遘"，也是遇合之義。帛本作"狗"，與"姤"同音。

《姤》卦上"乾"天，下《巽》風，風上雲天，兩相遇合。又《乾》爲日氣、雲氣，則卦象爲風雲際會之象。最下一陰爻象地氣、上面五陽爻象天氣，天氣下降，地氣上騰，有陰陽遇合之象。《姤》卦初、三、四、上說不遇和不宜遇，二、五說有遇，上九"姤"字本作"遘"，是行有所遇之義。卦名之"姤"則與卦辭"女壯，勿用娶女"相聯繫，爲婚媾之"媾"。蓋或本作"轟"，所以《歸藏》卦名作"夜"，《詩•牆有茨》"中轟之言"，《釋文》引《韓詩》說："中轟，中夜"，又《漢書•文三王傳》晉灼注引《魯詩》說："轟，夜也"。

2、包無魚，起凶：

"起"同"啓"，《素問•六元正紀大論》注："啓，開坼也"。"起凶"，即出現凶兆。

九四不中不正，處非遇合之時，故有包（庖）無魚之凶兆。帛本作"正兇"，當爲"貞凶"（或"征凶"）之音訛，與"啓凶"相近。

3、以杞包瓜，含章，有隕自天：

"以"同"與"（《儀禮•鄉射》鄭注："今文以爲與"），給與。"杞"，

帛本作“忌”，皆讀爲“已”（《詩·大叔于田》鄭箋：忌，讀如彼已之子之已
”）。“包瓜”，孔穎達《正義》讀爲“匏瓜”。匏瓜蓋象徵吉祥之物，則“與
已匏瓜”猶《損》卦之“或益之十朋之龜”。“乾爲圜，爲木果”（《說卦》），
故已入上《乾》之九五爻辭說“與已匏瓜”。匏瓜可爲匏尊或曰匏爵，以之祭
天祀福，故以之爲吉物。

“含章”，謂匏瓜內含文采，《藝文類聚》卷八十七引《神仙傳》曰：“有
青登瓜，大如三斗魁，玄表丹裏，呈素含紅，攬之者壽，食之者仙”。所謂“含
章”，蓋即此“玄表丹裏，呈素含紅”之謂。

“有隕自天”，謂預兆將有福慶隕自於天。《損》卦六五說“或益之十朋之
龜”，《象傳》說“自上佑也”，與此略同。

又“杞”、“忌”皆可讀爲“其”，“猶”之，指九五。“與之”猶《損》
卦六五的“益之”，《鼎》卦“以其子”之“以其”與此同。“有”，帛本作
“或”，同。

四五、 萃 ䷬ （下坤上兌）

萃。亨，王假有廟，利見大人，亨利貞。用大牲吉，利
有攸往。

初六。有孚不終，乃亂乃萃，若號一握爲笑，勿恤，往
無咎。

六二。引吉，無咎，孚乃利用禴。

六三。萃如嗟如，無攸利，往無咎，小吝。

九四。大吉，無咎。

九五。萃有位，無咎，匪孚，元永貞，悔亡。

上六。齎咨涕洟，無咎。

【疏證】

1、萃，亨：

注家多以此"亨"爲衍字，各本無此字，帛本亦無，獨王肅、王弼本有此字。

按：疑此非衍字，可能本作"享"。"享，王假有廟"，謂爲享祀祖先，王至於宗廟。《彖傳》"王假有廟，致孝享也"正釋此"享"字（參高亨說）。

2、王假有廟：

"假"，至。"有"讀爲"于"，帛本即作"于"。卦辭主語爲"王"，六爻爻辭之主語可能均是"王"。

3、若號一握爲笑：

"號"，號呴。

"一握"，頃刻之間。《折中》引王宗傳說："一握之頃，變號呴而爲笑樂矣"。"一握"爲四寸長，本謂度量之短，引申謂時間之短，又謂器量之短，如《史記•酈生陸賈傳》集解引應劭："握齱，急促之貌"。

"若號一握爲笑"即《同人》九五"先號而後笑咷"。

"號"喻惕懼知戒，善補過也。

"笑"喻"不終"將轉爲"有終"。

"爲"，帛本假"于"爲之。

4、萃有位：

此"有位"之"有"與"有廟"之"有"不同，"有廟"之"有"用爲"于"，故帛本亦作"于"；此"有位"之"有"如字，故帛本同樣作"有"。"有"，保有。"萃有位"，指通過聚蓄以保有其位，此即《繫辭》所謂"何以守位曰人，何以聚人曰財"。九五居中得正，聚蓄以正道，故曰"無咎"。

四六、 升 ䷭ （下巽上坤）

升。元亨，用見大人，勿恤，南征吉。

初六，允升，大吉。

九二，孚乃利用禴，無咎。

九三，升虛邑。

六四，五用亨于岐山，吉，無咎。

六五，貞吉，升階。

上六，冥升，利于不息之貞。

【疏證】

1、升：

卦名。帛本、簡本作"登"，《歸藏》作"稱"，升、登、稱爲皆蒸部字。《升》卦上《坤》地、下《巽》木，象樹木進長而上升，故卦名爲《升》；若反之，上《巽》木、下《坤》地，則象樹木升長而可爲人所觀，故卦名爲《觀》。

2、用見大人，勿恤，南征吉：

"用"猶可、利，本或作"利見大人"，帛本即作"利見大人"。經文"利涉大川"亦作"用涉大川"（如《謙》卦），與此同。

"恤"，憂慮。

"南征"，南行。"南征吉"即所謂"利西南"、"西南得朋"之類。《易》凡言"南"者，皆利、皆吉，因爲南爲溫暖向日之方。程、朱釋"南征"爲"前進"，亦通。

3、升虛邑：

《說文》"虛，大丘也"。

升進至城邑高丘之上，此蓋爲一邑之主之象，故當爲吉占。九三居下卦之極，故曰升虛邑。《乾》卦九三戒之以"終日乾乾"，《坤》卦六三戒之以"含章"，《漸》卦九三有"夫征不復"之"凶"，而本卦九三象傳言"無所疑也"，蓋上有應援之故；而《乾》、《坤》、《漸》之三爻正無應援。

簡本附卜辭爲"卜病"，疑當作"卜病〔不死〕"，與《同人》九三"升其高陵"而卜辭爲"卜病不死"相類。

四七、 困 ䷮ （下坎上兌）

困。亨，貞大人吉，無咎；有言不信。

初六。臀困于株木，入于幽谷，三歲不覿。

九二。困于酒食，朱紱方來，利用享祀，征凶，無咎。

六三。困于石，據于蒺藜，入于其宮，不見其妻，凶。

九四。來徐徐，困于金車，吝，有終。

九五。劓刖，困于赤紱，乃徐有說，利用祭祀。

上六。困于葛藟，于臲卼曰動悔有悔，征吉。

【疏證】

1、臀困于株木，入于幽谷，三歲不覿：

"株木"，木椿（《說文》："株，木根也"，段注："今俗語曰椿"）。"臀困于株木"，言受困而臀坐於木椿之上。

"幽谷"，深谷。

"覿"，見，指見到出谷之大路。

帛本除"臀"、"幽谷"、"覿"使用借字外，在"覿"字下尚有"凶"字。《豐》卦上六"三歲不覿"下今本、帛本也都有"凶"字，此當據補。此言受困而坐於木椿上，又迷路而誤入深谷中，很長時間都找不到出路，有兇險。《敦煌遺書》斯620〈橋道門戶篇第二十六〉說"夢見迷路，所求不成"。

2、困于石，據于蒺藜：

"石"指堅剛之地，喻險境。

"據"，依憑。

"蒺藜"，有荊刺之植物。"據于蒺藜"，言處於是非之地、不祥之地。古之牢獄、墓塚四周樹之以蒺藜，故古多以蒺藜、荊薪取譬不祥。帛本"據"作"號"，可能是"據"字之訛，也可能是別自爲義，亦通。

3、來徐徐，困于金車，吝，有終：

"來"，謂自上而下、由進而退。

"徐徐"或本作"荼荼"，心神不定的樣子。

"困于金車"，言所乘車子出了故障；九四爲陽爻，故曰"金車"，遇困而退，不能濟困，故言"吝"；車子出了問題，後退不得，只能振作前進，終能出困，故言"有終"。

下卦三爻說困而不宜妄進，上卦三爻說宜進濟困，故四言"有終"、五言"有說（脫）"、六言"征吉"。帛本"徐徐"作"徐"，脫一"徐"字。

4、劓刖：

朱駿聲《六十四卦經解》："劓刖，一作臲卼，一作倪，一作仉，一作槷黜不安貌。九五人君不當有劓刖之象"。

按："劓刖"與上六之"槷黜"宜同，均爲心中不安寧的樣子。若云"劓刖"，則下不當複言"有說"。帛本九五、上六作"貳椽"、"貳掾"，均當讀爲"槷黜"，訓爲"不安貌"。

5、曰動悔有悔，征吉：

"曰"，發語辭，又或疑爲衍字，然帛本亦有"曰"字。

"動"謂行動進取。

上"悔"爲後悔之悔，下悔爲咎悔之悔。

"征"與"動"同，謂前行進取以最終濟困。

此言若後悔於進取則有咎害，前行進取必最終獲吉。

又按：帛本作"曰悔夷有悔，貞（當讀作"征"）吉"，亦通。"夷"通"遲"（《詩·四牡》"倭遲"，《韓詩》作"倭夷"。《淮南·原道》"馮夷"，高誘注："夷或作遲"）。此"悔遲有悔"即《豫》卦六三"悔遲有悔"。言困于葛藟，槷黜不安，省悟遲緩則有咎害，及早行動則獲吉祥。

四八、 井 ䷯ （下巽上坎）

井。改邑不改井；無喪無得，往來井井。汔至亦未繘井，羸其瓶，凶。

初六。井泥不食，舊井無禽。

九二。井穀射鮒，甕敝漏。

九三。井渫不食，為我心惻；可用汲，王明並受其福。

六四。井甃，無咎。

九五。井洌，寒泉食。

上六。井收勿幕，有孚元吉。

【疏證】

1、改邑不改井：

"改"，更易遷徙。

"邑"，城鎮村邑。

此言城邑可移徙而井則不可移易。王弼注說："井以不變爲德者也"。或訓爲"改"，改爲建、改變，不確。帛本"改"作"茝"，借爲"改"（二字同屬之部，聲母亦通轉）。《詩·緇衣》"蔽予又改造兮"，"改"，阜陽漢簡《詩經》亦作"茝"。

2、汔至亦未繘井：

"汔至"蒙後省"井"字，即意爲　汔至井亦未繘井。"汔"，幾，幾乎、將要。"至"即"至井"，汲繩提至井口。

"亦"，猶，尙（徐仁甫《廣釋詞》）。"亦未"即"猶未"。

"繘"，轆轤上的汲繩。荀爽曰："繘者，所以出水"。從"矞"之字多有"出"義，《說文》"矞，滿有所出也"，《廣雅》"矞，出也"，《漢書•司馬相如傳》注引晉灼"矞，水湧出聲也"。

"汔至（井）亦未繘井"，言汲繩將提至井口而猶未出井口。王弼注說："已來而未出井也"，或訓爲"汔"乾涸、"繘"讀爲"矞"，訓爲穿。帛本"繘"作"汲"，《說文》"汲，引水于井也"，亦有引水以出之義。汲與繘皆屬見紐，古同聲。

3、羸其瓶，凶：

"羸"，或訓爲"覆"（王弼、孔穎達）、或訓爲"敗"（程傳），謂傾覆墜毀。《比》卦之"盈（傾）缶，終來有它"與此"羸其瓶，凶"相近。《方言•卷五》"缶，其小者謂之瓶"。

此源于古人日用器物之崇拜。《左傳•襄公十七年》："衛孫蒯田于曹隧，飲馬於重丘，毀其瓶（指重丘人放置于井邊的汲水瓶），重丘人閉門而詢之"。《淮南•說林》："毋曰不幸，甀（疑當作"瓶"）終不墜井"（此疑即出語《井》卦之"羸其瓶，凶"），《後漢書•周盤傳》注引《汝南先賢傳》亦有視井上桔杚壞爲不吉的記載。《太平禦覽》引《雜五行書》說：把汲瓶懸于井中，可以驅除邪祟。桂馥《劄樸》卷四"小兒汲瓶"條說："俗以金銀或桃核造汲瓶，懸小兒腕間，何所依據"？然後引《急就篇》顏注："甕，汲瓶。今人以雜寶鎰之屬，帶于嬰兒頸下，此古之舊事"，並說："是即汲瓶之所由來也。其以桃核，蓋祓除之遺"。

帛本"其"下多一"刑"字，疑當作"井"字，或"其"字之訛衍。

4、井穀射鮒，甕敝漏：

99

　　"穀"（帛本假"瀆"爲之），乾涸無水（《詩•桑柔》毛傳："穀，窮也"。《老子注》："穀者，空虛不有"，《釋文》："穀者，中央無者也"）。

　　"射"或作"邪"（《釋文》："射，荀作邪"，《音訓》引作"邪"），讀爲"餘"（《詩•北風》〈釋文〉："邪音餘"。《楚辭•七諫》王注引《詩•崧高》"謝"作"徐"，亦可證"射"音近"餘"）。

　　"鮒"，小魚、鯽魚，即泥鰍之類。

　　"甕"，汲瓶。

　　"敝漏"，殘破漏水。

　　此言井中乾涸無水而祇餘下一些泥鰍，汲瓶也已破漏。

　　此句帛本作"唯敝句"。"甕"字缺殘上下部即訛爲"唯"（《儀禮•燕禮》"唯公所賜"，武威出土《儀禮》簡"唯"即訛作"雍"）。"句"與"漏"同爲侯部字，故假"句"爲之。或釋爲"井穀射鮒"爲井底射魚。或讀"敝句"爲"敝筍"，捕魚器。

　　簡本"漏"作"屚"，借爲"漏"（《音訓》"漏，晁氏曰：陸希聲作屚"，與簡本同；又《禮記•內則》鄭注"漏當讀爲螻"）。簡本所附卜辭爲"卜牛（判，分也）及家，彼（破）牛（判）"，本卦下爲《巽》，巽爲風，二互三、四爲《兌》，《說卦》"風以散之"、"兌爲毀折"，故占斷爲家庭分散解體、毀折破敗。此與爻義相合。

四九、革 ䷰ （下離上兌）

革。己日乃孚，元亨，利貞，悔亡。

初九。鞏用黃牛之革。

六二。己日乃革之，征吉，無咎。

九三。征凶，貞厲，革言三就，有孚。

九四。悔亡，有孚，改命，吉。

九五。大人虎變，未佔有孚。

上六。君子豹變，小人革面，征凶，居貞吉。

【疏證】

1、革：

卦名。"革"謂除去獸皮之毛，因此又有皮革之義（初九之"革"即是此義）、革除之義、陳舊衰老之義（《方言•十》"革，老也"）、去舊之義（《雜卦》"革，去故也"）、更新、更革、更變之義（獸去舊毛而生新毛、皮經革治而使新。六二、九四即取改變之義），又通"勒"（帛本初九、六二、上六之"革"均作"勒"），有羈絡約束之義（九三即取此義）、又有刻畫黥墨之義（上六即取此義）。

2、征凶，貞厲，革言三就，有孚：

《周易》一卦分爲上、下卦，將事物發展分爲兩大階段，下卦三爻代表始、中、小終，上卦三爻代表始、中、大終。《乾》卦九二說"見龍在田"，而九三便要"終日乾乾"；本卦六二說"己日乃革之，征吉"，而九三便說"征凶"。第一階段之末，需稍事調整，以防其過。但接著說"貞厲"，則可知九三確有革過之嫌。

"革"通"勒"（帛本初九、六二、上六之"革"均作"勒"，則卦名及九三所缺之"革"當亦作"勒"。又《詩•斯乾》"如鳥斯革"，《釋文》："革"《韓詩》作"勒"），羈絡束縛（《釋名•釋車》"勒，絡也"、《楚辭•招魂》

注"絡，縛也"）。"言"與《師》卦六五"利執言"之"言"同，語辭，猶"焉"（趙汝楳《周易輯聞》亦曰："革言猶《詩》之駕言"）。

"三就"，三重、三匝，喻牢固反復。九三居下卦之極，陽爻處剛位，急於躁進，又有"征凶貞厲"之占，故卦兆示其當以皮繩反復約縛之。

3、君子豹變，小人革面：

"豹變"猶"虎變"（兩"變"字帛本均假"便"爲之）。區別是豹小於虎，九五之問著者（"大人"）蓋本爲官，占得此爻而官祿愈顯；上六之問著者（"君子"）蓋本無官，占得此爻則將得高官。《文選》劉孝標《辨命論》："視彭韓之豹變，謂鷙猛致人爵"，即以"豹變"喻升遷。

"革"通"勒"（帛本即作"勒"），刻畫。"勒面"，黥其面，喻黜落、罷官。本卦上六之"君子豹變，小人勒面"與《剝》卦上六"君子得輿，小人剝廬"句法、句義相同。又解"面"與"免"音同相假（《說文》"愐，勉也"，《釋名》"緬，勉也"）。"免"，除去（《禮記·曲禮》"免，去也"）。"小人革免"，言小人被革除掉。

五十、 鼎 ☲ （下巽上離）

鼎。元吉，亨。

初六。鼎顛趾，利出否，得妾以其子，無咎。

九二。鼎有實，我仇有疾，不我能即，吉。

九三。鼎耳革，其行塞，雉膏不食，方雨虧悔，終吉。

九四。鼎折足，覆公餗，其形渥，凶。

六五。鼎黃耳，金鉉，利貞。

上九。鼎玉鉉，大吉，無不利。

【疏證】

1、鼎顛趾，利出否：

初六與九四居下上卦之初位，因此"顛趾"、"出否"與"折足"、"覆餗"有內在聯繫。

"顛趾"（帛本假"填"爲"顛"），謂鼎足顛倒。

"出否"，謂傾倒出陳舊穢惡之物（"否"，惡，不善）。

此說"去故"，下句"得妾以（與）其子"說"取新"。此外尚有其他幾種說法，如以"否"當作"妻"，或認爲"否"當讀爲"婦"（二說均訓"出"爲"休"、"去"。《否》卦帛本作"婦"，然本卦本爻之"否"帛本作"不"，可知讀爲"婦"不確）；或訓"出"爲出行，"否"釋爲疑問詞。

2、鼎足折，覆公餗，其形渥：

鼎以立爲用，足折則不能立，是凶象。"覆"猶打翻。"公"即九四本爻。九四爲大臣之位，故謂"公"。"餗"，即九二之鼎實、九三之"雉膏"，謂雉肉羹。打翻羹湯，亦是凶象。"其"指代"公"（或謂指"鼎"）。"形"，體，身。"渥"，沾汙（《說文》："渥，沾也"，《廣雅•釋詁》"渥，濁也"）。滿身湯汙，更是凶象。或釋"形渥"爲"刑渥"（訓爲重刑）或"刑屋"（帛本作"刑屋"），謂刑於屋下。按：此"其形"當與九三之"其行"對看，故知釋爲"刑渥"或"刑屋"似不確。

3、鼎黃耳，金鉉，利貞：

"黃"、"金"互文，"黃"謂其色，"金"謂其質（指銅）。"鉉"，耳上之環，所以插杠者。此“耳”及“鉉”爲舊革而新更之耳、鉉。“黃”與“金”喻吉、堅、貴。簡本附卜辭爲“大事凶”，與爻占似有出入。

五一、 震 ䷲ （下震上震）

震。亨。震來虩虩，笑言啞啞。震驚百里，不喪匕鬯。

初九。震來虩虩，後笑言啞啞，吉。

六二。震來厲，億喪貝，躋于九陵，勿逐，七日得。

六三。震蘇蘇，震行無眚。

九四。震遂泥。

六五。震往來厲，億無喪有事。

上六。震索索，視矍矍，征凶。震不于其躬，于其鄰，無咎，婚媾有言。

【疏證】

1、震：

卦名。帛本作“辰”，與“震”同音（“震”本爲“辰”之孳乳字）。《歸藏》作“釐”。尚秉和認爲震爲喜樂、爲福，而與僖通，亦有喜樂、福義。

按：《歸藏》作“釐”可作如下解釋：第一，“釐”從“斄”聲，當即用爲“斄”。《說文》“斄，坼也。果熟有味亦坼”。《震》爲東方立春之卦，“雷之動也萬物啓”（“啓”，開坼。此句見於《文子·上德》）、“百果草木皆甲坼"（《解•彖》，《解》卦上震下坎）。《震》爲東方春分品物開坼之時，故《歸藏》作"釐"。第二，《歸藏》以《震》卦講匕鬯廟祭之事，故可能讀爲"震"、"辰"爲"釐"，爲"祭肉"；而題名爲"釐"，釐之義爲"祭餘肉"。第三，震爲雷，釐、雷雙聲，同屬來母；釐爲之部字，雷爲微部字，之、微可通轉。

2、震來虩虩，笑言啞啞：

"虩虩"，帛本作"朔朔"，即《履》卦"履虎尾，愬愬終吉"的"虩虩"（《釋文》："荀作"）。"虩虩"與"蘇蘇"、"索索"音同義近，皆恐懼的形況字。若細加區別，則"愬愬"（"虩虩"）謂恐懼而戒備，"蘇蘇"謂恐懼不安，"索索"謂恐懼畏縮。

"笑言"又作"笑語"（《釋文》）。"啞啞"，笑語的形況詞。

初懼而虩虩，後鎮定而啞啞；懼而警戒自厲，後能轉危爲泰、笑言啞啞。

3、震驚百里，不喪匕鬯：

"喪"，失落。

"匕"，匙，羹匙，猶今之湯勺。

"鬯"，酒樽（《家語•哀公問》注："鬯，樽也"）。"不喪匕鬯"，謂以匙舀酒於樽中，斟飲自如。霹靂之下，能不失匙樽，鎮定自若，故亨而吉。

按：舊注以此"匕鬯"專屬於裸祭之事，似不必。

另，《華陽國志》："曹公從容謂先主曰：天下英雄，唯使君與操，本初之徒，不足數也。先主方食，失匕箸。會雷大震，先主曰：聖人言迅雷風烈必變，良有以也。一震之威，乃可致此"，或即出典於此卦。

帛本"鬯"作"觴"，音義並同。

4、震來虩虩，後笑言啞啞，吉：

此與卦辭詞句相近。初九之“吉”與卦辭之“亨”互足文義。“虩虩”之前蒙下文之“後”字而省略“先”字，言先虩虩而後啞啞。（《六十四卦經解》：“又一本無後字”）。《易》之“先號而後笑”等即此文例。陽爻居剛得正，《震》卦唯此一爻，亦唯此一爻最佳，故有“吉”字。此爻爲《震》卦主爻，故與卦辭相合。通常卦辭與主爻爻意相合，且詞句亦相近，《易》有此例。故高亨疑卦辭“震來虩虩”二句爲衍文，不可從。帛本有此二句，《象》文亦有。

5、震蘇蘇，震行無眚：

“蘇蘇”（帛本假“疏疏”之），惶懼不安的樣子。“震行”，震懼而行、戰戰兢兢行進（按：前已言“蘇蘇”則“震行”或可釋爲雷霆震動時行進。

又疑“震行”之“震”爲衍字，“震蘇蘇，行無眚”與上六“震索索，征凶”相對爲文）。“眚”，災。六三陰柔，故臨震“蘇蘇”；時處剛位，故能“行”而“無眚”。

6、震不于其躬，于其鄰，無咎：

“其躬”，其身，指上六。上六才弱，未敢行進，故雷震未擊其身而擊其鄰，得免於咎害；又雷擊其鄰，上六知戒，亦得免咎（帛本“無咎”前衍“往”字。既說“征凶”則此不得復言“往無咎”）。

五二、 艮 ䷳ （下艮上艮）

艮。艮其背，不獲其身，行其庭，不見其人，無咎。

初六。艮其趾，無咎，利永貞。

六二。艮其腓，不拯其隨，其心不快。

九三。艮其限，列其夤，厲熏心。

六四。艮其身，無咎。

六五。艮其輔，言有序，悔亡。

上九。敦艮，吉。

【疏證】

1、艮其背：

"艮"疑假借為"謹"。艮、謹同為見母文部字，古為同音字。如《周禮‧地官‧遺人》注："故書艱厄作攤厄……杜子春云：攤厄當作艱厄"，《釋文》："攤音艱，又音謹"。

又《老子‧德經》"深根固柢"，帛書甲本"根"作"槿"。帛本"艮"作"根"，《歸藏》作"狠"，皆"謹"字之假。帛書《易之義》《艮》即作《謹》。卦爻辭之諸"艮"字用法相同。蓋卦象為重重險阻，故卦爻辭戒人處艮之時當謹其言行。"艮其背"，謂謹慎其背後。此言防人於背後暗算之也。

又，卦爻辭之"艮"字舊皆訓為"止"。高亨等以為"艮"之字形為反"見"，釋為顧、注視、照顧等。按：此二解亦講得通。

2、艮其身，無咎：

"身"，上身。六四已入《艮》之上體，在腰胯之上，故指上身。六四以陰居柔，故能謹慎上身的行動而無咎害。帛本"身"作"躬"（蓋涉《象傳》"艮其身，止諸躬也"而訛），並脫"無咎"二字。

五三、 漸 ䷴ （下艮上巽）

漸。女歸吉，利貞。

初六。鴻漸于干，小子厲，有言無咎。

六二。鴻漸于磐，飲食衎衎，吉。

九三。鴻漸于陸，夫征不複，婦孕不育，凶，利禦寇。

六四。鴻漸于木，或得其桷，無咎。

九五。鴻漸于陵，婦三歲不孕，終莫之勝，吉。

上九。鴻漸于陸，其羽可用為儀，吉。

【疏證】

1、鴻漸于干：

“鴻”，水鳥，即雁。“乾”，水邊。

帛本“乾”作“淵”，這有兩種可能。一種可能是帛本准《乾》卦初爻而作“淵”（《恒》卦初六虞翻注也說“《乾》初為淵”），另一種可能是“淵”當作“澗”（《水經·穀水》注“淵、澗字相似，時有字錯為淵也”），同“乾”（《詩·考槃》釋文“澗，《韓詩》作乾”）。

2、鴻漸于盤，飲食衎衎：

“盤”，朱熹訓為“大石”，並以“盤”喻“安”。王引之讀為“泮”，引《漢書》注訓為“小涯堆”。

按：鴻為水鳥，六爻之中，鴻之所“漸”亦當皆與水相關。所以“盤”在此可訓爲"水邊石岸"，其勢略高於"乾"。

"衎衎"，舊多訓爲"和樂貌"，然《釋文》引馬注訓爲"饒衍"，朱駿聲亦訓爲"寬饒衍溢之貌"。按：馬、朱說是，其蓋讀"衎衎"爲"衍衍"或馬氏所見本即作"衍衍"。"衎"、"衍"古通，"飲食衎衎"帛本即作"酒食衍衍"，當以帛本爲是。《需》卦"需于酒食"、《困》卦"困于酒食"，例以酒食爲言（此"酒食衍衍"與"困于酒食"相反，而略同于"需于酒食"）。鴻進于水邊石岸，既得其進食之所，又得其退身之安，故爲"酒食衍衍"之吉占，喻人小康之足或食祿之豐。

3、鴻漸于陸，夫征不複，婦孕不育，凶，利禦寇：

"陸"，高平之地，指小土山、小丘。此爲石岸上之小丘，其勢高於"盤"。其勢雖漸高，樂進忘憂，不知其距水鳥所宜之處愈遠，故有"夫征不復，婦孕不育"之凶占。

"不育"，謂未產下嬰兒，指流產。男子占得此爻，仕途或生意皆爲不利；女子占得此爻，則有被棄之憂。

"利禦寇"，謂謹愼防範侵侮則有利。蓋亡羊而補牢於後，形勢或可有轉機。按：《集解》本作"利用禦寇"，涉《象傳》衍"用"字（《蒙》卦"不利爲寇，利禦寇"，"不利"與"利"對言）。帛本作"利所寇"，"所"與"禦"音同，皆爲魚部字，故"所"音假爲"禦"（《詩·下武》"來許"，《後漢書》引作"來禦"；《詩·伐木》"許許"，《說文》引作"所所"。可證"禦"、"所"古音近相通）。

4、鴻漸于木，或得其桷，無咎：

"木"指"陸"上之"木"，謂丘林、山林。其勢又略高於九三之"陸"。

"桷"，橫平之枝似方椽者。

按：鴻進愈高則去所宜之處愈遠，其象則愈險；然此卻謂得橫枝而棲，似有乖悖；且乘九三之剛，亦不得謂得其棲處。

　　"或得其桷，無咎"，帛本作"或直其寇，觳，無咎"。蓋通行本"得"爲"直"之音假（皆爲職部字）、"桷"爲"寇"之音假（皆爲屋部字），並脫一"觳"字。"直"同"值"，遇到、遭遇。"觳"，擊（《說文》："觳，懸物觳擊也"）。四乘剛，故"或直其寇"；四與三、五互體爲《離》，《說卦》"離爲甲冑，爲戈兵"，故四有遇寇之說；四承比九五，故曰擊之無咎。此"觳寇"即《蒙》卦上九之"爲寇"（"爲"，攻取）。四承三而說，三爻說"利禦寇"，四爻說利擊寇，此相互爲文正與《蒙》卦"爲寇"與"禦寇"相互爲文例同。六四進非所宜之處，又或遇寇，是不吉之象；但借乘剛之勢，得九五之力，擊之則可轉爲無咎。

　　5、鴻漸于陸，其羽可用爲儀：

　　帛本"儀"作"宜"，讀爲"儀"。《漸》卦六爻均協韻，而此爻失韻（"儀"、"宜"在歌部，"陸"在覺部）；並且與九三重復。王引之等以爲"陸"當作"阿"。

　　按：此雖協韻（"阿"亦爲爲歌部字），但於理不合。六爻所進愈高，其象愈險，而此說"其羽可用爲儀"，則顯爲吉象。《晉》卦、《升》卦等，凡爻至上，升進不已，皆爲凶象；反之，窮上返下，則可轉爲吉。因此，"陸"字當從高亨之說爲"陂"字之訛（"陂"亦爲歌部字）。"陂"義爲池。上九不昏亂於升進（《象傳》所說"不可亂也"即其義），窮上返下，漸于陂池，得其所哉。"其羽可用爲儀"是占辭，言其美羽可爲儀飾，此即《革》卦上六小象"其文蔚也"的意思，喻人將走好運，如升遷之類，故繼而占斷曰"吉"。

五四、 歸妹 ䷵ （下兌上震）

　　歸妹。征凶，無攸利。

　　初九。歸妹以娣，跛能履，征吉。

九二。眇能視，利幽人之貞。

六三。歸妹以須，反歸以娣。

九四。歸妹愆期，遲歸有時。

六五。帝乙歸妹，其君之袂不如其娣之袂良，月幾望，吉。

上六。女承筐無實，士刲羊無血，無攸利。

【疏證】

1、歸妹：

卦名。卦象上《震》雷、下《兌》澤，象雷迫近於澤，爲季秋九月之卦，萬物斂縮之時；萬物由動歸於靜，由作歸於息，故卦辭言“征凶，無攸利”，謂筮得此卦，當靜而待時。《集解》引乾寶說：“雷薄（迫）于澤，八月九月將藏之時也”。揚雄《太玄·內》准《歸妹》卦，節氣屬寒露。如果震雷進而入於澤中，則爲《隨》卦，序屬秋冬，因此《隨》卦大象說“向晦入宴息”，《集解》引翟氏曰：“雷者陽氣，春夏用事；今在澤中，秋冬時也”。《歸妹》卦雷薄于澤，時將歸於昧晦，故漢石經殘字題此卦名爲“歸昧”。卦名“歸妹”取自爻辭，後人追題，與此卦卦象無內在聯繫；讀爲“歸昧”，則正是此卦之所象。漢石經殘字作“歸昧”，揚雄《太玄·內》準《歸妹》卦，而“內”既有納女之義，又有陽氣內斂之義，此皆可見漢人對《歸妹》卦之卦象、卦義的理解。

2、帝乙歸妹，其君之袂不如其娣之袂良，月幾望，吉：

“帝乙歸妹”亦見於《泰》卦六五（“帝乙歸妹，以祉元吉”，小象：“以祉元吉，中以行願也”）。“帝乙”，紂父，據說曾嫁女于周文王。六五爲尊位，疑"帝乙歸妹"在此泛指貴族嫁女。

"君"指所"歸"（嫁）之"妹"（少女），訓爲"後"，謂正妻、正室。

"袂"，衣袖，在此指衣飾、服飾，即《詩•碩人》"衣錦褧衣"之類。

"良"，善，美好，華麗。"幾"，將近。"望"，十五。

"月幾望"，將及月中，月亮將近圓滿時。嫁爲正室的新娘衣飾素樸，正是《坤》卦六五小象所謂的"文在中也"。"月幾望吉"，是筮得的送親吉日。就其內蘊說，"其君之袂不如其娣之袂良"即所謂富而不驕；"月幾望吉"，即所謂滿而不盈。《呂氏春秋•察微》引《孝經》所謂"滿而不盈溢，所以長守富也"。月將滿而未滿，喻時之宜；"吉"者，趨時取福之謂。《小畜》、《中孚》亦有"月幾望"，或本作"月既望"，如荀本，帛本。本卦帛本作"日月既望"，衍"日"字，"既"當作"幾"。

五五、 豐 ䷶ （下離上震）

豐。亨，王假之，勿憂，宜日中。

初九。遇其配主，雖旬無咎，往有尚。

六二。豐其蔀，日中見斗，往得疑疾，有孚發若，吉。

九三。豐其沛，日中見沬，折其右肱，無咎。

九四。豐其蔀，日中見斗，遇其夷主，吉。

六五。來章，有慶譽，吉。

上六。豐其屋，蔀其家，闚其戶，闃其無人，三歲不覿，凶。

【疏證】

1、遇其配主，雖旬無咎，往有尚：

"配"，帛本作"肥"，厚、仁厚（《國策 •秦策》"肥仁義"，注："肥，猶厚也"）。"雖"，帛本作"唯"，語辭。"旬"，十日之內（按：或本作"均"。當以作"旬" 為是，卜辭"貞旬"一語習見，為殷周卜筮問旬日內休咎之證）。"尚"，嘉尚、好處。

此"遇其肥主"即卦辭的"王假之"，所謂"利見大人"之義。此言旬日之內將有貴人相助，行將遇赦而有好結果。

2、豐其蔀，日中見鬥，往得疑疾：

"豐"，舊皆訓為大訓為盛。按："豐"當讀為"蓬"。豐、蓬皆為東部字，聲紐皆屬並祖，古同音。《國語 •周語上》"逢福"，《說苑 •辨物》作"豐福"，是其證。"蓬"作名詞為簾薄，如《方言 •五》："薄，宋魏陳楚江淮之間謂之苗......南楚謂之蓬薄 "，清錢繹《方言箋疏》說："薄之制書傳雖未明言，大約如簀第之簀，故《史記 •范睢傳》索隱云：簀，謂葦荻之薄也，蓋編葦為之，故字從草，亦如席之可舒可卷"。古漢語名動相因，"蓬"作動詞謂以簾遮蓋，《史記 •老莊申韓傳》索隱："蓬者，蓋也"。上六"蓬其屋，蔀其家"，句法、句義相同，"蓬"、"蔀"皆名詞作動詞，謂以簾席遮蔽。揚雄《太玄 •大》準《豐》卦，說："陰虛在內，陽蓬（蔽）其外，物與盤蓋......包無方，冥......資裹無方也"，亦可見《豐》卦"豐"之為義。"蔀"（帛本假"剖" 為之），草簾（朱駿聲《六十四卦經解》："蔀與薄同，簾也，草為之"）。"蓬其蔀"，身在牢獄之象（《坎》卦上六"系用徽纆，置於叢棘"，為叢薄所蔽，是牢獄之象，與《豐》卦"蓬其薄"蓋同），亦象其處境不利。

"鬥"，北斗星。"日中見鬥"，是說中午夢見北斗，此是夢占。古人以夢見星辰多為不吉，如吃官司等，《敦煌遺書》伯 3105〈天部第一〉："夢見北斗，有憂"、伯 3908〈天文章第一〉："夢見星者，主官事"、伯 2829："夢見星，憂官事"。

"疑疾"，憂疑不定而患病。

3、有孚發若，吉：

"有孚"，卦兆顯示出某種跡象（《周易》之"孚"或本作"勇"，"勇"謂植物開花，同樣是表示事物呈現出某種跡象）。"發"，除去。"若"，語辭。此言卦兆顯示一切都會過去，即將轉爲吉利。帛本脫"吉"字，"發"作"洫"。帛本作"洫"有兩種可能，一種是帛本讀"發"爲"廢"，訓爲廢壞，而"洫"亦訓爲"敗壞"；另一種是"發"爲幫母字，"洫"與幫母的"必"聲之字多通用。

4、豐其沛，日中見沫，折其右肱，無咎：

"沛"或本作"韋"，通"葦"；帛本作"䪻"，與"葦"義同（《詩•七月》毛傳："葭爲葦"。《淮南•覽冥》注："䪻，狀如葳葳，如葭也"）。"蓬其葦（䪻）"，謂以葦席遮蔽。清錢繹《方言箋疏•卷五》說："《史記•絳侯世家》索隱引許慎《淮南子注》云：曲，葦薄也。《豳風•七月篇》傳云：豫畜萑葦，可以爲曲。薄之制……蓋編葦爲之，故字從草，亦如席之可舒可卷"。《豐》卦上卦爲《震》，《說卦傳》"震爲萑葦"蓋本此卦。王弼注"沛"爲"幡幔"，蓋王所見本作"韋"而讀爲"幃"（《一切經音義三》引《蒼頡》"幃，幐也"，《文選•七發》張注："幃，帳也"）。然"豐韋"與"豐蔀"、"見沫"與"見鬥"意義相涵，故知不當讀爲"幃"而訓爲帳幔。

"沫"，小星（《六十四卦經解》："沫，鬥杓後小星也。星之小者如魚沫，故名"）。

"肱"（帛本假"弓"爲之）或本作"股"，亦通。

"折其右肱（股），無咎"義猶《噬嗑》初九"屢校滅趾，無咎"。三爻即將出獄網（《羅》），故曰"無咎"。又"折其右肱"可能也是夢占。

5、豐其蔀，日中見鬥，遇其夷主，吉：

帛本同。"豐其蔀，日中見鬥"與六二"豐其蔀，日中見鬥"爻辭同。"遇其夷主"與初九"遇其配（肥）主"亦相同，"夷主"即"肥主"。夷、寅、肥音近相通（《左傳・哀公十年》"薛伯夷"，《公羊傳》作"薛伯寅"。《艮》卦九三"列其夤"，帛本作"列其肥"）。初九、九四之"肥主"蓋皆指六五。

6、豐其屋，蔀其家，闚其戶，闃其無人，三歲不覿，凶：

"豐"讀爲"蓬"。蓬、蔀皆爲席簾，在此均作動詞，謂以簾席遮蔽。

"家"，屋宅、居室，與"屋"換文同義。"闚"，視。"闃"，空寂。"覿"，見。"無人"，是不聞人聲。"不覿"，是不見人跡。居室遮蔽，牢獄之象；簾戶無人，主大凶。《敦煌遺書》伯3908〈莊園田宅章第九〉："夢見宅空者，主大凶"。

"覿"，帛本作"遂"，當是"逐"字之訛，與"覿"音近相假。

五六、　旅 ䷷ （下艮上離）

旅。小亨，旅貞吉。

初六。旅瑣瑣，斯其所取災。

六二。旅即次，懷其資，得童僕，貞。

九三。旅焚其次，喪其童僕，貞厲。

九四。旅于處，得其資斧，我心不快。

六五。射雉，一矢亡，終以譽命。

上九。鳥焚其巢，旅人先笑後號咷，喪牛于易，凶。

【疏證】

1、旅瑣瑣，斯其所取災：

"瑣瑣"讀爲"惢惢"，多疑（高亨說："瑣或借爲惢，《說文》：惢，心疑也，從三心，讀若《易》旅瑣瑣。可證瑣、惢古通用。許慎讀惢爲《易》之瑣，或即本于漢人故訓歟？旅惢惢，言旅人之多疑也"）。漢應劭《風俗通·怪神》"世間多有狗作變怪"條說："謹按：《易》曰：其亡斯自取災。若叔堅者，心固于金石，妖至而不懼"，此正是引《易》旅人多疑而自取其災以證世人多疑而自取其祟。

"斯"，此，指代旅人之多疑。"斯其所取災"，謂此其所以自取災禍（"斯其所取災"及"瑣瑣"尚有其他解釋，證之以《風俗通》所引，則知其皆非）。初六之災失之多疑，上九之凶失之寡慮，唯六二、六五得其中。

帛本"災"作"火"，據《象傳》（"旅瑣瑣，志窮災也"）及《風俗通》所引，"火"當作"災"。

2、旅即次，懷其資，得童僕，貞：

"即"，就、就居（《左傳·僖公二十四年》注："即是依就之意也"）。"次"，旅邸、客舍。"懷"，懷藏。"懷其資"或本作"懷其資斧"。"資斧"，錢財。

又按：疑本作"懷其斧資"，"資"與"次"爲韻。後涉下文訛爲"資斧"，傳者以"斧"與"次"失韻，故又奪去"斧"字。"斧資"當即"布貨"（"斧"音同"布"。"資"，貨也），謂錢幣。"貞"下高亨以爲脫"吉"字，可從（《象傳》"得童僕貞，終無尤也"似即釋"吉"字）。卦辭"旅貞吉"即指此爻而說。帛本假"既"爲"即"、假"茨"爲"資"，亦無"斧"字，"貞"下亦無"吉"字。簡本作"旅即其次"，與九三"旅焚其次"文例同。

3、旅于處，得其資斧，我心不快：

　　“于”，往求、尋取（《詩·桃夭》傳：“于，往也”、《爾雅·釋言》：“于，求也”）。“處”，住處。與“次”同。“資斧”，帛本作“溍斧”，似當爲“斧資”之倒語，以與“處”協韻（處、斧魚部字）。

　　旅人雖獲資財而未得居處，故其心不快；身攜資財而往尋住處，有爲路人打劫之憂，故其心不快。《太玄·裝》：“次二，內懷其乘（按：“乘”，《漢書·王莽傳》集注說：“積也”，此謂積蓄）。測曰：懷憂無快也”。當指此爻而說。六二得正位而有居處（陰爻居柔位），故懷其斧資而貞吉；九四失正位而無居處（陽爻居柔位），故得其資斧而不快。九四小象“旅于處，未得位也，得其資斧，心未快也”，得之。

　　舊訓“資”爲資財、“斧”則如字，或訓“資斧”爲“齊斧”，指利斧，或訓“資斧”爲“齋斧”，即“黃鉞”，出征時軍帥所執。高亨則釋爲貨幣、錢幣（“資”，貨也。“斧”，錢幣之似斧形者）。訓爲利斧、爲黃鉞，其根據是《漢書·王莽傳下》載司徒尋亡其黃鉞，房揚曰：“此經所謂喪其齊斧者也”，《晉書音義》引《漢書》張晏注“齊斧，黃鉞也”。但馬王堆帛書《昭力》說：“□之溍斧，商夫之義也；《無孟》之卦，邑途之義也；不耕而獲，戎夫之義也；良月幾望，處女之義也”。缺文當是卦名“旅”字。“溍斧”，帛本《周易》作“溍斧”，即《旅》九四的“資斧”。“《旅》之資斧，商夫之義也”，可見“資斧”確當釋爲錢幣、資財。

　　4、鳥焚其巢，旅人先笑後號咷，喪牛于易，凶：

　　“鳥焚其巢”喻“旅焚其次”。離爲火、爲雉（離及羅字本象以網捕鳥，故又有“鳥”義），艮爲山，山林爲鳥巢所在，故卦之上爻有“鳥焚其巢”之象。卦象以鳥止山林象人止旅次，此又以鳥之巢穴焚喻人之旅次焚，其象互見。此“鳥”承六五之“雉”而說，當指雉鳥。古今習俗中皆有雉鳥兆火之說。

　　“先笑”，謂六五以柔居中而得譽名；“後號咷”，謂上九以剛居亢極而焚巢。

　　“牛”謂六五。六五陰爻，故此“牛”爲“牝牛”，喻柔順之性。由陰柔

117

六五上進而變爲陽剛上九，故爲"喪牛"，喻柔順之性喪失。

"易"即"疆場"之"場"，謂邊際。上九居卦終，所以說"場"。

此可與《大壯》卦相參讀。《大壯》（☳），由陽剛九四變爲陰柔六五，故六五說"喪羊于易，無悔"。羊即羝羊，謂大壯之時喪失公羊剛強之性，故得無悔。朱駿聲也說"《大壯》喪羊失其狠，《旅》喪牛失其順"。

帛本作"烏"，當爲"鳥"字之訛。

五七、 巽 ䷸（下巽上巽）

巽。小亨，利有攸往，利見大人。

初六。進退，利武人之貞。

九二。巽在床下，用史巫紛若，吉，無咎。

九三。頻巽，吝。

六四。悔亡，田獲三品。

九五。貞吉，悔亡，無不利。無初有終，先庚三日，後庚三日，吉。

上九。巽在床下，喪其資斧，貞凶。

【疏證】

1、巽：

卦名。"巽"之本字象二人伏跽之形，其義爲伏順，《雜卦》"巽，伏也"即其本義。其於《巽》卦，初、四二陰均伏于陽下，爻辭的三個"巽"字均爲"伏"義，即"伏于床下"之義。床上爲陽，床下爲陰，《詩·斯乾》"載寢之床"、"載寢之地"即是斯義。後"巽"字形變而有算術之義，孳乳爲"選"爲"筭"，皆音近同源之字，帛本即作"筭"，與"巽"同。或釋本卦爻辭之"巽"（"筭"）爲占算、揲蓍，似非其朔。

2、進退，利武人之貞：

"進退"爲偏義詞，重點在"退"，謂欲進而退之使收斂。《說卦》、《序卦》訓"巽"爲"入"，"入"即卑伏、內斂、退守之義。經文"退"字三見（《觀》卦六三"進退"、《大壯》卦上六"不能退"及本卦之"進退"），《觀》、《大壯》之"退"帛本同，而本卦之"退"帛書作"內"；儘管"退"之古文本有"彶"、"迊"二形，與"內"相近，但帛本作"內"可能正反映帛本對本卦"進退"的理解，即釋"進退"爲收斂其進的意思（《禮記·月令》注："內謂收斂入之也"；另外，帛本作"內"，與《說卦》、《序卦》應有聯繫）。

"武人"，剛武之人，勇於進者。處於巽初，勇進則有失；而初爻爻辭爲收斂其進，故剛武勇進者占之可免勇進之咎，所以說有利。子路爲剛愎勇進之人，故《論語》子曰："由也進，故退之"即其義。

3、巽在床下，用史巫紛若，吉，無咎：

"史巫"即帛書《要》"吾與史巫同而殊歸"之"史巫"，主卜筮吉凶、祓除事神之事。

"紛"，舊訓爲"盛"，高亨讀爲"䘒"，訓爲祓除不祥。按："紛"，帛本作"忿"，疑本作"分"，辨明判斷之義（《禮記·曲禮》注："分、辨，皆別也"、《呂氏春秋·察傳》注："分，明也"、《說文》"判，分也"）。

"若"，猶"之"。"分之"，即《繫辭》"辨吉凶"、"明吉凶"。

蓋夜有所夢或日有所遇，使人驚恐而伏於床下，問吉凶于史巫，史巫斷之曰吉而無害。

五八、兌 ䷹ （下兌上兌）

兌。亨，利貞。

初九。和兌，吉。

九二。孚兌，吉，悔亡。

六三。來兌，凶。

九四。商兌未寧，介疾有喜。

九五。孚于剝，有厲。

上六。引兌。

【疏證】

1、利貞：

帛本作“小利貞”，謂占問小事吉利。蓋帛本以《兌》爲陰卦，又爲“三索而得之”的陰之最小者，故爲“小利貞”。

2、和兌：

“和”，適度。“兌”即“悅”。“和兌”即《莊子‧德充府》“使之和豫通而不失于兌”。“失于兌”謂當悅不悅、不當悅而悅，豫悅失時失度；“和兌”則是當悅而悅、不當悅則不悅，豫悅得時得度。《巽》之初當伏而伏，故利；

《兌》之初當悅而悅，故吉。帛本作“休奪”。“奪”借爲“兌”，“休”與“和”形義相近。

3、孚兌，吉，悔亡：

“孚”，卦兆顯示。“兌”即“和兌”，因爲九二居中，不言“和”而自和。《巽》二“得中”（小象語）故伏而無咎，《兌》二得中故悅而悔亡，其理一也。帛本脫“奪”（兌）字。

4、商兌未寧，介疾有喜：

“商”即商度控制。帛本“商”作“章”，借爲“商”。“商兌”猶“和兌”，裁制之使中度。

“未寧”，未敢安逸懈怠。

“介”同“介于石”之“介”，處於、身處。

“有喜”，瘥愈。《巽》四悔亡，《兌》四有喜，其理一也。《兌》之九四商度有喜，《豫》之九四由（猶）豫有得，思致相同。

5、引兌：

“引”訓爲長訓爲大，同《萃》卦“引吉”之“引”。時已至上，猶張大豫悅，則不言凶而凶已伏於其中。則此上六“引兌”猶《豫》卦上六之“冥豫”。《巽》至上，不當伏而仍伏，故貞凶；《兌》至上，不當悅而反張大其悅，故亦當有凶。此“引兌”猶下卦之極的“來兌”（“來”訓爲伸，伸與引同義，《繫辭》“引而伸之”是也），“來兌”既凶，“引兌”亦當凶也。

帛本“引”作“景”，“景”，大也，與“引”同訓。

五九、 渙 ䷸ （下坎上巽）

渙。亨，王假有廟，利涉大川，利貞。

初六。用拯馬壯吉。

九二。渙奔其，悔亡。

六三。渙其躬，無悔。

六四。渙其群，元吉，渙有丘，匪夷所思。

九五。渙汗其大號，渙王居，無咎。

上九。渙其血去，逖出，無咎。

【疏證】

1、渙：

卦名。"奐"本盛大之義，在本卦中當指水勢盛大，卦象、卦爻辭均與水有關；蓋本作"奐"，後增水旁爲"渙"（《歸藏》、帛本《系傳》作"奐"，通行本經文及《繫辭》、帛本經文以及《易之義》、《繆和》均作"渙"）。卦象爲上《巽》下《坎》，巽爲風、爲木，坎爲水。其卦或象颶風洪水，或象洪水拔折樹木及木舟漂于水上。

2、亨，王假有廟，利涉大川，利貞：

"假"，至。"有"同"于"，帛本即作"于"。《易》中"王假有廟"兩見，即《萃》卦和本卦。

《萃》卦（䷬）上《兌》澤、下《坤》地，象孟秋雨水頻仍、澤潦彙聚，所以卦辭說"亨,王假有廟,利貞,用大牲吉,利有攸往",與本卦卦辭相近。王至寢廟祭祀,以禱平安、除水患,並卜筮涉川濟險是否有利,結果得到吉占。

3、用拯馬壯吉:

"拯"讀爲"乘"。蓋大水初來,乘壯健之馬速退則吉。《明夷》六二"夷于左股,用拯馬壯吉"與此同。

帛本脫"用"、"壯"二字,"吉"下有"悔亡"二字,阮元校勘記也說:"古本有悔亡二字"。

4、渙奔其,悔亡:

"奔"謂奔逃。"机"同"機",謂得其時、及時。

此言水勢盛大,奔逃及時而悔事消亡。疑"悔亡"爲初六之占辭,九二無占辭。

帛本"机"作"階",蓋以"机"爲"下基"之義。帛書《繆和》亦作"階",但釋爲"幾也,時也",與今本接近。《象傳》據爻位立說,陰爻初六爲陽爻九二之"階"或"几案",所以《象傳》的"渙奔其机,得願也"(大水驟至,九二奔赴几案安而無害,這是說它居中據陰得其所願)的"机"可能是讀爲"階"或"几案"之"几"。

5、渙其躬,無悔:

"躬"謂自身。"無悔"帛本作"無咎",同。此言大水將淹及自身而終無患害。本卦唯六三有應,而應爻上九爲《巽》體,巽爲木。蓋六三有上九木舟爲應援,故得濟險無咎害。

6、渙汗其大號,渙王居,無咎:

"汗",大,水勢浩大,義與"渙"同。"渙汗"猶"浩瀚"。

"大號"，蓋指颶風呼號（《秋聲賦》"其爲聲也，呼號憤發"）。九五爲《巽》體，巽爲風。"其"，連詞。"渙汗"說水勢之盛，"大號"說颶風之烈（或訓爲"大號"爲人們大聲呼號）。

"王居"是呼應六四的"丘"。王居處於高地，故得無咎。

"渙汗其大號"帛本訛作"渙其肝大號"。

7、渙其血去，逖出，無咎：

"血"謂憂患（同"恤"，憂也）。"逖"同"惕"（或本即作"惕"，帛本作"湯"）。"出"疑當作"之"，形近而訛（《小畜》六四"血去，惕出，無咎"與此同）。"去"與九五之"居"協魚部韻，或以"出"與"去"、"居"協韻則非；"出"爲物部字，韻部遠隔；當本作"之"，不入韻。此言大水之憂患已過，但需時時惕戒方可長保無咎。帛本脫"無咎"。

六十、 節 ䷵ （下兌上坎）

節。亨，苦節，不可貞。

初九。不出戶庭，無咎。

九二。不出門庭，凶。

六三。不節若，則嗟者，無咎。

六四。安節，亨。

九五。甘節，吉，往有尚。

上六。苦節，貞凶，悔亡。

【疏證】

1、亨，苦節，不可貞：

筮得《節》卦，懂得自我節制，自然亨通。反之，以自我節制爲苦，不樂於自我節制，則占問不利。"不可"猶不宜、不利。還有一種可能，"節"是指節制百姓。"苦"是指過分、過度。過分節制百姓則失于苛暴，結果自然不利。《臨》卦以"甘臨"（臨治百姓）與"咸臨"（鹹，苦也）對舉和本卦以"甘節"與"苦節"對舉其例相同，"苦節"即鄭子產所謂"防川"也（《左傳·襄公三十一年》）。《易》有取爻辭爲卦辭之例，此即其一。

帛本假"枯"爲"苦"。

2、不出戶庭，無咎：

"戶庭"與下文"門庭"換文同義，都是指"家"、"家門"；帛本"戶庭"作"戶牖"以與"門庭"做區別，似不必。高亨說"不出戶庭無咎"、"不出門庭凶"猶卜書之"不利出門"、"不利在家"，得之。然就《節》卦而言，"不出戶庭"、"不出門庭"似指自我約束而言。初在最下，前有《坎》險，時止則止，約束於家，故得無咎。

六一、　中孚 ䷼ （下兌上巽）

中孚。豚魚吉，利涉大川，利貞。

初九。虞吉，有它，不燕。

九二。鳴鶴在陰，其子和之，我有好爵，吾與爾靡之。

六三。得敵，或鼓或罷，或泣或歌。

六四。月幾望，馬匹亡，無咎。

九五。有孚攣如，無咎。

上九。翰音登于天，貞凶。

【疏證】

1、中孚：

爲卦上《巽》木、下《兌》澤，象木舟行于澤水之上（《彖傳》所謂“乘木舟虛也”）。卦辭言祭祀水神、濟涉大川，正與此象合。所追題之卦名爲“中孚”，與卦象、卦辭無合理的聯繫。九五居中位，爻辭言“有孚”，故追題者增字而以“中孚”爲卦名，《易》卦題名爲有此一例，如《大有》九二“大車以載”，此爲富有之象，故取九二之“大”字而增“有”字。《彖傳》“中孚……剛得中”，正指九五而言。

《彖傳》訓“孚”爲“信”，能居中故能有信，此蓋與五行學信屬中央土相關聯。誠信非但及於人，尚且及於飛潛動植之宇宙萬物，此是大信至信，此所謂楚人失弓而老子以爲“去其人可也”。日月四時，天道周還，不失其信，《黃帝四經·經法·論》所謂“信者，天之期也”。人道法天道，所以《彖傳》說“中孚以利貞，乃應乎天也”。九五恰恰居於天位。《象傳》以“中孚”爲“忠信”，並施之於議獄緩死，此與《左傳》相合（《左傳·莊公十年》：“公曰：犧牲玉帛，弗敢加也，必以信。對曰：小信未孚，神弗福也。公曰：小大之獄，雖不能察，必以情。對曰：忠之屬也”）。《歸藏》題此卦名爲“大明”，此似亦取於爻辭九五，《太玄·中》準《中孚》卦，其次五曰：“日正于天，利用其辰作主，測曰：日正于天，貴當位也”可以爲證；又其首曰：“陽氣潛萌于黃宮，信無不在乎中”並與《中孚》卦的題名方法一致。“大明”謂日，明、日皆信實之謂，《左傳·昭公十三年》疏：“明謂信義明著”，《廣雅·釋詁》“日，實也”，《黃帝四經·論》“日信出信入”，《左傳》等以“有如曒日”表信實，皆其證。因此，《歸藏》題爲“大明”與《中孚》本是相通的。

　　《焦氏易林》以"鳥鳴譆譆，天火將下，燔我屋室，災及妃後"釋《中孚》，此蓋以宋伯姬之事說之（《左傳•襄公三十年》"或叫于宋太廟，譆譆曰出出。鳥鳴于亳社，如曰譆譆。甲午，宋大災，宋伯姬卒"。災即火災。鳴叫者皆火妖），與上九爻辭"翰音登于天"也有聯繫（翰音為雞雉之屬，為離火）。然而，《歸藏》之大明、《太玄》之日、《焦氏易林》之火，似屬同一系列。

　　2、豚魚吉，利涉大川：

　　或以為魚之似豚者為"豚魚"，即所謂江豚（吳澄《易纂言》），可從。江豚屬鯨類，古人蓋奉為水神，舟行者或從事漁業者行前祭之，以求順當平安，所以下面說"利涉大川"。卦辭正與卦象相合。

　　又，或釋為以豚與魚薄祭神靈；或釋"豚魚"為小魚、遁魚等。此皆非確詁。

　　又，高亨以為卦名"中孚"當重，此說亦非。

　　凡卦名當重者（如《同人》）皆爻辭中有之，而本卦爻辭並無"中孚"二字。帛本"利"訛為"和"。

　　簡本在卦辭下附卜辭為"大穀"。疑"穀"讀作"裕"，言占得此卦辭者當大為富裕。

　　3、虞吉，有它，不燕：

　　此"虞"（簡本作"吳"、帛本作"杆"，皆假為"虞"）即《屯》卦"即鹿無虞"之"虞"，慮度。

　　"它"，意外之患。"燕"，安寧。"它"為歌部字，"燕"為歌部陽聲元部字，歌、元協韻。下文"和"、"靡"、"罷"、"歌"皆為歌部字，與"它"、"燕"協韻。帛本"燕"作"寧"、"靡"作"贏"，均失韻。或釋"虞"為安、為虞祭、為虞官，似皆不確。

　　4、月幾望，馬匹亡，無咎：

"幾"，將近。(又或作"既"，帛本亦作"既"。簡本作"幾"，同今本)。"月幾望"指將近陰曆十五。月盈而虧、乾亢有悔，丟失馬匹，破財消災，故得無咎。又失去乘馬則不能行，安止之而免災，《小畜》上九"月幾望，君子征凶"即是此義。

又，月望而虧、虧而複望，馬之失得若此，故無有咎害，《睽》卦初九"悔亡，喪馬勿逐自複"即此之謂。

帛本假"必"爲"匹"。簡本九五爻辭下附卜辭爲"取婦嫁女不吉，田不得"。

按：這條卜辭當在本爻辭下。古代嫁女、迎娶、田獵皆乘馬，今馬匹亡，故不吉也。

5、有孚攣如，無咎：

"攣"同"變"，好。"如"，語辭。《小畜》九五"有孚攣如"同此。《大有》六五"厥孚交如"即"厥孚姣如"，與此同(《史記•晉世家》索隱"交猶好也"，訓與"姣"同)。《廣雅•釋詁一》："變、姣，好也"。帛書《二三子問》："卦曰絞如委如。孔子曰：絞，日也"，則《二三子問》讀"交"如"皎日"之"皎"(《莊子•漁父》釋文："交，字書作皎")。

帛本假"論"爲"變"。

六二、 小過 ䷽ （下艮上震）

小過。亨，利貞，可小事，不可大事，飛鳥遺之音，不宜上，宜下，大吉。

初六。飛鳥以凶。

六二。過其祖遇其妣，不及其君遇其臣，無咎。

九三。弗過防之，從或戕之，凶。

九四。無咎，弗過遇之，往厲必戒，勿用永貞。

六五。密雲不雨，自我西郊，公弋取彼在穴。

上六。弗遇過之，飛鳥離之，凶，是謂災眚。

【疏證】

1、過其祖遇其妣，不及其君遇其臣，無咎：

此當讀爲兩句，中間不斷，“妣”、“臣”爲脂真協韻。舊或讀爲“過其祖，遇其妣，不及其君，遇其臣”似非。“過”，超過。“祖”疑借爲“阻”（《書·舜典》“黎民阻饑”，今文《尚書》作“祖饑”。《漢書·食貨志上》顏注“祖，古文言阻”），阻隔，指九三、九四兩陽爻。“遇”，遇逢，獲得（《孟子·離婁上》注：“遇，得也”）。“妣”疑借爲“比”（《釋名》“妣，比也”。《詩·豐年》“祖妣”，《文選注》一作“祖比”。帛本“妣”即作“比”），比配，匹配，指與六二相應的六五，下文的“君”即此“比”。《豐》卦（䷶）初九的“遇其配主”即指相應的九四而言，則此“遇其比”、“及其君”即“遇其配主”的意思。

“及”義猶“遇”（《詩·摽有梅》（釋文）“及，本作得”）。“臣”即臣仆（帛本作“仆”）。“遇其臣”猶《旅》（䷷）六二之“得童僕”。

就爻位而言，本卦及《旅》卦六二的臣仆均指初六。六二本欲超過兩剛爻之阻隔而上行與六五之君遇合匹配，結果未上進以求與君主遇合而是下退得到了臣仆。本欲上行及五，終卻下而得初，正與卦辭“可小事”、“宜下”偶合，所以沒有咎害。《太玄·羨》“次二，羨于微，克復，可以爲儀”。本欲上進乾祿是“羨于微”，隨即下退求仆是“克復”，因其無咎故“可以爲儀”。

2、無咎，弗過遇之，往厲必戒，勿用永貞：

"弗過遇之"謂不要有所過越而希圖遇逢獲得什麼（"遇"，得也），如此則無咎害。

"往"猶九三之"從"，進往。

"戒"猶九三之"防"，警戒提防。帛本作"革"，通假爲"戒"。

"用"猶"利"，謂不利占問長久之事。

3、密雲不雨，自我西郊，公弋取彼在穴：

密雲聚集，自西向東吹則無雨，古諺所謂"雲往東，一切空"。上卦《震》屬東方卦，所以"密雲不雨，自我西郊"謂向上求則無所得。

"公"指六五，即占得此爻者，可譯"他"、"此人"。分言之則"弋"、"射"有別（"弋"指箭之帶繩者），統言之則"弋"即"射"，帛本即作"射"。

"取"猶"獲"。

"彼"，指所射之禽獸。

"穴"，穴洞，當指六二而言（在上爲巢，在下爲穴）。

此謂下求則有獲。此爻略同六二。"密雲不雨"，即卦辭所謂的"不宜上"；"取彼在穴"，即卦辭所謂的"宜下"。

4、弗遇過之，飛鳥離之，凶，是謂災眚：

"弗遇"，無所遇逢、無所得。

"過之"，謂因爲上六處卦之亢極而行爲太過了。

"離"同"羅"（帛本作"羅"），作動詞，指投入羅網。禍自外來爲災、由己而生爲眚。

爻處上爻亢極之時，是自外來；行爲太過，是由己而生。災眚在此統指災禍。"是謂災眚"，這是自取其禍。

六三、 既濟 ䷾ （下離上坎）

既濟。亨，小利貞。初吉終亂。

初九。曳其輪，濡其尾，無咎。

六二。婦喪其茀，勿逐，七日得。

九三。高宗伐鬼方，三年克之。小人勿用。

六四。繻有衣袽，終日戒。

九五。東鄰殺牛，不如西鄰之禴祭，實受其福。

上六。濡其首，厲。

【疏證】

1、既濟：

卦名。上《坎》水、下《離》火，水下潤，火上炎，陰陽相交之功大成。從卦爻看，六爻皆當位、皆有應（六十四卦僅此一卦），象徵天地萬物從無序最終實現有序。以火燒水煮水之功得成。"既"，兼盡、已二義；"濟"，成、定。一切皆成，一切已定，便是卦名"既濟"的含義。《雜卦》"《既濟》，定也"，《太玄》與《既濟》相對應的是《成》，都可與本卦相發揮。帛本、簡本卦名同今本。《歸藏》"既濟"作"岑霽"，"未濟"同今本，這似乎說明《歸藏》並存了兩種對卦象的解說。若其解上卦《坎》爲雨水，則"岑"讀爲"涔"

（《淮南 ·論》注"湾，雨水也"），下卦《離》爲日，則"霹"可從張立文說釋爲"霽"（日出霽）。

2、曳其輪，濡其尾，無咎：

"曳輪"（帛本假"綸"爲"輪"）猶《睽》卦之"曳輿"；曳輪則車不能進。

"濡"，浸濕。"尾"，狐尾（《未濟》卦辭"小狐汔濟濡其尾"）；濡尾則狐不能涉。既濟之時，宜安守保成，故輪曳尾濡不得進涉而無咎。

3、婦喪其茀，勿逐，七日得：

"茀"（帛本借爲"發"爲之），障蔽車子的帷幔。

"逐"（帛本訛作"遂"），追尋、索覓。

婦人所乘之車爲安車，四周有帷幔以障蔽，車無帷幔則婦人不得出行。劉向《列女傳 ·貞順傳》載："公遊于琅琊，華孟姬從。車奔，姬墮，車碎。孝公使駟馬立車載姬以歸，姬使侍禦者舒幃以自障蔽，而使傅母應使者曰：妾聞姬後逾閾，必乘安車輜軿……今立車無軿，非所敢受命也"，此即婦人乘車無幃不行之事，車無幃而不得行進，不能行進而得以無咎，故無需追索，七日後失幃必得，自可行也。

"七日"，謂爻經七位而變《未濟》，自可進取求濟。初、二《離》體，"離爲日"，日輪有車輪之象。

"茀"字舊亦訓爲大巾（蓋頭者，也叫面巾、面衣，婦人出門必蒙之）、或假髮、或統稱爲首飾，似皆不確。

4、繻有衣袽，終日戒：

"繻"，王弼讀爲"濡"，《說文系傳》亦引作"濡"（帛本作"襦"。蓋初作"濡"，涉"袽"字而訛爲"襦"，又訛爲"繻"）。

　　"衣袽"，衣絮（或謂絮衣，棉衣）。"有"同"于"。

　　河水浸濕衣絮，猶謂水浸其身，已見"濡首"之兆，喻成已將亂。六四陰柔，無力拯救既成之複亂，只有終日戒懼以防其大亂而已；然其雖無救亂之才，亦勝於"濡首"逞強之上六。

　　5、東鄰殺牛，不如西鄰之禴祭，實受其福：

　　"東鄰殺牛"蒙後省"祭"字（帛本作"東鄰殺牛以祭"）。東鄰殺牛之祭，為太牢盛祭；西鄰之禴祭，為茶果之薄祭。

　　"實"猶"惟"，語辭。

　　九三以陽剛之才，盡人事而力保既濟；九五雖以陽剛居中得正，然已近亢極，亂不可免，唯有聽天命而祈求上天賜福。

　　帛本"實受其福"下有"吉"字，與《象傳》"實受其福，吉大來也"一致。

六四、　未濟 ䷿ （下坎上離）

未濟。亨，小狐汔濟，濡其尾，無攸利。

初六。濡其尾，吝。

九二。曳其輪，貞吉。

六三。未濟，征凶，利涉大川。

九四。貞吉，悔亡，震用伐鬼方，三年有賞于大國。

六五。貞吉，無悔，君子之光有孚吉。

上九。有孚于飲酒，無咎，濡其首，有孚失是。

【疏證】

1、亨，小狐汔濟，濡其尾，無攸利：

《既濟》之"亨"是就初局的現實性而言；《未濟》之"亨"是就終局的可能性和必然性而言；《既濟》在於保持亨，《未濟》在於爭取亨。陳夢雷《周易淺述》說："未濟有既濟之理，故亨"，又說"彖（經文）未濟之亨，就天運之自然言之；夫子（《彖》文）又專指六五一爻。言人事有致亨之道也"。

"汔"（帛本假"气"爲之），幾乎、將要。"汔濟"（帛本"濟"作"涉"），將要渡過河岸、渡河將要成功。

"濡其尾"，是說在渡河將成之際而浸濕其尾不再繼續前進；即所謂半途而廢、功虧一簣。

《太玄·將》準《未濟》卦，即是就卦辭之"汔"及卦辭全體而言，《井》卦卦辭"汔至亦未繘井，羸其瓶，凶"與本卦卦辭"汔濟，濡其尾，無攸利"文義相近。或訓"汔"爲涸、勇貌（讀爲"仡"）、爲直行貌（讀爲"趒"）等，似皆不確。帛書《二三子問》引《未濟》卦辭說"涉川幾濟，濡其尾，無攸利。孔子曰：此言始易而終難也"，與今本大致相同，讀"汔"爲"幾"（幾乎、將要），《韓詩外傳》引文相同。"濟"與"尾"爲脂、微協韻，帛本"濟"作"涉"，失韻（"涉"爲葉部字），當爲"濟"字之訛，亦或涉他本而誤，《史記·春申君傳》作"《易》曰：狐涉水，濡其尾。此言始之易終之難也"，此與《二三子問》相近（"水"與"川"形近，"水"、"尾"爲微部協韻，則《二三子問》之"川"蓋本當作"水"）。

2、曳其輪，貞吉：

求濟之時，戒在急于求成。九二陽剛，當有所戒；居柔處中，能有所戒。故曳住車輪，占問得吉。初陰柔，戒在畏縮，故進之；二陽剛，戒在冒進，故退之，此《論語》所謂"求也退，故進之；由也兼人，故退之"。帛本脫"吉"字（《象傳》亦有"吉"字）。

3、未濟，征凶，利涉大川：

"征凶"與"利涉大川"相矛盾，所以或疑"利"上脫"不"字（朱熹《本義》），或疑"征"當作"貞"（朱駿聲《六十四卦經解》）。按："征凶"當作"貞凶"（帛本作"正兇"，"正"讀作"貞"），《象傳》同。《困》上六"征吉"，帛本作"貞吉"。九二、九四之"貞吉"與此"貞凶"相對而言（《小畜》"婦貞厲"與"夫子征凶"相對，"征凶"似亦當作"貞凶"）。六三處不當位，又居上下體之間，未出《坎》而又互四、五為《坎》，若濟渡未成而止則占問兇險，繼續前進涉渡則有利。

4、貞吉，無悔，君子之光有孚吉：

帛本"貞吉無悔"涉九四爻辭而訛為"貞吉悔亡"。通行本、帛書本中"無悔"與"悔亡"互訛的情況很多，其實二者是有區別的。"悔亡"是過去完成時態或現在完成時態，表示不好的事情已經過去、已經結束；"無悔"是將來完成時態，表示將不會有悔恨之事。"光"本指日光氣（即古人"占暉"的"暉"），古人常以之占卜吉凶；引申之則指一國一人之氣運。"君子之光有孚吉"，謂卦兆顯示君子的氣運吉利無比（即《象傳》所謂"君子之光，其暉吉也"）。

第三部份

《繫辭》異文疏證

繫辭上

原文（一）

天尊地卑，乾坤定矣；卑高以陳，貴賤位矣（1）；動靜有常，剛柔斷矣；方以類聚，物以群分，吉凶生矣；在天成象，在地成形，變化見矣。是故剛柔相摩，八卦相盪。鼓之以雷霆，潤之以風雨，日月運行，一寒一暑。乾道成男，坤道成女；乾知大始，坤作成物。乾以易知，坤以簡能，易則易知，簡則易從，易知則有親，易從則有功（2）。有親則可久，有功則可大；可久則賢人之德，可大則賢人之業。易簡而天下之理得矣，天下之理得而成位乎其中矣（3）。

【疏證】

1、天尊地卑：

帛本用假借爲字。"乾坤"，帛本作"鍵川"，與帛本《易經》同。"以"同"已"，帛本即作"已"（下句"方以類聚"的"以"，帛本如字）。今本"位"字、"立"字，帛本一律作"立"，與帛本《易經》同；而帛書《易之義》、《要》則"位"、"立"混用。

2、乾以易知，坤以簡能，易則易知，簡則易從，易知則有親，易從則有功：

"乾以易知"的"知"字帛本無，依帛本，疑當讀爲"乾以易，坤以簡；能易則易知（"能"字屬下讀），（能）簡則易從（此句蒙上省"能"字）"。"易"謂平易、容易，乃客觀事物所呈現之性質、情態，即《繫辭下》"確然示人易"、"德行恒易"之"易"；"易知"、"易從"之"易"字帛本作從

"人"、"易"聲之字（按：上"易從"之"易"帛本如字，張政先生認爲當作"人"旁"易"），謂輕易，乃就人類主體之感覺、認知而言，《老子》"吾道甚易知，甚易行"即此"易知"、"易從"之謂。陳松長先生認爲"易並不單是容易的意思，而是輕慢之意，用現代漢語來說就是瞧不起的意思。用在這裏，正是道家輕知無爲思想的反映"。此說僅供參考。帛書《五行篇》亦大談"簡"道，不過其大抵圍繞著"不以小道害大道"而論"簡"，與《淮南子》更接近。

3、帛本省去今本兩處的"天下之"，"成位"帛本作"成立"。此可有二解。一解爲"天下"，當作"天地"。帛本省簡，謂天地間的道理把握住了，《周易》的全部《易》理也就都存在於其間了（上文的"易簡"都是就乾坤天地而說），即下文的"乾坤成列，而《易》立乎其中矣"；二解爲"成立"，猶言"成就"。言把握了天下所有的道理，便可以成就天地之中萬物萬事了。

原文（二）

> 聖人設卦，觀象繫辭焉而明吉凶（1），剛柔相推而生變化。是故吉凶者，失得之象也；悔吝者，憂虞之象也；變化者，進退之象也；剛柔者，晝夜之象也。六爻之動，三極之道也。是故君子所居而安者，《易》之序也；所樂而玩者，爻之辭也（2）。是故君子居則觀其象而玩其辭，動則觀其變而玩其占，是以自天佑之，吉無不利。

【疏證】

1、聖人設卦，觀象繫辭焉而明吉凶：

此二句舊皆標點爲"聖人設卦觀象，繫辭焉而明吉凶"，今觀《本義》"聖人作易（此釋"設卦"），觀卦爻之象而繫以辭也（此釋"觀象繫辭"）"，可知舊讀有誤。然帛本"設"作"詆"，此與下文"立象設卦"有別，所以"詆"不當讀爲"設"，而應讀作"眂"（古文"視"），這兩句若從帛本就可讀爲"聖人視卦觀象，繫辭焉而明吉凶"。

"象"字帛本訛作"馬"（下同），這也許與書寫習慣有關係。也有人認爲這是一種避諱現象，還有人認爲這是源於動物或曰圖騰崇拜的避忌現象，但對圖騰崇拜物設禁的方式有很多，而這種通過變換字形來設禁的方式似乎非常罕見。

2、是故君子所居而安者，《易》之序也；所樂而玩者，爻之辭也：

帛本"所"上有"之"字，領屬下面的"所居"、"所樂"，當從帛本。"居"，平居、閑居。

"安"，高亨讀爲"案"（即"按"），可從。指按察、考察。

"《易》之序"，是指《周易》卦象次序承接轉化的內在哲理，如《泰》《否》、《損》《益》之類。"序"，《釋文》引虞本作"象"，《集解》本同，帛本此字殘，王弼注："序，《易》象之次序"，似是折中兩說。

"樂"，指閑暇逸樂之時。"玩"，玩味、揣摩。

"辭"，帛本作"始"，指卦爻往復的終始規律，如"七日來複"之類。"辭"、"始"形音相近古通。不過帛本"辭"字屢見，無一作"始"者。所以其作"始"，一方面與後文"觀始"相照，同時可能也與道家"慎終如始"的思想相聯系。此"按序玩始"與前文的"視卦觀象"構成內在聯繫。"樂"，虞本作"變"，此與東漢以降卦變互體之說泛濫有關。

原文（三）

象者，言乎象者也；爻者，言乎變者也；吉凶者，言乎其失得也；悔吝者，言乎其小疵也；無咎者，善補過也(1)。是故列貴賤者存乎位，齊小大者存乎卦(2)，辯吉凶者存乎辭，憂悔吝者存乎介(3)，震無咎者存乎悔。是故卦有小大，辭有險易。辭也者，各指其所之。

【疏證】

1、無咎者，善補過也：

準前三句文例，"善"字當從帛本作"言"。

2、齊小大者存乎卦：這是說通過卦體來確定陰陽小大等差。

"齊"，或訓爲"定"或訓爲"列"，兩通。

"小"謂陰卑，"大"謂陽尊。

六十四別卦每一卦體皆由兩個單卦重疊而來，乾、震、坎、艮爲陽、爲尊、爲大；坤、巽、離、兌爲陰、爲卑、爲小；就陽卦本身而論，則乾大艮小；就陰卦本身而論，則坤尊兌卑。卦之小大尊卑亦體現出社會之級差。

"齊"，帛本作"極"，蓋涉後文"極天下之賾者存乎卦"而訛。"小大"（及下句的"小大"）帛本均作"大小"（"失得"帛本前文亦有作"得失"者，反映了不同時代的語言習慣）。

3、憂悔吝者存乎介：

"介"，纖芥、微小。能夠對悔吝之事有所憂懼戒備，在於對微小跡象的察覺。"介"，帛本形訛作"分"，二字形訛之例古籍甚夥，請參《豫》卦疏證。

原文（四）

　　《易》與天地準，故能彌綸天地之道(1)。仰以觀于天文，俯以察于地理，是故知幽明之故。原始反終，故知死生之說(2)。精氣為物，遊魂為變，是故知鬼神之情狀。與天地相似，故不違(3)。知周乎萬物而道濟天下，故不過。旁行而不流(4)，樂天知命，故不憂；安土敦乎仁，故能愛。範圍天地之化而不過，曲成萬物而不遺(5)。通乎晝夜之道而知，故神無方而《易》無體。

【疏證】

　　1、《易》與天地準，故能彌綸天地之道：

　　"與"，以。

　　"準"，（帛本假"順"為之）擬，效法、取法。

　　此言《易》的創制是以天地為取法的對象。下文"仰以觀于天文，俯以察于地理"即是對"《易》與天地準"的補充說明。"故能彌綸天地之道"的主語是省略了的"聖人"而非《易》，《黃帝四經·稱》作"聖人麋論天地之紀"可以為證。本章所論都是前言《易》而後言掌握了《易》道的聖人的議論形式，而注家皆以此句主語為《易》，大謬。

　　帛本《繫傳》作"彌論天下之道"、《黃帝四經》作"麋論天地之紀"。按：作"彌論"是。"彌"，盡、遍。"論"，知曉、了解（《呂覽·直諫》注："論，知也"，《淮南·說山》注："論，知也"），下文"知幽明"、"知死生"、"知鬼神"等即是對此"彌論"的展開。此言聖人掌握了《易》道所以能普遍了解天地間的道理。舊訓"彌綸"為合絡、包裹，似不確。

　　2、原始反終，故知死生之說：

帛本作“觀始反終”，亦通，猶《黃帝四經•稱》“觀前知反”、《列子•說符》“觀往知來”。推原事物的本始叫“原始”，反求事物的終局叫“反終”。此爲《易》之重要功能。如一卦之始爻承於前卦之終爻，而一卦之終爻又啓下卦之始爻，此道家所謂“始卒若環”、“微終反始”（王弼注《未濟》卦也說“未濟之始，始于既濟之上六也”）。“說”，論、理論。“生死”猶始終，《易》能原始反終，掌握了《易》也就可以懂得死生的道理。《繫辭下》“《易》之爲書也，原始要終以爲質也”同此。

3、與天地相似，故不違：

“相似”即相類、相合。“與”上省“易”字。“《易》與天地相似”即一章“《易》與天地準”。《易》既與天地相合，掌握了《易》道的聖人就能“德合天地”而不會違背天地規律。帛本“似”作“枝”（張政烺釋文），《史記•魯仲連傳》索隱“枝猶擬也”，“似”與“枝”音義相近。陳松長隸定爲“校”，“校”與“交”、“效”古通。

4、旁行而不流：

帛本作“方行不遺”。“流”或本作“留”（見《釋文》）。“方行”、“旁行”即溥行、廣行，言《易》之德澤廣被，即下文“推而舉（行）之天下之民”。“不遺”即無所遺留、無所遺漏，下文“曲成萬物而不遺”即照應此句。或本作“留”，“留”爲“遺”字之訓（《史記•孝文帝紀》索隱：“遺猶留也”）；“流”則爲“留”之音訛。《黃帝四經•十大經•本伐》“道之行也，由不得已，則無窮……是以方行不留”，此“不留”與“無窮”（無有窮困）相對，則“方行不留”是說掌握了出於不得已而使用的兵道，就可以橫行天下而無所滯礙（“不留”即“無有留滯”之義）。《淮南•主術》“常一而不邪，方行而不流”，此“不流”與“不邪”相對，謂不流於世俗、不流於邪僻，與直正之行（“方行”）相反，即屈原《橘頌》“橫而不流”之意。所以《繫辭》之“方（旁）行不遺（留、流）”與《黃帝四經》之“方行不留”及《淮南子》之“方行而不流”字同而義殊。

5、範圍天地之化而不過，曲成萬物而不遺：

此下四句專論《易》。"範圍"，包羅。"曲成"通過各種方式成就萬物，即所謂"殊途同歸"，也即韓注、孔疏所說的"乘變以應物，不系一方者也"、"隨變而應，屈曲委細，成就萬物"（或訓"曲"爲俱、皆，亦通）。《黃帝四經·經法·六分》"唯王者能兼覆載天下，物曲成焉"，主語爲"王者"，與《繫辭》不同。帛本脫"成"字。

原文（五）

一陰一陽之謂道。繼之者善也，成之者性也⑴。仁者見之謂之仁，知者見之謂之知，百姓日用而不知，故君子之道鮮矣。顯諸仁，藏諸用，鼓萬物而不與聖人同憂，盛德大業至矣哉⑵。富有之謂大業，日新之謂盛德。生生之謂易，成象之謂乾，效法之謂坤。極數知來之謂占，通變之謂事，陰陽不測之謂神。

【疏證】

1、繼之者善也，成之者性也：

"繼"是衍生孕育之義（《黃帝四經·十大經·觀》"夫民之生也，規規生食與繼。不會不繼，無與守地"，"會"即男女交合，"繼"即衍生後代。又說"夜氣閉地孕者，所以繼之也"）。

"善"，美德（又"善"有"大"義，即大本、根本）。

"成"，成就、畜養。

"性"，本性。

兩 "之"字均指代萬物。

"繼之"、"成之"猶《彖傳》 "資始"、 "資生"及《繫辭》一章的 "大始"、 "成物"。不同的是前二者陰、陽分論,此則 "一陰一陽"合論, "繼"與 "成"乃陰陽相會之功。

帛本 "繼"作 "系",《一切經音義》卷一 "係"下說 "古文繫、繼二形,同",《後漢書•班彪傳》注 "系,繼也"。

2、顯諸仁,藏諸用,鼓萬物而不與聖人同憂,盛德大業至矣哉:

這裏的主語是《易》道,但是,此是承上文 "君子" (聖人)而說,所以主語似乎應該是 "聖人";下文 "聖人……鼓之舞之以盡其神",則 "鼓萬物"的主語也應是 "聖人";至於 "日新盛德"無疑是指 "聖人"。帛本作 "聖者仁勇,鼓萬物而不與眾人同憂"。此 "聖者"和 "眾人"相對與上文 "君子" (聖人)與 "百姓"相對是一樣的。

"仁"即 "安地厚乎仁故能愛"的 "仁",聖人鼓動化育萬物以澤惠天下是其能 "仁"; "勇"謂無憂無懼,聖人深解《易》道而樂天知命,故能勇而無憂懼,此照應前文 "樂天知命故不憂";眾人日用《易》道而不知其理,故不能樂天知命,因而有所憂懼。《論語•憲問》 "仁者必有勇"、 "仁者不憂,勇者不懼",是 "仁勇"之辭例。 "盛德大業"即是承 "聖者仁勇"而說。

原文(六)

夫《易》廣矣大矣,以言乎遠則不禦,以言乎邇則靜而正(1),以言乎天地之間則備矣。夫乾,其靜也專,其動也直,是以大生焉;夫坤,其靜也翕,其動也辟,是以廣生焉(2)。廣大配天地,變通配四時,陰陽之義配日月,易簡之善配至德。

【疏證】

1、以言乎遠則不禦，以言乎近則靜而正：

此二句帛本作"以言乎遠則不過，以言乎近則精而正"。按：帛本是。此"不過"即四章"知周乎萬物故不過"的"不過"，言無過差。"精正"即精審正確。"遠"謂來，"近"謂今。"言乎遠"謂預知來事，"言乎近"謂論知今事。蓋"過"形近"遇"而初訛爲"遇"（《易·解》《釋文》"遇，一本作過"、《列子·說符》《釋文》"遇，一本作過"），"遇"音近"禦"又訛爲"禦"（"遇"在侯部，"禦"在魚部，侯、魚鄰韻）。"不過"與"精正"正相對文。舊注據今本訓"不禦"爲不盡、不止，與"靜正"（"靜"亦訓爲"審"）義不相屬。

2、夫乾，其靜也專，其動也直，是以大生焉；夫坤，其靜也翕，其動也辟，是以廣生焉：

"專"即老子"摶氣"之"摶"，摶聚、收聚。"直"，伸直、直挺、伸張（《老子·四十五章》"大直若屈"之"直"與此近）。"翕"，斂閉、閉闔。"辟"，打開、開張。

乾坤代指牝牡、雌雄、男女等陰陽事物。此以摶聚、伸直象徵男性生殖器靜動時之狀態，以閉闔、張開象徵女性生殖器靜動時之狀態；而此二者是取喻陰陽交通依存之理。其一，以陽之伸縮與陰之開閉說陰陽授受交通之理。其二，以陽有動亦有靜、陰有靜亦有動說陽中有陰、陰中有陽的陰陽依存之理。陰陽交通依存故能"生生"，能生生故能"廣大"。乾、坤靜之摶翕，陰陽未通也；動時之直辟，陰陽相合也。《老子》"牝牡之合而朘作"即此。《黃帝四經·稱》論"陰陽大義"中有"伸者陽而屈者陰，予陽受陰"等論述，可以參考。《老子》之"翕張"、"直屈"說可能對《繫辭》有影響。"直"，帛本作"搖"，即"搖"，《爾雅·釋詁》"搖，作也"，訓同《老子·五十五章》"牝牡之合而作"之"作"，謂直挺。

原文（七）

子曰：(1)：《易》其至矣乎。夫《易》，聖人所以崇德而廣業也。知崇禮卑，崇效天，卑法地(2)。天地設位，而《易》行乎其中矣。成性存存，道義之門。

【疏證】

1、子曰：

《繫辭》中之"子曰："有二十餘條，皆爲《易》學經師之語而依托孔子以立言。另外，"子曰：《易》其至矣乎"當連上入六章之末尾，是對"廣矣大矣"的評述，其例與九章、十章相同。

2、知崇禮卑，崇效天，卑法地：

"禮"字帛本作"豊"。按：帛本"禮"、"履"二字均作"豊"，此"禮卑"疑讀爲"履卑"。"履"，行也。《管子》、《文子》中"戴圓履方"、"履地德"及《大戴記》"地道以履"等即此"履卑"。"知崇履卑"猶老子之"知雄守雌"。此言聖人既認識到崇高的一面而又能履行卑順的一面，因爲崇高是效法天道的，卑順是效法地道的。所謂"德合天地"即此之謂。陳夢雷《周易淺述》說"聖人以《易》踐履，則禮之卑如地而業廣矣。所見高於上，所行實於下"，是兼履、禮二義而釋之。

原文（八）

聖人有以見天下之賾，而擬諸其形容，象其物宜，是故謂之象；聖人有以見天下之動，而觀其會通，以行其典禮，繫辭焉以斷其吉凶，是故謂之爻(1)。言天下之至賾而不可惡也，言天下之至動而不可亂也(2)。擬之而後言，議之而後動，擬議以成其變化(3)。鳴鶴在陰，其子和之，我有好爵，吾與爾靡之(4)。

子曰：君子居其室，出其言善，則千裏之外應之，況其邇者乎；居其室，出其言不善，則千裏之外違之，況其邇者乎；言出乎身，加乎民，行發乎邇，見乎遠；言行，君子之樞機，樞機之發，榮辱之主也(5)；言行，君子之所以動天地也，可不慎乎。同人先號而後笑。

子曰：君子之道，或出或處，或默或語；二人同心，其利斷金；同心之言，其臭如蘭。初六，藉用白茅，無咎。

子曰：苟錯諸地而可矣，藉之用茅，何咎之有，慎之至也；夫茅之為物，薄而用可重也，慎斯術以往，其無所失矣。勞謙，君子有終，吉。

子曰：勞而不伐，有功而不德，厚之至也，語以其功下人者也；德言盛，禮言恭；謙也者，致恭以存其位者也。亢龍有悔。

子曰：貴而無位，高而無民，賢人在下位而無輔，是以動而有悔也。不出戶庭，無咎。

子曰：亂之所生也，則言語以為階；君不密則失臣，臣不密則失身，幾事不密則害成(6)；是以君子慎密而不出也。

子曰：作《易》者其知盜乎；《易》曰：負且乘，致寇至；負也者，小人之事也，乘也者，君子之器也；小人而乘君子之器，盜思奪之矣；上慢下暴，盜思伐之矣；慢藏誨盜，冶容誨淫；《易》曰：負且乘，致寇至；盜之招也。

【疏證】

1、聖人有以見天之賾，而擬諸其形容，象其物宜，是故謂之象；聖人有以見天下之動，而觀其會通，以行其典禮，繫辭焉以斷其吉凶，是故謂之爻：

"賾"字或如字訓爲"幽深"，或又作"嘖"訓爲"雜亂"，即繁雜之事。帛本作"業"，訓爲"事"（《國語·魯語》注："業，事也"），亦通。

"物宜"帛本作"物義"，適宜於該事物的涵義。

"象"，卦象。

"會通"，天下事物運動中所包含的融會變通的現象和道理。

"典禮"，舊訓典法禮儀。但《釋文》說京本作"等禮"，帛本作"挨禮"，張政烺亦讀爲"等禮"。按：作"等禮"是。所謂"爻有等"、"貴賤之等"即此"等禮"（十二章與此同）。

"繫辭焉以斷其吉凶"當爲衍文，因爲此處強調的是"爻等"而非"爻辭"。刪掉這一句，則此處八句正相儷偶。

"爻"與"象"相對，"象"謂卦象，"爻"謂卦爻。"爻"承"等禮"而說，三章"列貴賤者存乎位（爻位）"，《繫辭下》九章"三多凶，五多功，貴賤之等也"、十章"爻有等，故曰物"，並是以卦"爻"說"等禮"之例。

2、言天下之至賾而不可惡也，言天下之至動而不可亂也：

此承上文之"賾"、"動"而進一步申說。"動"字或本亦訛作"嘖"，

而帛本也同樣訛 "業"，可見這兩個本子有內在聯系。

　　"不可惡"謂不可妄爲（《說文》 "惡，過也"、《谷梁傳·隱公四年》注 "惡，謂不正"）。 "不可亂"謂不可亂行。下文又說 "擬之而後言，議之而後動"，則前後文所論 "言"、 "事"、 "動"正可與《黃帝四經》 "動有事，事有害……事必有言，言有害"（《經法·道法》）之論述次序相印證。

　　3、擬之而後言，議之而後動，擬議以成其變化：

　　"擬"，比量、掂量。 "議"，思考、考慮。 "擬議以成其變化"，謂人之一言一行都經過審慎的掂量思考就可以在紛紜變化中成就其功業。 "擬"字帛本作 "知"，《莊子·外物》說 "心徹爲知"。 "知之而後言"謂心裏想明白了，再發表見解。

　　帛本《繫辭》釋文作 "知之而後言，義（議）之而後動矣，義（議）以成其變化"。按： "矣"字當爲 "知"字之訛，應屬下讀，作 "知議以成其變化"。

　　4、鳴鶴在陰，其子和之，我有好爵，吾與爾靡之：

　　此爲《中孚》卦九二爻辭。按：以下連續闡釋七個卦的爻辭內蘊，爲《易》學師生問答體而依托於孔子，所以在每條爻辭下皆當有 "何謂也"三字（即如同《乾·文言》 "上九曰亢龍有悔，何謂也？子曰：貴而無位，高而無民，賢人在下位而無輔，是以動而有悔也"這種議論形式），但在《繫辭》的流傳中被省略掉了。

　　5、言行，君子之樞機，樞機之發，榮辱之主也：

　　這是說言語行爲，是君子處事的關鍵，關鍵啓動的情況，直接掌握著君子的榮辱成敗。此承上之 "言"、 "動"而說，論述審慎言行的重要性。 "樞機"，啓動門戶的關鍵（啓動門戶的轉軸爲 "樞"，樞之所處爲 "機"。或訓 "機"爲弩牙，弓箭發動的機關；又或釋 "樞機" 爲弩機，所以發動弓箭者。總之，皆喻事物的關鍵）。

"主",掌控、決定。"榮辱之主"帛本作"營辰之鬥"。"營"通"榮"。"辰"爲"辱"之訛缺。"鬥"、"主"同音,《豐》卦《釋文》"鬥,孟作主",《音訓》"主,古之鬥字"、《詩·大東》《釋文》"鬥,沈作主",與此同。

6、幾事不密則害成:

"幾事",機要之事。"害成",形成禍害、造成危害。帛本作"害盈","盈"與"形"、"呈"同,形成、出現。

原文(九)

大衍之數五十,其用四十有九。分而為二以象兩,挂一以象三,揲之以四以象四,歸奇于扐以象閏,五歲再閏,故再扐而後挂。天數五,地數五,五位相得而各有合,天數二十有五,地數三十,凡天地之數五十有五(1),此所以成變化而行鬼神也。《乾》之策二百一十有六,《坤》之策百四十有四,凡三百有六十,當期之日。二篇之策萬有一千五百二十,當萬物之數也(2)。是故四營而成《易》,十有八變而成卦。八卦而小成,引而伸之,觸類而長之,天下之能事畢矣(3)。顯道神德行,是故可與酬酢,可與佑神矣。子曰:知變化之道者,其知神之所爲乎。

【疏證】

1、天數五,地數五;五位相得而各有合,天數二十有五,地數三十,凡天地之數五十有五:

《繫辭》經歷了一個陸續纂輯的過程,疑"天數五,地數五"至"當萬物

152

之數也"這一段文字是傳《易》者對演卦過程的解說而後來被收入正文，如果刪去這段文字，便是"……五歲再閏，故再扐而後掛，是故四營而成《易》，十有八變而成卦"，成爻成卦之法述完備。第十一章開頭又有"天一地二天三地四天五地六天七地八天九地十"這二十字，程頤、朱熹、高亨等認爲當移至"天數五，地數五"之上。按：這二十個字可能又是後來的傳《易》者對衍出的"天數五，地數五"的解釋而被抄入正文並錯出在第十一章開頭或曰十章末尾，可謂衍中有衍。

　　天數有五個，地數也有五個，傳《易》者用小字注釋說天一、天三、天五、天七、天九是"天數五"，地二、地四、地六、地八、地十是"地數五"。若無"天數"這兩個字，那"天一"就不知道是指什，顯然"天一地二"等等是對"天數"、"地數"的解釋。因此，這一段文字若按其原貌排版則是"天數五，地數五"至"當萬物之數也"以雙行小字排列於"故再扐而後掛"和"是故四營而成《易》"之間；而"天一地二"等二十個字則以再小一號的字或以括弧括起排列於"天數五，地數五"之下。"相得"猶相加，"合"猶和，即和數（高亨說）。五位奇數和五位偶數相加都各自有和數，作爲天數的奇數相加之和二十五，作爲地數的偶數相加之和爲三十，天地之數總和便是五十五。

　　2、二篇之策萬有一千五百二十，當萬物之數也：

　　"二篇"指今本《周易》的上、下經。上、下經共六十四卦，每卦六爻，共三百八十四爻；陽爻與陰爻各一百九十二爻；陽爻爲九數三十六策，陰爻爲六數二十四策；一百九十二陽爻乘以三十六策爲六千九百一十二策，一百九十二陰爻乘以二十四策爲四千六百零八策；因此，上、下經六十四卦合計一萬一千五百二十策，此與萬物之數大致相當。

　　今本《易經》和《繫辭》都分上下篇，所以第九章有"二篇之策"等，而帛本《易經》和《繫辭》不分上下篇，當然也就沒有"二篇之策"等文字。

　　3、八卦而小成，引而伸之，觸類而長之，天下之能事畢矣：

　　"八卦"是指三畫卦的《乾》、《坤》、《震》、《巽》、《坎》、《離》、《艮》、《兌》

八經卦。"小成"謂成就事物的基礎（小少爲大多的基礎，《後漢書·陳忠傳》注"小者，大之源"）。八經卦相重，則其本身所象之有限事物可以觸類旁通，得到無限的引伸和增長，凡天下所能夠取象的事物可以全部包羅其中。

按："十有八變而成卦"是屬於揲蓍法的六畫卦系統，而"八卦而小成"則是屬於重卦法的三畫卦系統，今本《繫辭》揉合了兩種成卦系統。很多跡象表明今本《繫辭》與帛本《繫辭》屬於不同的系統。從帛本《易經》卦序看，它屬於重卦成卦法，所以與它同屬一個系統的帛本《繫辭》就沒有介紹揲蓍求卦的第九章，即"大衍之數"章；反之，今本《易經》的卦序應是屬於揲蓍成卦法，所以與之相應的今本《繫辭》就有"大衍之數"章文字。

原文（十）

《易》有聖人之道四焉，以言者尚其辟，以動者尚其變，以制器者尚其象，以卜筮者尚其占 (1)。是以君子將有為也，將有行也，問焉而以言，其受命也如響，無有遠近幽深，遂知來物 (2)。非天下之至精，其孰能與于此。參伍以變，錯綜其數。通其變，遂成天地之文；極其數，遂定天下之象，非天下之至變，其孰能與于此。《易》無思也，無為也，寂然不動，感而遂通天下之故。非天下之至神，其孰能與于此。夫《易》，聖人之所以極深而研幾也 (3)。唯深也，故能通天下之志 (4)；唯幾也，故能成天下之務；唯神也，故不疾而速，不行而至。子曰：《易》有聖人之道四焉者，此之謂也。

【疏證】

1、《易》有聖人之道四焉，以言者尙其辭，以動者尙其變，以制器者尙其象，以卜筮者尙其占：

"辭"、"變"、"象"、"占"即爲"四道"。

"以言"即"以之言"，謂用《易》來指導言論。下文"以動"等等詞法相同。

"尙"，尊尙、遵從。

"辭"，卦爻辭。

"變"，卦爻變化。根據卦爻變化以決定行動之進退。

前文"擬之而後言，議之而後動"，所擬議者，亦是以《易》爲參照。"象"，卦爻之象、上下卦之取象。製作《易》卦的原則是"近取諸身，遠取諸物"；而《易》卦製成之後，又可以反過來指導器物的製作（如《繫辭下》"刳木爲舟，剡木爲楫，蓋取諸《渙》"之類）。卦象來源於客觀器物，又可反過來指導客觀器物之製作；此猶理論源於實踐又反過來指導實踐。

"占"與"辭"意義相涵，析而言之，"辭"謂象、事之辭，如"飛龍在天"、"括囊"之類；"占"爲占斷之辭，如吉凶悔吝等。

按：《繫辭上》二、三、八、十一、十二及本章大致都是圍繞此"四道"（辭、變、象、占）而展開論述，只不過各有所側重。本章起首說"《易》有聖人之道四焉"，結尾說"子曰：《易》有聖人之道四焉者此之謂也"，首尾有照，是一個整體，帛本與此文同。"四道"之"以言"、"以動"呼應八章的核心內容"擬之而後言，議之而後動"，而主要論述"變"和"象"。"參伍以變，錯綜其數，通其變，遂成天地之文，極其數，遂定天下之象"兼論揲蓍成卦和觀變玩象。

就帛本《繫辭》的系統而言，八章與十章相銜接，文義緊湊而完足；並且八章也涉及到辭、變、象、占四道，而其主要偏重於言、行；十章"《易》有聖人之道四焉"則似爲八章與十章相承接的關節。就今本《繫辭》而言，十章與九章的關係有兩種可能。一種可能是十章的"參伍以變，錯綜其數"等也許是緊承九章的"大衍之數"等而總結申說，如果是這樣的話，則今本《繫辭》與帛本《繫辭》僅僅是兩個不同的系統，在撰作上不好定其先後。另一種可能是九章的"大衍之數"等文字是後來傳《易》者針對十章的"參伍以變，錯綜其數"等文字的推衍發揮，如果是這樣的話，則帛本《繫辭》當在今本《繫辭》之前。

2、是以君子將有爲也，將有行也，問焉而以言，其受命也如響，無有遠近幽深，遂知來物：

"問焉"即"問之"，謂問著求卦。

"而"字疑衍（"而"與"以"音義相通而誤重）。

"言"，問著之語、問著者心中所想之事。

"受命"，接受問著者的請求。

"如響"，如回響應聲，迅速而準確。

"無有"，無論。

"幽"謂幾微未明，

"深"謂深廣難測。下文"極深研幾"即此。

"物"，事。

"如響"帛本作"如錯"。"錯"謂設置、設定。言《易》接受問著者的請求而準確地斷定吉凶就如同預先設定好的一樣。

"深"帛本假"險"爲之，"遂"帛本假"述"爲之。

3、極深而研幾：

"極"即"極其數"之"極"，探究。

"研"，研討。

"深"和"幾"即上文的"深"和"幽"。"深"謂深廣難測，"幾"、"幽"謂幾微、幽微未明。

"研"字帛本作"達"，"達"即"通"（"通"字帛本均作"達"）。

"極深通幾"似是承"極數通變"而說。

4、唯深也，故能通天下之志：

"通"，洞察。

"志"，情、情理（《楚辭·惜誦》注"情，志也"）。

此言《易》道深廣，故能洞察天地萬物之情理。《乾·文言》"旁通情也"、《咸·彖》"天地萬物之情可見"、《係下》"以通神明之德，以類萬物之情"即此。

帛本"志"作"誠"，"誠"，情也（《淮南·繆稱》注）。

原文（十一）

天一、地二、天三、地四、天五、地六、天七、地八、天九、地十 (1)。

子曰：夫《易》何為者也，夫《易》開物成務，冒天下之道 (2)，如斯而已者也。是故聖人以通天下之志，以定天下之業，以斷天下之疑。是故蓍之德圓而神，卦之德方以知，六爻之義易以貢 (3)。聖人以此洗心，退藏于密，吉凶與民同患 (4)；神以知來，知以藏往。其孰能與此哉，古之聰明睿知、神武而不殺者夫 (5)。是以明于天之道，而察于民之故，是興神物以前民用(6)。聖人以此齋戒，以神明顯其德夫。

是故闔戶謂之坤，辟戶謂之乾，一闔一辟謂之變，往來不窮謂之通。見乃謂之象，形乃謂之器，制而用之謂之法，利用出入，民咸用之謂之神。

是故《易》有太極，是生兩儀，兩儀生四象，四象生八卦(7)，八卦定吉凶，吉凶生大業。

是故法象莫大乎天地，變通莫大乎四時，懸象著明莫大乎日月；崇高莫大乎富貴，備物致用、立成器以為天下利，莫大乎聖人(8)；探賾索隱，鉤深致遠，以定天下之吉凶，成天下之亹亹者，莫大乎蓍龜(9)。

是故天生神物，聖人則之。天地變化，聖人效之；天垂象，見吉凶，聖人象之。河出圖，洛出書，聖人則之。《易》有四象，所以示也。繫辭焉，所以告也。定之以吉凶，所以斷也。

【疏證】

1、天一地二天三地四天五地六天七地八天九地十：

　　此二十字放在此處，前後不相銜接，給人突如其來之感。因此，舊說此當從《漢書·律曆志》所引前移至第九章"大衍之數"之上。然而"大衍之數五十"，此則為五十五，可見放在"大衍之數"上也是不合適的。我們認為這二十個字應在第九章"天數五，地數五"之下。是"天數五，地數五"的注解，"天一地二"等正承"天數地數"而省"數"字。那大衍之數與天地之數在作用上有何不同呢？大衍之數五十是用來揲卦成爻的，天地之數五十有五是用來確定變爻位置的（高亨《周易古經今注 ·周易筮法新考》說：“五十五之數，爲變卦而言，所云此所以成變化而行鬼神也者，謂五十五之數所以定卦之變化也”）。值得注意的是帛本《繫辭》雖無“大衍之數”章，但卻有“天一地二”等二十字，也在本章“子曰：夫易何爲者也”之上。可見帛本雖然以另一個系統的本子爲底本，但在抄寫時，作爲今本《繫辭》所從出的有衍有錯的本子已經存在。可參看第九章注（1）。

2、夫《易》開物成務，冒天下之道：

“開”，通（《國語 ·晉語》注：“開，通也”）。“開物”，溝通物情，即上章及下文的“通天下之志”（《鶡冠子 ·能天》“道者開物者也……道者通物者也”）。

“成”，定；“務”，業，功業；即上文及下句的“成天下之務”、“定天下之業”。

“冒”，包羅。

帛本此二句作“夫《易》古物定命，樂天下之道”。“古物”費解，有人疑爲“占物”之訛。按：此有三種可能。其一、“古”通“苦”，苦，開也（《廣雅 ·釋詁》）。“定命”即《乾 ·彖》的“各正性命”。此言《易》是用來溝通物情和正定性命的。其二、“古”是“占”字之訛（《廣雅 ·釋詁》“苦，開也”，朱駿聲說“苦爲苦字之訛”）。“物”，事。言《易》是用來占斷行事、論定命運而使人們樂隨天下之道的。其三、可能是抄寫次序有誤，當作“命物定古”。“命”同“名”，命名。“古”同“故”，事。命名萬物，正定萬事，而樂隨天下之道。此與黃老道家的“物自命（名）也，事自定也”的無爲之道相合。

3、六爻之義易以貢：

“義”猶上文之“德”，指性質、特性。舊訓“易”爲變易，“貢”爲告。按：“易”當訓爲簡易。

"貢"，或本作"功"或"工"，帛本亦作"工"。"工"當爲本字，"貢"、"功"爲借字。"工"，工巧、巧能（《廣雅·釋詁》"工，巧也"、《大戴禮記·文王官人》注"工，能也"）。此言六爻的特點簡易而工巧。卦僅六爻，是其簡易；然變易多端，是其工巧。變異多端爲巧，簡單平易是拙，正《老子》所謂"大巧若拙"、《管子·形勢》所謂"巧者有餘"。"貢"當作"工"而訓爲"巧"，正與"神"、"智"並舉（莊子"巧者勞而智者憂"亦巧、智並舉，古籍多有此例）。

又解："易以功"即一章的"易從則有功"。

4、聖人以此洗心，退藏于密，吉凶與民同患：

"洗心"，帛本作"佚心"。"佚心"可以講通，並且《繫辭下》帛本有"能悅之心"之語。但"佚心"似與下文之"齋戒"不合。"洗心"謂洗淨其心，"退藏于密"謂斂伏其體。此"洗心退藏"與《列子》之"齋心伏形"相近。《列子·黃帝》"（黃帝）退而間居大庭之館，齋心服形"（《國語·楚語》注："齋，潔也"。"服"同"伏"，斂伏），唐盧重玄注說："齋肅其心，退伏其體"。《禮記·月令》也有"陰陽爭，君子齋戒，處必掩身"之語。聖人之洗心退藏，言恭敬於蓍卦之神智也。"吉凶與民同患"與前文"樂天知命故不憂"、"聖者仁勇，鼓萬物而不與眾人同憂"相矛盾，考之帛本，"與"字作"能"。按：疑本作"以"，"以"與"能"、"與"古通作（《老子·十四章》"能知古始"，帛本"能"作"以"，《詩·桑柔》箋"以猶與也"），所以帛本作"能"而今本作"與"。"以"，使也（《國策·秦策》注"以猶使也"）。

"患"，慮、憂慮。吉、凶之事使民同等憂慮對待，是因爲凶固可慮，但吉而不戒則亦可轉爲凶，所謂禍福倚伏、吉凶輪轉，六十四卦爻辭不乏其例。《老子》"寵辱若驚"（十三章）亦此"吉凶同患"之類。

5、其孰能與此哉，古之聰明睿知、神武而不殺者夫：

"與"，及，達到。帛本"與"作"爲"，做到。作"與"作"爲"義同。

"武"，勇（《廣雅•釋詁》）。神勇即前文"聖者仁勇"之"勇"，指"鼓萬物"。化育萬物爲神，樂天知命爲勇。

"不殺"二字費解，考之帛本，"殺"字作"烖"（張政烺隸定）、或"羔"（陳松長隸定）。疑"烖"或"羔"當爲"德"（《說文》或體作"悳"）字之訛，《繫辭下》"天下之大德曰生"，"德"字帛本訛爲"思"，與此處"德"之訛爲"烖"或"羔"相同。"不德"，謂不伐其德、不誇耀功勞。此言聖人聰明智慧有鼓化萬物的神勇之功卻不自我誇伐以驕傲於人，此即八章所說的"勞而不伐，有功而不德"及帛書《繆和》"聖君之道，尊嚴睿知，而弗以驕人"。蓋"不德"或本作"不伐"，傳《易》者誤解"伐"爲"殺伐"之"伐"，故又訛爲"殺"，致使齟齬難通。五章說仁勇鼓物之盛德大業，此說神勇不德，正相呼應。

又解："不殺"之"殺"用《秋聲賦》"物過盛而當殺"之"殺"，釋爲衰減。

6、是以明于天之道，而察于民之故，是興神物以前民用：

"興"可釋爲發、起、作，義猶首創；亦可釋爲推行（《論語•子路》皇疏"興，行也"）。

"神物"指著占。

"前"，舊訓前導、引導。按："前"蓋讀爲"贊"（"前"聲"贊"聲二字相通，如《漢書•嚴助傳》注"贊，與翼同"，《文選•魏都賦》注"贊，張揖以爲古翼字"），助。"以贊民用"謂以助民用。

"興"字帛本作"闓"，亦通。"闓"同"合"。

天道、民事、神物並提屢見於黃志道家著述中，如《黃帝四經》"聖人舉事也，闔于天地，順于民，祥于鬼神"（"祥"，合順），《淮南•氾論》"故聖人當于世事，得于人理，順于天地，祥于鬼神"。

7、是故《易》有太極，是生兩儀，兩儀生四象，四象生八卦：

此當與"大衍之數"章合看。它包含雙重含義,一方面是講《周易》八卦的揲數過程,另一方面是講八卦所象徵的宇宙萬物的創生過程。"《易》"指《易》道,猶如《老子》"道生一"的"道";"大衍之數五十"而"其用四十有九",所不用的"一"即此"《易》有太極"的《易》道。

"有",蘊含(《詩•芣苢》毛傳:"有,藏之也")。又疑"有"當本作"育",訓爲"生"(《莊子•人間世》《釋文》:"有,崔本作育"。《易•漸》虞注:"育,生也")。

"太極"即渾沌未分的一氣,猶如《老子》"道生一"的"一";四十九根著草所"挂"之"一"即此"太極";《老子》的"惚恍"、《黃帝四經》的"困"、《莊子》的"渾沌"等並與此同;《乾鑿度》"太易始著太極成"、"夫有形生於無形"(鄭注"太易,無也;太極,有也"),陸九淵"太極之上有無極",皆此"《易》有太極"之謂,都源於《老子》的"道生一"。

"是",複指代詞,複指"太極"。"兩儀"即陰陽,猶如《老子》"一生二"的"二";"太衍之數"章"分而爲二以象兩"即此;《老子》的惚和恍、《莊子》的倏和忽、《黃帝四經》"判而爲兩,分爲陰陽"等即此。

"四象"指揲數後所得的少陽、老陽、少陰、老陰四個爻象,又象徵春、夏、秋、冬四季,猶如《老子》"二生三"的"三"("三"爲和氣,可生萬物;四象可生象徵萬物的八卦);"大衍之數"章"揲之以四以象四時"即此;《黃帝四經•觀》"……爲一困……今始判爲兩,分爲陰陽,離爲四時"與此序列同。"四象生八卦"猶《老子》的"三生萬物"(八卦取象於萬物,又象徵萬物),"大衍之數"章"十有八變而成卦"即此。

帛本"太極"作"大恒",指"陰陽未定,天地未分"(《黃帝四經•觀》)之前的恒常一氣,與"太極"略同。二者皆指宇宙未開時的渾沌一氣,"太極"強調一氣的大遠無限,"大恒"強調一氣的久遠恒常。

8、崇高莫大乎富貴,備物致用,立成器以爲天下利,莫大乎聖人:

前三句說天道,此三句說人道,後四句則說神道。

"崇高"帛本作"榮"。

"富貴"，指富有天下、貴爲天子。

"備"，盡、皆。"備物致用"謂使物盡得其用。

"立成器"（帛本作"位成器"），《漢書》引作"立功成器"。按：疑當作"立象成器"。"立"同"蒞"，視（《周禮·地官·小司徒》注："故書蒞作立"。《爾雅·釋詁》"蒞，視也"）。"蒞象成器"即觀象制器，言聖人觀察物象以制成器用。此正呼應"見乃謂之象，形乃謂之器，制而用之謂之法，民咸用之謂之神"。又解，"立象成器"謂創立卦象並以之制器，即前文"以制器者尙甚象"。

9、探賾索隱，深致遠，以定天下之吉凶、成天之亹亹者，莫大乎著龜：

"賾"，訓爲雜或訓爲深。

"鉤"，鉤沈、硏討。

"致"，帛本作"至"，極、究極。

"遠"，未來、將來。

此言《易》可以探討複雜而考索幽隱，沈深邃而究極未來。

"探"帛本假"深"爲之。

"索"帛本假"錯"爲之。

"賾"，帛本作"備"。"備"借爲"辟"（《淮南·主術》"以避奸賊"，《文選·西京賦》李注引"避"作"備"），幽隱（《離騷》注"辟，幽也"、《漢書·蕭何傳》集注"辟，隱也"）。

"隱"，帛本作"根"。"根"與"艱"通（今本《易經》的"艱"字帛本多作"根"），艱澀。

"成"，帛本作"定"。

“曡曡”，帛本作“勿勿”、或本作“娓娓”，舊訓爲勉勉，《文選·廣絕交論》注引《易》王弼注“曡曡，微妙之義也”，《一切經音義》注引劉巘《易注》“猶微微也”。按：以音求之，疑“曡曡”猶《老子》“夫物芸芸”之“芸芸”（或讀爲“紛紛”、“芬芬”），言《易》可成就天下芸芸眾物（或正定天下芸芸眾物）。

“蓍龜”謂占卜。蓍曰占、龜曰卜。此爲偏義詞，指蓍占。

原文（十二）

《易》曰：自天佑之，吉無不利。

子曰：佑者，助也；天之所助者順也，人之所助者信也；履信思乎順，又以尚賢也，是以自天佑之，吉無不利也。

子曰：書不盡言，言不盡意。然則聖人之意其不可見乎（1）。

子曰：聖人立象以盡意，設卦以盡情僞，繫辭焉以盡其言，變而通之以盡利，鼓之舞之以盡神。乾坤，其《易》之縕邪（2）。乾坤成列，而《易》立乎其中矣；乾坤毀則無以見《易》，《易》不可見，則乾坤或幾乎息矣。是故形而上者謂之道，形而下者謂之器，化而裁之謂之變，推而行之謂之通，舉而錯之天下之民謂之事業（3），是故夫象，聖人有以見天下之賾而擬諸其形容，象其物宜，是故謂之象（4）；聖人有以見天下之動，而觀其會通，以行其典禮，繫辭焉以斷其吉凶，是故謂之爻。極天下之賾者存乎卦，鼓天下之動者存乎辭，化而裁之存

乎變，推而行之存乎通，神而明之存乎其人，默而成之、不言而信，存乎德行

【疏證】

1、然則聖人之意其不可見乎：

帛本作"然則聖人之意，其義可見已乎"。準帛本下文"以盡意"、"以盡其"（"其"爲"言"字之訛）之訛誤例，此當作"然則聖人之意言可見已乎"，"其"爲"言"訛，"義"字或爲衍字、或爲"不"字之訛。下文"聖人立象以盡意，繫辭焉以盡言"即是對此設問的回答（"意言"倒承上文之"言"、"意"，猶上文"信"、"順"倒承"順"、"信"。《繫辭》多此倒承之例）。

2、乾坤，其《易》之緼邪：

"乾坤"，指《乾》卦、《坤》卦。七章"天地設位，而《易》行乎其中矣。成性存存，道義之門"（虞注"乾爲道門，坤爲義門"）、《繫辭下》六章"乾坤，其《易》之門邪"，兩處均作"門"，"門"謂門徑、關鍵（《淮南·原道》"萬物有所生而獨知守其門"，注："門，禁要也"）。此"緼"字當爲"徑"字之訛，帛本即作"經"。《廣雅·釋言》"經，徑也"、《左傳·喜公二十五年》《釋文》"徑讀爲經"，《呂覽·當染》"得其經也"，注："經，道"，謂得門徑、得其關鍵。"《乾》、《坤》，其《易》之經邪"，謂《乾》《坤》兩卦象，是把握《易》理的門徑。"邪"同"耶"。

3、形而上者謂之道，形而下者謂之器，化而裁之謂之變，推而行之謂之通，舉而錯之天下之民謂之事業：

"形而上"，有形之上，無形象可見者，此指《易》理。"形而下"，有形之下，有形象可見者，此指《乾》、《坤》天地間之萬象萬物（所謂"在天成象，在地成形"、"見乃謂之象，形乃謂之器"）。

"裁"本當作"制"。帛本作"施"。"裁"爲"制"字之訓（《廣雅·釋言》"裁，制也"），"施"爲"制"之音訛（"施"在歌部，"制"爲歌部入聲字），下文今本的"化而裁之"，帛本即作"化而制之"。

"制"，創制。"化"，轉化。"化"與"制"均包含雙重意義。

"道"向下落實，用《易》理規律來指導創制器物的實踐活動，這便是"道"向"器"轉化；"器"向上提升，在創制器物的實踐活動中不斷總結《易》理規律，這便是"器"向"道"轉化。同樣，就前一個轉化而言，"制"謂創制生產器物；就後一個轉化而言，"制"謂創制總結規律。如果能把這個道器互相轉化之理推行於萬物萬事，就能觸類旁通，這即是"推而行之謂之通"的含義。

"舉"承"推行"而說，"舉"亦"行"也（《周禮·師氏》注"舉猶行也"）。"錯"同"措"，放置，"舉而錯之"義猶應用於。"舉而錯之"帛本作"舉者（諸）"，即行之於。如果能將這種道器互相轉化之理應用於天下百姓的日常生活之中，就能建立偉大功業，這即是"舉而錯之（或"舉諸"）天下之民謂之事業"的含義。

4、是故夫象，聖人有以見天下之賾，而擬諸其形容，象其物宜，是故謂之象；聖人有以見天下之動，而觀其會通，以行其典禮，繫辭焉以斷其吉凶，是故謂之爻：

"夫象"高亨疑爲"爻象"之訛。按：帛本亦作"夫象"。"象"謂卦象、爻象，上承"立象（爻象）設卦（卦象）"而下啓"謂之象（卦象）"、"謂之爻（爻象）"。

"賾"，繁雜之事。此處的"賾"及下文的"賾"帛本均作"請"，借爲"情"，謂情事（按：今本八章的兩個"賾"字帛本均作"業"，訓爲事）。

"而擬"，帛本"而"下衍"不"字（"不"與"而"形近抄衍）。

"謂之象"，稱爲卦象。此承"設卦以盡情"說。

"典禮"，帛本作"挨禮"，讀爲"等禮"，等級禮數。

"繫辭焉以斷其吉凶"疑爲衍文。"謂之爻"，稱爲爻象，此承"立象以盡意"說。這一段文字與八章相重。

繫辭下

原文（一）

八卦成列，象在其中矣。因而重之，爻在其中矣。剛柔相推，變在其中矣。繫辭焉而命之，動在其中矣(1)。吉凶悔吝者，生乎動者也(2)。剛柔者，立本者也。變通者，趣時者也。吉凶者，貞勝者也；天地之道，貞觀者也；日月之道，貞明者也；天下之動，貞夫一者也(3)。夫乾，確然示人易矣；夫坤，隤然示人簡矣(4)。爻也者，效此者也；象也者，像此者也。爻象動乎內，吉凶見乎外；功業見乎變，聖人之情見乎辭。天地之大德曰生，聖人之大寶曰位，何以守位曰仁，何以聚人曰財，理財正辭、禁民為非曰義(5)。

【疏證】

1、繫辭焉而命之，動在其中矣：

"命"，告（《爾雅·釋詁》）。"繫辭焉而命之"即《繫辭上》十一章"繫辭焉所以告也"。

"動"，卦爻的變動。此言撰系卦爻辭而告人以吉凶，卦爻的變動也就反映在其中了。

按："命"，帛本作"齊"。《繫辭上》三章"齊小大者存乎卦，辯吉凶者存乎辭"，韓康伯注："齊，猶言辯也"。此謂撰系卦爻辭而辨別吉凶。

2、吉凶悔吝者，生乎動者也：

帛本亦有此二句。疑此二句當爲經師舉例以釋"繫辭焉而命（齊）之，動在其中矣"，後誤入正文。前後文的語句排列，可以證明此爲衍文。這兩句是說：比如吉凶悔吝等占辭就是源於卦爻的變動。

3、吉凶者，貞勝者也；天地之道，貞觀者也；日月之道，貞明者也；天下之動，貞夫一者也：

四個"貞"字朱熹訓爲"正"、"常"。按：帛本作"上"。"上"即"尚"，帛本之"尚"字均作"上"（如"尚其辭"、"尚其占"等）。疑本作"尚"，帛本以"上"字爲之，而今本初訛爲"占"，又易爲"貞"。"尚"，貴、重。"勝"，指陰陽制克（《素問•金匱真言論》注："勝，謂制克之也"）。或吉或凶，重在陰陽制約是否得宜（又按《釋文》說姚信本"勝"作"稱"，"稱"指陰陽相配得宜，亦通）。

"尚觀"，重在對時宜變化的觀照。《觀•彖》"觀天之神道而四時不忒"、《賁•彖》"觀乎天文，以察時變"，都是這個意思。

"尚明"，重在對消息盈虛之理的體悟（"明"，曉悟、體悟）。"日信出信入"、"月信生信死"（《鶡冠子》），觀日月之道，"君子尚消息盈虛"（《剝•彖》）。

"動"，兼動靜而言。"夫"猶"于"，"一"猶"常"。了解天下各種運動現象，重在把握動靜之常道。《繫辭上》一章所謂"動靜有常，剛柔斷矣"。

"一"，帛本作"天"，謂天下人行動的趨向，重在觀察天意。

4、夫乾，確然示人易矣；夫坤，隤然示人簡矣：

“確然”，剛健貌。

“隤然”，柔順貌。

“確”帛本作“蒿”、“隤”帛本作“蒿”，皆同音相假（《一切經音義》“確，字書作碻”、“確，《埤蒼》作塙”）。《繫辭下》末章“至健”、“至順”即此。

“易”、“簡”即《繫辭上》一章“乾以易知，坤以簡能”。

5、天地之大德曰生，聖人之大寶曰位，何以守位曰仁，何以聚人曰財，理財正辭、禁民爲非曰義：

“生”，化生萬物。

“位”，天子之位。

“仁”，當從帛本作“人”。

“辭”猶《老子》、《管子》中之“言”，指制度教令。

“禁民爲非”帛本作“愛民安行”。《黃帝四經》“優未（惠）愛民”、《同人》九三小象“三歲不興，安行也”，是此“愛民安行”之辭例。

“安行”即安舒行止。《繫辭上》“安地厚乎仁，故能愛”與此相近。

“義”，合宜。《淮南•齊俗》“義者，循理而行宜也”、《韓詩外傳•四》“節愛理宜謂之義”，與此“義”同。《節•彖》“節以制度，不傷財，不害民”即此“理財正辭，愛民安行”。今本的“禁民非曰義”與《荀子•強國》的“夫義者，所以限禁人之爲惡與奸者也”相近。

“德”、“寶”帛本形近而爲訛爲“思”、“費”。

原文（二）

古者包犧氏之王天下也，仰則觀象于天，俯則觀法于地，觀鳥獸之文，與地之宜，近取諸身，遠取諸物，于是始作八卦，以通神明之德，以類萬物之情（1）。作結繩而網罟，以佃以漁，蓋取諸《離》（2）。包犧氏沒，神農氏作，斲木為耜，揉木為耒，耒耨之利，以教天下，蓋取諸《益》（3）。日中為市，致天下之民，聚天下之貨，交易而退，各得其所，蓋取諸《噬嗑》（4）。神農氏沒，黃帝、堯、舜氏作，通其變，使民不倦，神而化之，使民宜之，《易》窮則變，變則通，通則久，是以自天佑之，吉無不利（5）。黃帝、堯、舜垂衣裳而天下治，蓋取諸《乾》、《坤》（6）。刳木為舟，剡木為楫，舟楫之利，以濟不通致遠，以利天下，蓋取諸《渙》（7）。服牛乘馬，引重致遠，以利天下，蓋取諸《隨》（8）。重門擊柝，以待暴客，蓋取諸《豫》（9）。斷木為杵，掘地為臼，臼杵之利，萬民以濟，蓋取諸《小過》。弦木為弧，剡木為矢，弧矢之利，以威天下，蓋取諸《睽》。上古穴居野處，後世聖人易之以宮室，上棟下宇，以待風雨，蓋取諸《大壯》。古之葬者，厚衣之以薪，葬之中野，不封不樹，喪期無數，後世聖人易之以棺槨，蓋取諸《大過》。上古結繩而治，後世聖人易之以書契，百官以治，萬民以察，蓋取諸《夬》（10）。

【疏證】

　　1、古者包犧氏之王天下也，仰則觀象于天，俯則觀法于地，觀鳥獸之文，與地之宜，近取諸身，遠取諸物，于是始作八卦，以通神明之德，以類萬物之情：

　　“古”即後文所說的“上古”。

　　“包犧”也作“伏犧”、“伏羲”，傳說中的人物。從“伏犧”二字看，可能暗示著原始狩獵時代。

　　“法”亦“象”。

　　“輿地之宜”或本作“與天地之宜”，“宜”字帛本作“義”。按：當作“與天地之義”。“天地”承上文天地法象而說。《繫辭上》兩見之“象其物宜”及此處之“宜”帛本均作“義”，而下文“使民宜之”，帛本同。可見“義”與“宜”有別。“與天地之義”，即觀察天地萬象之義蘊。

　　“身”指人的形體器官。

　　“物”指自然物。

　　“八卦”指八經卦，即三畫的單卦。

　　“通”謂會通，歸納。

　　“神明之德”謂陰陽造化之性。

　　“類”謂類別分析。

　　2、作結繩而爲網罟，以佃以漁，蓋取諸《離》：

　　“網”（帛本無，《集解》本亦無），田獵（“佃”）取獸之網。

　　“罟”，捕撈水產之網。

　　“離”帛本經文及《繫傳》均作“羅”，羅網。《說卦》“離、爲鱉、爲蟹、爲蠃、爲蚌、爲龜”，亦可證當作“羅”。此與“伏犧氏”（伏取動物）之傳說亦相吻合。又按：此“《離》”（《羅》）當是指八經卦即單畫卦而說。羅網

171

編制是四周繩框，中空網眼，與《離》卦外實中虛之卦畫亦相合。可參讀《離》卦經文注釋。

3、包犧氏沒，神農氏作，斲木爲耜，揉木耒，耒耨之利，以教天下，蓋取諸《益》：

"神農氏"，傳說中的人物。從"神農嘗百草"及發明耒耜的傳說看，當爲原始采集或原始種植時代中之人物。

"斲"同"斫"，砍削。

"耜"，木制掘土農具。

"揉"，經過加工使木彎曲。

"耒"與"犁"聲近，耜端所裝之曲木，用以犁地，猶後世之犁頭。

"耨"（帛本作木旁）當爲"耜"（帛本亦作木旁）字之訛。（《繫辭》多倒承法，即前文說耜、耒，此則說耒耜；猶下文"斷木爲杵，掘地爲臼，臼杵之利"等），《漢書·食貨志》即引作"耒耜"。《益》卦上《巽》爲木、爲入，下震爲動、屬東方木，木動而入土，故曰"蓋取諸《益》"。

按：《益》爲卦單卦的《巽》與《震》相重，因此《繫辭》認爲重卦工作始於神農而完成於堯舜。

4、日中爲市，致天下之民，聚天下之貨，交易而退，各得其所，蓋取諸《噬嗑》：

《噬嗑》卦上《離》爲日爲羅，下《震》爲動。象日中時分設置集市以網羅天下民人、貨物。

"市"，帛本作"俟"（張政烺先生釋文），同爲之部字，故借"俟"爲"市"。或隸定爲"疾"（陳松長釋文），質部字，則是借爲同爲質部的"肆"字。

5、神農氏沒，黃帝、堯、舜氏作，通其變，使民不倦，神而化之，使民宜之，《易》窮則變，變則通，通則久，是以自天佑之，吉無不利：

"黃帝、堯、舜"，傳說中的五帝，當父系氏族之銅石並用時代。

"通變"，變通改造。

"倦"，窮（《廣雅·釋詁》"倦，止也，極也"。）

按："通其變"等等是講伏羲所創之八經卦已不敷民用，故當改進之而重爲六十四卦；然上文已明言重卦工作始於神農而非黃帝堯舜。因此，疑"通其變"至"吉無不利"一段文字當在"包犧氏沒，神農氏作"之下。

"倦"帛本作"亂"，無頭緒、無規律，言變通前人的創造而又不至於使百姓感到混亂無序。

6、黃帝、堯、舜垂衣裳而天下治，蓋取諸《乾》、《坤》：

"垂"，帛本作"陲"，疑皆"揣"之借字，度量、裁定（《說文》"揣，量也。一曰捶之"）。此言黃帝裁定衣服制度而天下治理，這是取象於上乾天、下坤地的象徵（上衣下裳象徵上乾下坤）。衣裳乾坤，尊卑有等，民不逾等，則各守其分而天下自然治理。《黃帝四經·經法·君正》"衣服不相逾，貴賤等矣"就是這個意思。《黃帝四經·十大經》即有黃帝定君臣名分之說，則黃老道家很早就有關於黃帝建立等級名分的傳說。

又按：此當接前文"神農氏沒，黃帝、堯、舜氏作，垂衣裳而天下治"，此處的"黃帝、堯、舜"四字疑衍。

又按：此《乾》、《坤》爲重卦後的六畫卦。

7、刳爲木舟，剡木爲楫，舟楫之利，以濟不通致遠，以利天下，蓋取諸《渙》：

"刳"，挖空、掏空。

"剡"，刮削、削尖。

　　"楫"，船槳。

　　"致遠以利天下"，朱熹疑爲衍字（可能是涉下文的"致遠以利天下"而抄衍，然帛本亦有此句）。

　　"以濟不通"，涉渡不通車馬的水路。

　　《渙》卦上《巽》爲木、爲舟，下《坎》爲水，舟行水上，所以說"蓋取諸《渙》"。《渙·彖》"利涉大川，乘木有功也"。

　　8、服牛乘馬，引重致遠，以利天下，蓋取諸《隨》：

　　"服"、"乘"指駕馭牛車馬車。

　　"引重"，拉運重物。

　　《隨》卦上《兌》爲悅，下《震》爲動、爲雷、爲車、爲龍、爲馬（《國語·晉語》"震，車也"。《黃帝四經·稱》"雷以爲車，隆以爲馬"。"隆"即"龍"。《說卦》"震爲雷，爲龍"）。下面車馬行動而上面物樂隨之，所以說"蓋取諸《隨》"，《隨·彖》"動而悅，隨"即此。

　　又按：《歸藏》之《隨》卦作《馬徒》。"徒"同"途"，車馬行於途，與《繫辭》相合（又《詩·車攻》毛傳"徒，輦也"，"馬徒"即以牛馬駕車）。

　　上文的"致遠"帛本作"至遠"，此處的"致遠"帛本作"行遠"。

　　9、重門擊柝，以待暴客，蓋取諸《豫》：

　　"重門"，層層城門。

　　"擊柝"，敲梆巡夜。

　　"待"，防備。

　　"暴客"，強盜。

　　《豫》卦上《震》爲雷，下《坤》爲地、爲眾，敲梆巡夜如雷動於地以警眾也。

又《坤》有夜深闔戶之象，故曰"重門"（李光地《周易折中》）。

"待"，帛本作"挨"，陳松長釋爲"俟"（待也）；"暴"，帛本作"抜"（《篇海》說音義與"旅"同）。若從今本，"待"（及"俟"）訓爲防備、防禦（《國語·周語》注"待，備也"、《國語·魯語》注"待猶禦也"），帛本的"旅"（"抜"）當訓爲同"膂"，謂暴力、強有力（《方言》"蹢、膂，力也"，清錢繹《箋疏》引《漢書》李賢注"掘強，謂強梁也"說"義與蹢並相近"）；若從帛本，"旅"訓爲"眾"，則"待"（及"俟"）可訓爲"供"（《國策·齊策》注），謂重門擊柝以供眾人戒備之用。

10、上古結繩而治，後世聖人易之以書契，百官以治，萬民以察，蓋取諸《夬》：

"結繩"，用打繫繩結的辦法來記事記物。

"書契"，文字契刻。

《夬》卦上《兌》下《乾》，於象無所取（高亨說《兌》爲竹木、《乾》爲金刀，所以刻畫之，似未可信）。疑此僅取義於卦名之《夬》。"夬"同"決"，決斷、謀斷，書契正所以決斷謀劃。

又《歸藏》卦名作"規"。"規"字正有謀斷、刻畫之義。如《淮南子·主術》注：規，謀也。又《國語·周語》"其母夢神規其臂而以墨注之"，注："規，畫也"，此與《繫辭》相合。

帛本作"蓋取諸《大有》"。此異文蓋由五、上爻畫訛倒所致。

原文（三）

是故《易》者象也，象也者像也，象者材也 (1)，爻也者效天下之動者也。是故吉凶生而悔吝著也。

【疏證】

1、彖者材也：

"彖"指卦辭，音近"斷"，所以斷一卦之意。

"材"通"裁"，裁斷、判斷。帛本作"制"，同"裁"。前文"化而裁之存乎變"，帛本作"化而制之存乎變"。或以卦才、卦德釋之，殊謬。

原文（四）

陽卦多陰，陰卦多陽。其何故也。陽卦奇，陰卦耦。其德行何也。陽一君而二民，君子之道也；陰二君而一民，小人之道也 (1)。

【疏證】

1、陽一君而二民，君子之道也；陰二君而一民，小人之道也：

陽卦一陽爻二陰爻，象徵百姓事奉一主，政出一門，此爲君子治國之道；陰卦二陽爻一陰爻，象徵百姓事奉二主，政出多門，此爲小人亂國之道。帛本脫"陰二君而一民，小人之道也"二句。

原文（五）

《易》曰：憧憧往來，朋從爾思。

子曰：天下何思何慮。天下同歸而殊塗，一致而百慮。天下何思何慮。日往則月來，月往則日來，日月相推而明生焉。寒往則暑來，暑往則寒來，寒暑相推而歲成焉。往者屈也，來者信也，屈信相感而利生焉；尺蠖之屈，以求信也；龍蛇之蟄，以存身也。精義入神，以致用也；利用安身，以崇德也；過此以往，未之或知也；窮神知化，德之盛也。《易》曰：困于石，據于蒺藜，入于其宮，不見其妻，凶。

子曰：非所困而困焉，名必辱；非所據而據焉，身必危。既辱且危，死期將至，妻其可得見邪？《易》曰：公用射隼于高墉之上，獲之無不利。

子曰：隼者，禽也。弓矢者，器也。射之者，人也。君子藏器于身，待時而動，何不利之有(1)。動而不括，是以出而有獲，語成器而動者也(2)。

子曰：(3)：小人不恥不仁，不畏不義，不見利不勸，不威不懲。小懲而大戒，此小人之福也。《易》曰：屨校滅趾，無咎(4)，此之謂也。善不積不足以成名，惡不積不足以滅身。小人以小善為無益而弗為也，以小為惡無傷而弗去也，故惡積而不可掩，罪大而不可解。《易》曰：何校滅耳，凶。

子曰：危者，安其位者也；亡者，保其存者也；亂者，有其治者也(5)，是故君子安而不忘危，存而不忘亡，治而不忘亂，是以身安而國家可保也。《易》曰：其亡其亡，繫于苞桑。

子曰：德薄而位尊，知小而謀大，力小而任重，鮮不及矣(6)。《易》曰：鼎折足，覆公，其形渥，凶；言不勝其任也(7)。

子曰：知幾其神乎，君子上交不諂，下交不瀆，其知幾乎，幾者動之微，吉之先見者也，君子見幾而作，不俟終日(8)。《易》曰：介于石，不終日，貞吉。介如石焉，寧用終日，斷可識矣；君子知微知彰，知柔知剛，萬夫之望(9)。

子曰：顏氏之子，其殆庶幾乎(10)。有不善，未嘗不知；知之，未嘗複行也。《易》曰：不遠複，無祗悔，元吉。天地絪縕，萬物化醇；男女構精，萬物化生。《易》曰：三人行，則損一人；一人行，則得其友；言致一也。

子曰：君子安其身而後動，易其心而後語，定其交而後求，君子修此三者，故全也；危以動則民不與也，懼以語則民不應也，無交而求則民不與也；莫之與，則傷之者至矣(11)。《易》曰：莫益之，或擊之，立心勿恒，凶。

【疏證】

1、君子藏器于身，待時而動，何不利之有：

"器"喻修養德能。已有德能，尚需逢時。《孟子》所謂"雖有鎡基，不如待時"即此。

"時"帛本作"者"。"之"與"時"音同相通，"者"（諸）與"之"帛本通用。《繫辭下》一章"趣時"帛本作"聚（趣）者"與此同。

2、動而不括，是以出而有獲，語成器而動者也：

"括"，結也（韓注），謂閉結滯礙。《莊子·養生主》技經肯綮無礙於進刀，因其固然也；此則動而無礙，順其時宜也。

"出"，動出。

"語"義猶"這是說"。

"成器"，善器（《禮記·少儀》"母訾衣服成器"，注："成猶善也"）。所謂"工欲善其事，必先利其器"。

"括"，帛本作"繒"，網也（《莊子·應帝王》《釋文》引李注）；網，結也（《楚辭·湘夫人》王注）。

"語成器"帛本作"言舉成器"，兩通。

3、子曰……《易》曰……：

《繫辭上》對爻辭的詮釋體例是先引爻辭，再言"子曰"，"子曰"便是對爻辭的詮解。這正與《繫辭》綜論的性質相合。《繫辭下》本章前半部及《易之義》是"《易》曰……子曰……"的形式，與《繫辭上》大體一致（增出"《易》曰"），《二三子問》的詮釋形式與此也基本一致（只不過"《易》曰"也作"卦曰"，"子曰"則一律作"孔子曰"）。而《繫辭下》本章後半部份至結尾（按：這部份文字很多都不見於帛本《繫辭》）則都改爲"子曰……《易》曰……"的論證形式，帛書《要》與此相近（"子曰"也作"夫子曰"）。此是引《易》以證"子曰"，屬讀《易》心得一類（《淮南子》等與此相近），與《繫辭》的性質似不相合。詮釋體例的差異，有助於我們對《繫辭》上、下和帛本《繫辭》以及《二三子問》、《易之義》、《要》的撰作時間的研究。

我們的初步看法是：就全部的《繫辭》內容而言，《繫辭》的寫作也許經歷了四個時期。《繫辭上》是第一個時期，《繫辭下》一部份及《易之義》、《二三子問》爲第二個時期，《繫辭下》一部份及《要》爲第三個時期，今本《繫辭》做匯總工作則爲第四個時期。

4、《易》曰：屨校滅趾，無咎：

此引《噬嗑》卦初九爻辭。

"屨"，帛本作"構"，帛本《噬嗑》卦作"句"，皆假作"屨"。

5、危者，安其位者也；

亡者，保其存者也；亂者，有其治者也：自此至"吉之先見者也"這些文字多不見於帛本《系傳》而見於帛書《要》，文字亦有出入，最明顯的是"子曰："作"夫子曰："。

6、德薄而位尊，知小而謀大，力小而任重，鮮不及矣：

此說力不勝任之事而《鼎》卦九四象之。

"鮮"，少。

"不及"，不及於禍。

"知小而謀大，力小而任重"兩句不見於帛書《要》。

7、《易》曰：鼎折足，覆公餗，其形渥，凶；言不勝其任也：

此引《鼎》卦九四爻辭。按：此處文字不見於帛本《系傳》而分別見於《二三子問》和《要》。《二三子問》"《易》曰：鼎折足，覆公餗，其刑（形）屋（渥），凶。孔子曰：此言下不勝任也。非其任而任之，能毋折乎"、《要》"夫子曰：德薄而位尊，□□鮮不及。《易》曰：鼎折足，覆公餗；言不勝任也"。《二三子問》先言"《易》曰"而後言"子曰"，與前半章體例同，而作"孔子曰"；《要》則先言"子曰"而後言"《易》曰"，與後半章體例同，而作"夫子曰"。

8、知幾其神乎，君子上交不諂，下交不瀆，其知幾乎，幾者動之微，吉之先見者也，君子見幾而作，不俟終日：

　　按：《漢書．楚元王傳》引穆生說：“《易》稱知幾其神乎。幾者動之微，吉凶之先見者也。君子見幾而作，不俟終日”。“吉”下有“凶”字是。

　　“君子上交不諂，下交不瀆，其知幾乎”當是衍文或錯簡（“其知幾乎”當爲“知幾其神乎”之誤重）。諂與瀆與“幾”無關，所以《漢書》、無此三句。下文論《益》時有“定其交”、“無交”等語，此處的“上交”、“下交”可能爲彼處文字或彼處之注文而錯出於此。

　　“知幾其神乎，君子上交不諂，下交不瀆，其知幾乎，幾者動之微，吉之先見者也”不見於帛本《繫辭》、《二三子問》、《易之義》、《要》。

　　“俟”帛本作“位”。“俟”之古文從“立”，故“俟”常訛作“立”、“位”（《儀禮•鄉射》注“今文俟爲立”）。

　　9、君子知微知彰，知柔知剛，萬夫之望：

　　“微”謂事先之兆，“彰”指事後之果。知微便可推及於彰，知柔便可推及於剛，皆見幾之妙。此承“君子見幾”而說。“微”，帛本作“物”，二字同爲明母字，韻部陰入對轉，故假“物”爲“微”。

　　10、子曰：顏氏之子，其殆庶幾乎，有不善，未嘗不知，知之，未嘗複行也：

　　“有不善”，帛書《要》作“見幾有不善”。此下至本章章末均不見於帛本《繫辭》而見於帛書《要》，疑這段文字是《易》學經師對帛本《繫辭》“君子見幾而作”的演繹發揮。

　　11、君子安其身而後動，易其心而後語，定其交而後求，君子修此三者，故全也；危以動則民不與也，懼以語則民不應也，無交而求則民不與也；莫之與，則傷之者至矣：

　　“易”，平和。

　　“全”，安全、萬無一失。

　　"定其交而後求"，是說上與下結成交誼而後求助有應，此即《黃帝四經‧稱》所謂"不受祿者天子弗臣也，祿薄者弗與犯難"（亦見《慎子‧因循》）。後引《益》卦以證此理，而《益‧彖》說"損上益下，民說無疆，自上下下，其道大光"，也是講上下交誼之事。帛書《要》作"定其位而後求"、"無立（位）而求"，《益》卦上九無位，所以作"定位"、"無位"似可講通；但本段文字是講上下相交相應之理，似與"位"無涉，"位"作"立"，"立"為"交"字之形訛。值得注意的是：《易之義》說"《益》者，上下交也"，如果《易之義》的"益"字不誤，則《要》的"位"、"立"當作"交"；如果《易之義》的"益"字有誤（當作"泰"），則今本《繫辭》的"交"字當從《要》作"位"或"立"（通"位"）。"無交而求則民不與也"及"莫之與"的兩個"與"字《要》作"予"，謂給予增益，即下文引《益》卦的"莫益之"。

　　"懼以語則民不應也"《要》篇脫，在"《易》曰：莫益之，或擊之，立心勿恒，凶"下《要》篇有"此之謂也"。

原文（六）

　　　　子曰：乾坤，其《易》之門邪 (1)。乾，陽物也；坤，陰物也。陰陽合德而剛柔有體，以體天地之撰，以通神明德 (2)。其稱名也，雜而不越，于稽其類，其衰世之意邪 (3)？夫《易》，彰往而察來，而微顯闡幽 (4)，開而當名辨物，正言斷辭則備矣 (5)。其稱名也小，其取類也大，其旨遠，其辭文，其言曲而中，其事肆而隱 (6)。因貳以濟民行，以明失得之報 (7)。

【疏證】

　　1、子曰：乾坤，其《易》之門邪：

此即《繫辭上》"乾坤，其《易》之經與？"（"經"同"徑"，門徑）。
按：本章及七、八、九、十、十一章基本上不見於帛本《系傳》而大都見於《易
之義》，文字出入也相當大。

2、以體天地之撰，以通神明之德：

"撰"字，古人或訓爲"數"、或訓爲"事"。按：帛書《易之義》作"化"，
《繫辭上》"範圍天地之化"與此宜同。蓋"化"與"作"形近而初訛爲"作"
（《繫辭上》"坤作成物"，《釋文》"作，本作化"），漢人又以爲"撰作"之
義而易爲"撰"。

在此二句之間，《易之義》尚有一段對《坤》卦的詮釋文字，似爲秦漢人的
讀《易》心得。

3、其稱名也，雜而不越，于稽其類，其衰世之意邪：

"雜"謂其所指稱之事物繁雜。《繫辭上》"極天下之賾者存乎卦"即此。

"越"，散漫、散亂（《左傳.昭公四年》注"越，散也"）言其理不散亂
而能會通。

"于"，發語辭。

"稽"，考察。

"類"，事（《孟子•告子》注"類，事也"）。

"衰世"，末世、殷之末季。

按："稽"與"指"古音近相通，帛書《易之義》即作"指"。先秦"名"
與"指"常對舉，此似可讀爲"其稱名也雜，而不越於指，其類（今本下衍"其"
字，《易之義》無"其"字，"其類"作"易□"）衰世之意邪"。下文"其稱
名也少，其取類也多，其指簡"與此相呼應。

4、彰往而察來，而微顯闡幽：

朱熹認爲下句當作"微顯而闡幽"以與上句句法相對，高亨以爲"微顯"當作"顯微"，即使微者顯、使幽者明（"闡"，明）。按：帛書《易之義》亦作"微顯"，"微顯"，是說能從以往淺顯的事物表像中提升出精微的義理；此呼應"彰往"。"闡幽"，是說能使未來幽遠之事得以顯明；此呼應"察來"。此爲《易》之兩大功能。"闡幽"，《易之義》作"贊絕"。"贊"音義同"闡"（《說卦》韓康伯注"贊，明也"），"絕"謂幽遠（《淮南·修務》注"絕，遠也"）。

5、開而當名辨物，正言斷辭則備矣：

"開"，《韓注》訓爲"開釋卦爻"，高亨訓爲"開《易經》而讀之"（漢《孔雀東南飛》"視曆複開書"，則"開"可訓爲"開視"）按："開而"可有兩解。其一，"開"訓爲"陳述"（《漢書·鄒陽傳》注"開，謂陳說也"），謂卦爻辭所陳述的都能"當名辨物"（"而"猶"能"）。其二，準《繫辭上》"開物成務"帛本作"古物"（"古"同"故"，下文"《易》之興也，其于中古乎"，《易之義》"古"即作"故"）之訛例，此"開而"似當作"故而"（蓋本作"故"，形近而訛爲"啓"，因同訓又作"開"）。

"當名辨物"，用恰當的概念（"名"指概念）來辨析事物。"正言斷辭"，用準確的言辭來判斷事理。《管子·心術上》"物固有形，形固有名。名當謂之聖人......督言正名，故曰聖人"即此。《易之義》作"巽而恒當，當名辯物，正言巽辭而備"。

"巽"同"選"、"算"，占算、占斷。"恒當"之"當"謂占算準確。

6、其旨遠，其辭文，其言曲而中，其事肆而隱：

"其旨遠，其辭文"謂其意旨深遠，其辭語講究。《論語》"言而不文，行之不遠"、《孟子》"言近而指遠者，善言也"即此。又按：此"辭"、"旨"蓋即前文之"名"、"指"（"稽"）。"旨遠"，《易之義》作"指簡"。

"言曲而中"，語言委曲而合於事理。

"肆"，虞注訓爲"直"，即直白、直露。言所述之事看似直露而義蘊深奧。"肆而隱"帛書《易之義》作"隱而單"（"單"當讀爲"闡"，明白），與通行本《繫辭》的意思正相反，可譯爲其述事雖隱晦而道理昭彰，此正與"曲而中"相對。

7、因貳以濟民行，以明失得之報：

"貳"字虞翻解乾坤，朱熹釋"疑"。按："因貳以濟民行"《易之義》作"因齎人行"，當從之（今本之"貳"爲"齎"字之訛，又衍"以濟"二字）。

"因"，以。

"齎"通"濟"，助。

"行"，用（《國語•吳語》注"行猶用也"。此以助民用即《繫辭上》"以前（讀爲"贊"，助）民用"、"萬民以濟"。

"報"，應驗。

原文（七）

　　《易》之興也，其于中古乎，作《易》者其有憂患乎？是故《履》，德之基也 (1)。《謙》，德之柄也。《複》，德之本也。《恒》，德之固也。《損》，德之修也。《益》，德之裕也 (2)。《困》，德之辨也 (3)。《井》，德之地也。《巽》，德之制也 (4)。《履》和而至 (5)。《謙》尊而光。《複》小而辨于物。《恒》雜而不厭 (6)。《損》先難而後易 (7)。《益》長裕而不設 (8)。《困》窮而通。《井》居其所而遷。《巽》稱而隱 (9)。《履》以和行 (10)。《謙》以制禮。《複》以自知。《恒》以一德。《損》以遠害。《益》以興利 (11)。

《困》以寡怨（12）。《井》以辨義。《巽》以行權（13）。

【疏證】

1、是故《履》，德之基也：

此讀"履"爲"禮"（與《象傳》、《文子》同）。遵禮而行，是修德之根基。按：以下便是所謂的"三陳九德"。然而《易之義》在此句之上有"上卦九者，贊以德而占以義者也"兩句文字，無"是故"二字。"上"同"尙"，義猶重要。言《易》中重要的卦有九個，以下的"一陳"是"贊以德"，二陳、三陳則是"占以義"。

2、《益》，德之裕也：

"益"，以己之物增益別人，此"益"之一義；施物於人而自己在道德上獲得充實，此"益"之二義。《老子》說"既以與人己愈多"（《老子·八十一章》），"多"即"裕"，謂道德充裕也。帛書《易之義》"裕"字作"譽"，讀作"裕"，下文"《益》長裕"之"裕"《易之義》與今本同。

3、《困》，德之辨也：

"辨"即"君子小人之辨"的"辨"，分辨、檢驗。君子處困而不失所守，小人則否（《論語》所謂"君子固窮，小人窮斯濫矣"）。此即《象傳》的"困而不失其所，亨，其唯君子乎"？"辨"，《易之義》作"欲"。"欲"同"穀"，《詩·桑柔》毛傳"穀，窮也"，言《困》卦是講君子之德處窮困之時。下文"《困》窮而通"正承此"《困》，德之窮"而說；下文"《益》長裕"承"《益》，德之裕"的情況與此完全一致。

4、《巽》，德之制也：

巽謂遜讓柔順，以柔遜培養自製力。《易之義》"巽"字因形近而訛爲

"渙"，兩卦卦畫亦相近。

5、《履》和而至：

按：以上爲"一陳"，即"贊以德"；自此至章末之"二陳"、"三陳"爲"占以義"，因此《易之義》在此句上有"是故占曰"四字。贊德是言其性，占義是論其理。"和"，和悅、柔和。"至"，謂通過和悅達到修養道德的目的。《履》卦下《兌》上《乾》，兌謂和悅，即《彖傳》"柔履剛也，悅而應乎乾"。

6、《恒》雜而不厭：

"雜"與"匝"通，周遍持久（王引之亦讀"雜"爲"匝"）。

"厭"可訓爲倦怠，亦可訓爲終止。《彖傳》"恒久而不已"即此"匝而不厭"。按：帛書《易之義》"雜"作"久"，更切原義。"久而不厭"即"久而不已"。此言《恒》卦是講長守美德而無窮已之時。"久"與"德之固"的"固"相照（《漢書·禮樂志》集注"久，固也"）。

7、《損》先難而後易：

忿欲之情人所固有，故初損之爲難；修損之道既成習性，故其後爲易。此君子之道也。反之，有初無終、始易終難，則小人之道也（《二三子問》"卦曰：小狐涉川幾濟，濡其尾，無攸利。孔子曰：此言始易而終難也，小人之貞也"）。

8、《益》長裕而不設：

"長裕"，謂美德長久充裕。

"不設"，是說此令德美譽非預設機心求取來的。預置機心以求名利爲"設"（《管子·心術上》"無藏則奚設矣。無求無設則無慮"。《文子·符言》"無思慮也，無設儲也"並此爲"不設"之義）。"而不設"，《易之義》作"而與"（"與"，給予）。若從《易之義》，則《繫辭》"不"涉"而"形抄衍，

"設"訓爲 "施"（《爾雅·釋詁》）。

9、《巽》稱而隱：

"稱"，稱量、權衡。

"隱"，退藏。

《巽》卦柔在剛下（☴），當知稱量時勢而退藏於密。初六 "進退，利武人之貞" 即是斯義。《易之義》說 "渙〈巽〉之彖辭，武而知安" 也是這個意思。

"隱"字，《易之義》作 "救"，《說文》 "救，止也"。謂有所權衡，知時而止。

10、《履》以和行：

"和"，調和、調製使和。《易之義》此句上有 "是故" 二字， "和"作 "果"，當借爲 "和"。

11、《益》以興利：

道德充裕之利由益人而起，即《老子》 "既以與人己愈有"。此 "利"非《繫辭上》 "斫木爲耜，揉木爲耒，耒耜之利，以教天下，蓋取諸《益》" 的物質利益。

"利"，《易之義》作 "禮"，與上文 "《益》長裕而與"一致。

12、《困》以寡怨：

"寡怨" 謂雖處困境，而能樂天知命、不怨天尤人。《彖傳》的 "險以悅"、《象傳》的 "致命" 即此。 "寡怨"，《易之義》作 "辟（避）咎"，與《困》卦卦辭 "大人吉，無咎"相合。

13、《巽》以行權：

　　"權"與"《巽》稱而隱"的"稱"義同，權宜制變。柔在剛下，能以退制進，是善權宜也（初六"進退，利武人之貞"）。

　　"巽"字，《易之義》仍訛作"渙"。

　　此句下《易之義》說"子曰：渙而不救則比矣"，此與《易之義》前文"《渙》……而救"一致。《繆和》釋《渙》卦"渙其群"爲"散其群黨"，並說"夫群黨朋……比（周）相譽，以奪君明"，可見《易之義》可能確本作"渙"而非"巽"字的訛寫。"渙而不救則比"是說《渙》卦講論君主不行使權力制止（"救"，止也）群黨則小人將比爲周奸；這與"渙以行權"可以聯繫上，但與"稱而隱"則絕無關係。這很令人費解。

原文（八）

　　《易》之爲書也不可遠，爲道也屢遷(1)。變動不居，周流六虛；上下無常，剛柔相易；不可爲典要，唯變所適(2)。其出入以度，外內使知懼(3)。又明于憂患與故，無有師保，如臨父母(4)。初率其辭，而揆其方，既有典常(5)。苟非其人，道不虛行(6)。

【疏證】

　　1、《易》之爲書也不可遠，爲道也屢遷：

　　"不可"義猶不能、很難。"遠"，究極、探究（《淮南·說山》注："遠，極也"）。"不可遠"《易之義》作"難前"，"前"讀爲"贊"，探明（《說卦》韓康伯注："贊，明也"）。

　　"道"即陰陽變化之道。《易之義》開篇說"《易》之義唯陰與陽，六畫而成章"，與此先言陰陽之道而繼言六爻之次序同。

"屢"《易之義》作"就"。"就",因也(《小爾雅•廣詁》)、隨也(《史記•五帝紀》索隱"就時猶逐時"),謂隨物而變、因事而遷,即下文的"唯變所適"。

又"就"亦可訓爲"善"(《儀禮•既夕禮》注)。

2、變動不居,周流六虛;上下無常,剛柔相易;不可爲典要,唯變所適:

此論六爻之變動,就其現象而言,其無定則。

"不居",不止。

"六虛",指六爻之位。六爻所成之卦象宇宙太虛,故言"六虛"。

"上下",爻之往返。

"典要",猶言固定模式。

"適",從、隨往。"唯變所適",猶言跟著變化走。"適"《易之義》作"次","處"也(《國語•魯語》注)。

3、其出入以度,外內使知懼:

朱熹說"此句未詳,疑有脫誤"。按:"以"猶"有"。《易之義》作"出入有度,外內皆瞿"。"出入",六爻的往返(《楚辭•國殤》"出不入兮往不返","出入"與"往返"換文同義)。"外內",外內卦的組合。

"懼"與"度"對舉,疑"知懼"當爲"矱"字之訛,與"度"同義("懼"《易之義》作"瞿",當爲"蒦"字之訛,讀作"矱"。《周禮•旬師》《釋文》"攫,或作"。《周禮•鄉大夫》《釋文》"矍,又作瞿"),《詩•小雅•楚茨》"禮儀卒度,笑語卒獲"("獲"即"矩矱"之"矱"),正是"度"、"矱"對舉,與此同。

此論六爻及外內卦變動,是就其理而言,其皆有法度規矩。

4、又明于憂患與故，無有師保，如臨父母：

　　"故"，事。《易之義》作"又明于患故"。

　　"師保"，家庭教師（《禮記•文王世子》"入則有保，出則有師，是以教喻而德成也"）。

　　"如臨父母"，《易之義》作"親如父母"。

　　此言《易》之所告之事令人警醒，雖無師保之誨，而如親聆父母之教。

5、初率其辭，而揆其方，既有典常：

　　"率"，遵循。

　　"方"，旨歸。

　　"既"同"即"，則。

　　此言初學者但遵其辭占行事，既而不斷揆度其旨歸，則可發現其有規律可循。《易之義》"初"作"印"、"既有典常"作"无有典常"（"无"疑是"既"字之缺訛）。

6、苟非其人，道不虛行：

　　"苟"（《易之義》假"後"爲之），如果。

　　"虛"，虛妄、隨便。

　　"行"，用。

　　此言苟非知《易》之人，則《易》道不妄其所用。

　　按：《易之義》此下尚有"□□（按：當爲"苟"字）無德而占，則《易》亦不當"兩句。此承上句"苟非其人"而說，言苟非有德之人，則即便佔用《易》卦亦不準確。

原文（九）

《易》之為書也，原始要終以為質也，六爻相雜唯其時物也(1)。其初難知，其上易知，本末也(2)。初辭擬之，卒成之終(3)。若夫雜物撰德，辨是與非，則非其中爻不備(4)。噫亦要存亡吉凶，則居可知矣(5)。知者觀其象辭，則思過半矣(6)。二與四同功而異位，其善不同，二多譽，四多懼，近也(7)。柔之為道，不利遠者，其要無咎，其用柔中也(8)。三與五同功而異位，三多凶，五多功，貴賤之等也(9)。其柔危，其剛勝邪。

【疏證】

1、《易》之爲書也，原始要終以爲質也，六爻相雜唯其時物也：

"原"，溯原、推原。

"要"，約、預測。

"質"，實質、本質。

"時物"，隨其時位元不同而分辨其不同事理（《周易淺述》釋爲"隨其時而辨其物"）。

按："《易》之爲書也"五字《易之義》作"《易》之義"，此前尚有"（苟）無德而占，則《易》亦不當"兩句。前文有"贊以德而占以義"，此處又是以"義"、"占"相應（"義"，大義、要義）。"原"《易之義》作"贊"，明也。以下對六爻功能概要性的介紹，相當於《易》的部份義例。

2、其初難知，其上易知，本末也：

"初"，初爻。初爻象事物幾微之時，故難知。"上"，上爻。上爻象事物彰顯之時，故易知。

"本末也"三字文義未足，《易之義》作"其初難知而上易知也，本難知而末易知也"。

又按：此與帛本《繫辭下》第五章在意思上相承接（五章章末"君子知微知彰"即此"難知易知"）。

3、初辭擬之，卒成之終：

"初"即上文之"初"。"初辭"，初爻爻辭。

"擬"，擬測一卦所象事物之全過程。

"卒"猶上文之"上"，指上爻爻辭。

"成"，定、判定，指判定全卦的終局。《易之義》作"初如擬之，敬以成之，終而無咎"。

按：此處是講《易》的義例，插入"敬以成之，終而無咎"兩句似有不當。"如"當是與"辭"同音的"始"字之訛。"敬"字衍。"以"同"已"；"卒"，已也（《爾雅•釋詁》）。"而無咎"三字衍。

4、若夫雜物撰德，辨是與非，則非其中爻不備：

"若夫"猶言"至於"。

"物"指爻畫（客觀事物以爻畫象徵，故爻曰物，下章"爻有等，故曰物"）。"雜物"，錯綜爻畫（或以為即指爻畫互體，張政烺曾以出土的四畫數位卦證明古確有互體一說）。

"撰德"，確定卦德（《廣雅•釋詁四》"撰，定也"）。

"中爻"，一卦中間的二、三、四、五爻。

"則非"之"非"，帛本《系傳》作"下"。按："下"當作"不"，與"匪"通（《易‧損》上九王弼注"不制于柔"，《釋文》"不制，一本作下制"。《離》卦"獲匪其醜"，帛本"匪"作"不"），"匪"即"非"。初爻與上爻均不能錯綜互體，所以說"若夫雜物非中爻不備"。《易之義》作"鄉物巽德，大明在上，正其是非，則……"，此處有錯有衍。

5、噫亦要存亡吉凶，則居可知矣：

"噫"王引之說讀爲"抑"（《詩‧十月之交》箋："抑之言噫"）。

此處當有訛字，帛本作"初大要，存亡吉凶，則將可知矣"，當從帛本。

"亦"字爲"大"字之訛。今本《繫辭》八章"初率其辭"，《易之義》"初"訛作"印"，與此處帛本作"初"而今本訛作"噫"正相同。"印"即"抑"字之訛。蓋"初"字"刀"旁左置則與"依"形相近，"依"與"噫"、"抑"爲一聲之轉。

"初大要"，是說初爻非常重要。此正緊承上章（帛本《繫辭下》五章）"見幾"、"知微"而說。作者之意，初上兩爻側重於"知吉凶"，中間四爻側重於"辨是非"。

6、知者觀其彖辭，則思過半矣：

"彖辭"，卦爻辭（鄭玄注引師說謂指"爻卦之辭"。《易之義》"渙〈巽〉之彖辭，武而知安"，這是就《巽》卦初六爻辭"進退利武人之貞"而說，可見秦漢之際亦稱爻辭爲"彖辭"）。

"思"，指對《周易》所陳說之內容的思考領悟。《易之義》作"子曰：知者觀其緣（彖）辭而說過半矣"，多出"子曰"。

7、二與四同功而異位，其善不同，二多譽，四多懼，近也：

二與四同柔位，陰柔功能相同，所以說"同功"。二處下卦中位，四處上卦初位，所以說"異位"。

194

　　"善"，好。在這裏兼好壞而言。二居下卦中位，多有美譽；四處上卦初位，多有戒懼。

　　"近也"，高亨疑當作"遠近也"，但《易之義》也作"近也"，謂四之所以多懼，因近逼于五。

　　按：自此至章末，疑皆當在"非中爻不備"之下，爲經師對"中爻"的解說，後逐漸增入正文，並被《易之義》所引用。《易之義》作"《易》曰：二與四……近也；近也者，謙之謂也"。這說明了兩個問題，其一、"二與四同功而異位"等等既然被《易之義》徵引作"《易》曰："，則說明今本《繫辭》的這段文字雖然晚於帛本《繫辭》，但早於《易之義》的寫作，並已取得近於"經"的地位。其二、從"近也者，謙之謂也"可以猜測《易之義》的性質是對《繫辭》的推演發揮。

　　8、柔之爲道，不利遠者，其要無咎，其用柔中也：

　　"遠"疑當作"近"（《大戴禮記•曾子立事》注："遠，當字誤爲近"），承上文"近也"之"近"而說，謂近逼於尊位五，指四。

　　"要"，求（《孟子•告子》注"要，求也"）。

　　"柔中"，柔位居中，指二。

　　《易之義》此句上有"《易》曰："二字。

　　9、三與五同功而異位，三多凶，五多功，貴賤之等也：

　　三與五同爲剛位，陽剛功能相同，所以說"同功"。三處下卦之上位，五處上卦之中位，所以說"異位"。按：《易之義》在"異位"下有"其過口口"四字，當從之。此與上文"其善不同"相對。此當作"其遇不同"。"過"爲"遇"字之訛（"過"與"遇"在今本及帛本《系傳》中常常互訛），遭遇、境遇。三居下卦之極，故多凶；五居一卦尊貴之中位，故多功。五之多功、三之多凶，是貴賤等差不同的緣故。

195

10、其柔危，其剛勝邪：

　　"柔"指陰爻，"剛"指陽爻。陰爻居三、五剛位則因才不勝任而有危險，陽爻居三、五剛位則因才能勝任而無咎害（或可釋爲：陰爻居三位則危，陽爻居五位則勝任）。此二句不見於《易之義》。

　　按：本章論爻爻位性質與作用的異同，帶有義例的性質，這段文字起首的"《易》之爲書也"在《易之義》中作"《易》之義"可能即是出於這樣的理解。本章文字在帛本《系傳》中僅有中間幾句。這有兩種可能，一種是帛本《繫傳》抄漏了前半和後半。另一種是《易之義》及今本《繫辭》的前半是推衍"初"（"初大要"）而後半是推衍"中"（"中爻不備"）。但《易之義》所有文字一律不見於帛本《繫傳》，所以抄漏的可能性太小。我們可以設想一種圓通的解釋，就整個的《繫辭》系統而言，它經歷了幾個陸續纂作的時期，帛本《繫傳》可能爲第一個時期，而《易之義》肯定不是第二個時期，應是第三時期，理由很多，比如：三次出現的"易曰"，所引"二與四同功"等等，從論述形式看，這個"二與四同功"之類的"易曰"絕不可能是《易傳》中《彖》、《象》、《說卦》等文字，只能是帶有通論性質的《系傳》中的文字，而它們又不見於帛本《繫傳》，所以可以設想這部份文字應是《繫傳》第二階段所創作的。第四時期今本《繫辭》彙纂時刪掉了帶有明顯的引證推衍痕跡的"《易》曰："等字樣，同時增益出十章、十一章等文字。另外，從《易之義》前文"贊以德而占以義"（"贊"，明。"占"，數）來看，《易之義》這類以闡明卦德而論數卦義爲宗旨的《易》說當與著錄中《易贊》、《易論》之類的撰作相近。

原文（十）

　　《易》之書也，廣大悉備。有天道焉，有人道焉，有地道焉，兼三才而兩之，故六，六者非它也，三才之道也（1）。道有變動，故曰爻。爻有等，故曰物。物相雜，故曰文。文不當，故吉凶生焉。

【疏證】

1、有天道焉，有人道焉，有地道焉，兼三才而兩之，故六，六者非它也，三才之道也：

單卦三畫，由上至下，上畫象天道，中畫象人道，初畫象地道，此三畫即天、人、地"三才"的象徵。三畫重疊，則成爲組合重卦的六畫。這六畫仍然是象徵天、人、地三才，即上、五象天道，四、三象人道，二、初象地道。

按：先秦提到"三道"均爲天、地、人的次序，如《老子》、《黃帝四經》，還包括《易之義》（"立天之道"、"立地之道"、"立人之道，《說卦》同）、《要》（"故《易》有天道焉"、"有地道焉"、"有人道焉"）等，漢以後才有了天、人、地或地、人、天這樣的次序（如今本《繫辭》及《京氏易》）。本章文字不見於帛本《繫辭》及《二三子問》、《易之義》、《要》。

原文（十一）

《易》之興也，其當殷之末世，周之盛德邪，當文王與紂王之事邪⑴。是故其辭危。危者使平，易者使傾。其道甚大，百物不廢。懼以終始，其要無咎，此之謂《易》之道也。

【疏證】

1、《易》之興也，其當殷之末世，周之盛德邪，當文王與紂之事邪：

本章爲《繫辭下》第三次揣測《易》的卦爻辭製作時代。《繫辭》作者憂患危懼之心耿於心懷，蓋由秦之覆傾所刺激而使然也，此可證之於帛書《易之義》和《要》："子曰：《易》之用也，段（殷）之無道，周之盛德也……知以避患……

文王之危知"、"尚書多闕矣，周易未失也……紂乃無道，文王作，諱而避咎，然後易始興也……《益》之始也吉，其終也凶；《損》之始凶，其終也吉……此謂《易》道"。本章"危者使平，易者使傾"像是論《否》、《泰》，也像是論《損》、《益》。無論怎樣，《繫辭下》與《易之義》及《要》是有聯繫的，並且撰作不早於秦。

原文（十二）

夫乾，天下之至健也，德行恒易以知險；夫《坤》，天下之至順也，德行恒簡以知阻 (1)。能說諸心，能研諸侯之慮 (2)，定天下之吉凶，成天下之亹亹者。是故變化云為，吉事有祥 (3)。象事知器，占事知來。天地設位，聖人成能；人謀鬼謀，百姓與能。八卦以象告，爻象以情言 (4)。剛柔雜居而吉凶可見矣。變動以利言，吉凶以情遷。是故愛惡相攻而吉凶生，遠近相取而悔吝生，情相感而利害生。凡《易》之情，近而不相得則凶，或害之，悔且吝，將叛者其辭慚，中心疑者其辭枝 (5)，吉人之辭寡，躁人之辭多，誣善之人其辭遊，失其守者其辭屈 (6)。

【疏證】

1、夫乾，天下之至健也，德行恒易以知險；夫坤，天下之至順也，德行恒簡以知阻：

此申說《繫辭上》一章"乾以易之，坤以簡能"及《繫辭下》一章"夫乾，確然示人易矣；夫坤，隤然示人簡矣"之意。

“知險”，兼有告知險難和告知處險之道這樣的雙重含義。“知阻”亦同。

“呈象”、“效法”，乾坤易簡也；“極數”、“通變”，知險知阻也（《繫辭上》五章“成象之謂乾，效法之謂坤，極數知來之謂占，通變之謂事”）。乾坤之道有恒，易簡也；陰陽變化莫測，險阻也。易簡而能知險阻，能知險阻而易簡常存。帛本作“鍵（乾），德行恒易以知險；夫川（坤），魋（隤）然天下〔之至〕順也，德行恒簡以知〔阻〕”，“鍵（乾）”下當脫“蒿（確）然天下之至健也”。

2、能說諸心，能研諸侯之慮：

“諸心”帛本作“之心”，“研”帛本作“數”。當從帛本。“說”同“悅”。“之心”之上蒙後文而省“諸侯”二字。“數”，筮決、決疑。易簡故能悅心，知險阻故能決疑。舊說“侯之”二字爲衍文，似不當。前後文四舉“天下”，則此“之心”、“之慮”指諸侯可知。“諸侯”當指戰國之諸侯而非漢代之侯王。《易》學家以《易》遊說諸侯由此可見一斑。

3、是故變化云爲，吉事有祥：

“云爲”與“有祥”相對，“云”當訓爲“有”（《經傳釋詞》“云，有也”）。帛本作“具”，當是“有”字之訛（前文“有以見天下之情”，帛本“有”即作“具”）。“有爲”，指陰陽變化之道有所運作。“祥”，顯現征兆。“有祥”，吉祥之事有所呈現。

4、八卦以象告，爻彖以情言：

“象”指卦象的組合變動，下文“變動”承此而說。

“告”，告人以利害之事，下文“變動以利言”的“利”承此而說。

“爻彖”，卦爻辭。

“情”，理、事理，指事理的變化轉移。

"言"同"告"，告人如何趨吉避凶，下文"吉凶以情遷"承此而說。

"爻彖以情言"帛本作"教（爻）順以論語"。"順"讀爲"彖"（《周禮·春官·巾車》"孤乘夏篆"，《說文》引"篆"作"輈"）。"論"當爲"請"字之訛，讀爲"情"。"語"同"言"，訓爲"告"。

5、將叛者其辭慚，中心疑者其辭枝：

"辭"及下文諸"辭"字皆兼指問卦者的問著之辭及所筮得的卦爻辭。

"慚"，帛本作"亂"，當從帛本。《左傳》說"《易》不可以占險"，問卦者包藏反心而未敢明言，故問著之辭必紊亂。

"中心疑者其辭枝"帛本無。

"枝"謂支離散漫。內心疑惑者，問著之辭必散漫無主，此《荀子·解蔽》所謂"心枝則無知"。《文子·道德》"仁絕義滅，諸侯背叛"，而此章"將叛者"似非指諸侯，因上文已說《易》可服務於諸侯（即悅心數慮），故此處的"將叛者"當指諸侯之屬臣藏有貳心，與敵國溝通，《黃帝四經》中屢言其事。

又按："枝"亦可訓爲"枝梧"或"歧"，謂問著之辭前後抵牾，有分歧和矛盾。就筮得之卦爻辭而言，謂亂而支離，一時難以疏通，據此可窺知問著者之心態。

6、誣善之人其辭遊，失其守者其辭屈：

"誣"，詆毀、誣陷。帛本"誣"作"無"，亦通。陷害善人者，心必虛，問著之辭則虛浮遊移；喪失操守者情必慚，問著之辭則屈曲梗塞。就所筮得的卦爻辭而言，誣善之人所得者虛而難斷，失其守者所得屈曲難占。《鶡冠子·能天》在篇末說"口者，所以抒心誠意也"，接著提到了"詖辭"、"淫辭"、"詐辭"、"遁辭"、"正辭"，並說聖人據此五辭可察知其所離、合、飾、極、立。此二者有異趣而同功之妙。

第 四 部 份
《二三子問》疏證

原文（一）

二三子問曰：《易》屢稱于龍，龍之德何如？

孔子曰：龍大矣(1)。龍形遷，假賓于帝，侃神聖之德也(2)。高尚行乎星辰日月而不眺，能陽也；下綸窮深淵之淵而不沬，能陰也(3)。上則風雨奉之(4)，下綸則有天□□□。□乎深犾(5)，則魚蛟先後之，水流之物莫不隨從；陵處，則雷神養之，風雨避向，鳥獸弗乾。曰：龍大矣。龍既能雲變，又能蛇變，又能魚變，飛鳥昆蟲，唯所欲化，而不失本形，神能之至也(6)。□□□□□□□□□□□焉，有弗能察也。知（智）者不能察其變，辯者不能□其美，至巧不能贏(7)其文。□□□鳥□也，功□焉，化昆蟲，神貴之容也，天下之貴物也。曰：龍大矣。龍之□德也，曰□□□□□易□□□□，爵(8)之曰君子；戒事敬合，精白柔和，而不諱賢，爵之曰夫子(9)。或大或小，其方一也(10)。至用□也，而名之曰君子，兼，黃裳近之矣(11)；尊威精白堅強，行之不可撓也，不習近之矣(12)。

【疏證】

1、《二三子問》皆作“孔子曰”，《易之義》作“夫子曰”，《要》、《繆和》、《昭力》及今本《繫辭》皆作“子曰”，此似暗示著其不同的寫作時代。“二三子”的稱謂於《論語》中六見，《孟子》、《荀子》各一見。《乾·文言》“龍德”兩見，與此“龍之德”同。“龍大矣”的“大”字兼偉大和內蘊宏大二義，即《彖傳》的“大哉乾元”、“××之時義大矣哉”。

2、"遷"謂變化,即莊子所謂"一龍一蛇"。"假",因。"賓",從。"帝",即《說卦》"帝出乎震"之"帝",謂造物主、自然造化。"倪"即"見"(猶帛書《系傳》"易"之作"傷"),體現。這幾句是說龍之形態善於變化,因之能順從於自然造化,這是最能體現神聖之德的(又解:《楚辭章句》"賓,列也"。"假賓于帝"即《乾·文言》的"乃位乎天德",謂因之列於帝位)。

3、"尙"同"上"。"高上"與"下綸(淪)"相對。"眺"蓋即傲眺於物之義(《說文》"眺,目不正也"、《文選·江賦》"冰夷倚浪而傲眺",李善注"傲眺,自寬縱不正之貌")。"綸"同"淪",沈。"沫"似兼昏亂(讀爲"昧")、泯沒(讀爲"沒")二義。"下淪不沫",《乾·文言》所謂"確乎其不可拔"之謂。

4、"上"字前疑脫"高"字。

5、"深"下一字從水從人,即"仄"字之省,音側,水流貌(見《集韻》),在此訓爲水流。

6、"能"與"知"(即"智")同,《列子·黃帝》《釋文》"能,一本作智"。此"唯所欲化,而不失本形,神能之至也"的"神能"即《管子·內業》"一物能化謂之神,一事能變謂之智"的"神智"。

7、"贏"猶勝,超過。

8、"爵"猶命,名(下文之"爵"同)。"爵之曰君子"即下文之"名之曰君子"。

9、"夫子"疑當作"天子"。因爲此處的"精白"、"不諱賢"及下文的"尊威精白"都是就"天子"而說,比如《黃帝四經·經法·道法》"至素至精("精素"即"精白")……然後可以爲天下正("正"訓爲"長")"、《繆和》"聖君之道,尊嚴睿知而弗以驕人";"諱"訓爲"忌",不忌賢是就《乾·文言》"賢人在下位而無輔"說。

10、"方"猶"道"。或稱名天子(大),或稱名君子(小),其道則同。

11、“兼”讀爲“謙謙君子”之“謙”，《坤》卦六五小象釋“黃裳”爲“文在中也”，故此處說“謙”

12、尊嚴睿知、至素至精、爲天下正的天子效法地道之安靜無爲，故“不習無不利”（《坤》卦六二爻辭）。

本文按帛書釋文墨點分章。此第一章泛論“龍德”，以下各章皆是“《易》曰：（或“卦曰”，引卦爻辭）……孔子曰”的議論形式。龍之德大，在於善變；但又能“不失本形”，保持主體的不變。此變易與不易之理道家常言之，如《黃帝四·經法·名理》“靜而不移，動而不化，故曰神”（靜動有變而不失常度）、《管子·內業》“聖人與時變而不化，從物〔遷〕而不移”、“一物能化謂之神，一事能變謂之智；化不易氣，變不易智”、《莊子·知北遊》“古之人外化而內不化”等。

本章似乎是《乾》、《坤》合論。

原文（二）

《易》曰：寢龍勿用(1)。

孔子曰：龍寢矣而不陽，時至矣而不出(2)，可謂寢矣。大人安佚矣而不朝，誥猒在廷，亦猶龍之寢也(3)。其行減或而不可用也(4)，故曰寢龍勿用。

【疏證】

1、“寢”字帛書六十四卦作“浸”，均讀爲“潛”（“寢”字亦可如字）。

2、“陽”訓爲動、訓爲張揚。“時至不出”是因潛龍之修養未成，即《乾·文言》釋初九所說的“行而未成”。

3、“誥”字從茍聲，讀爲“居”，訓爲“止”。“猒”字爲“厭”之訛省，訓爲“伏”，藏身（《禮記 •曲禮》注“厭猶伏也”）。《列子 •黃帝》“黃帝退而間居大庭之館，齋心服刑”（“服刑”即“伏形”，斂藏形跡。唐盧重玄注此句說“齋肅其心，退伏其體”），與此止伏於廷同。

4、“減”字讀爲“恤”（憂懼）或讀爲“惑”（疑懼）。《乾》之初九與九四同，故此處說其行疑懼而不可施用於世；《易之義》說“或躍在淵，隱而能靜也”。

本章論《乾》卦初九。

原文（三）

《易》曰：亢龍有悔。

孔子曰：此言為上而驕下，驕下而不殆者，未之有也。聖人之立正（政）也(1)，若循木，愈高愈畏下，故曰亢龍有悔。

【疏證】

1、“立”同“蒞”。蒞政即執政。

本章論《乾》卦上九。

原文（四）

《易》曰：龍戰于野，其血玄黃。

孔子曰：此言大人之寶德(1)而施教于民也。夫文之孝，采物暴存者，其唯龍乎(2)？德義廣大，法物備具者，其唯聖人乎(3)？龍戰于野者，言大人之廣德而下接民也(4)；其血玄黃者，見文也(5)。聖人出法教(6)以導民，亦猶龍之文也，可謂玄黃矣，故曰龍。見龍而稱莫大焉(7)。

【疏證】

1、"寶德"即"貴德"（《老子》"尊道而貴德"），重視文德教化。

2、"文"，文采。"孝"，畜也，蓄積（《廣雅•釋言》"孝，畜也"，《老子》十八章、十九章之"孝慈"，帛書甲本均作"畜慈"）。"采物"，彩色（《周禮•保章氏》注"物，色也"）。"暴"，顯明（《漢書•淮陽憲王欽傳》注"暴謂章顯也"、同書《西域傳》注"暴謂顯揚也"）。此言文采蓄積，彩色昭著者莫過於龍。承前文"至巧不能贏其文"。

3、"德義"，道德仁義。此與《要》篇"吾觀其德義"的"德義"有別。"法物"，法度禮儀（《禮記•祭統》注"爲物猶爲禮也"）。《老子》五十七章竹簡本、帛書乙本及河上公本之"法物"與此義宜同（按：我曾在《道家文化研究》第十七輯《郭店竹簡老子校釋》一文中從河上公注"法物"爲"珍好之物"，似不確）。

4、"接"，指接近、親近。此以大人釋"龍"、以接近釋"戰"、以民釋"野"，與以往之《易傳》、《易》說不同。

5、"見"疑當作"言"。"龍戰于野者，言……；其血玄黃者，言……"，文法相同。"文"，兼文采、文德而說。這幾句可譯爲："龍戰于野"，指的是大人德行廣大而親近人民；"其血玄黃"，指的是大人有文德。

6、"法教"，法度教令。

7、"見龍"疑亦當作"言龍"，"言"猶"稱"。此句的意思是：稱其爲龍那就沒有比這個稱呼再大的了。

本章論《坤》卦上六。

原文（五）

《易》曰：王臣蹇蹇，非今之故 (1)。

孔子曰：；王臣蹇蹇者，言其難也。夫唯知其難也，故重言之，以戒今也。君子知難而備之，則不難矣；見幾而務之，□有功矣 (2)。故備難□易，務幾者成存其人；不言吉凶焉 (3)。非今之故者，非言獨今也，古以狀也 (4)。

【疏證】

1、"今"字各本均作"躬"，此讀"躬"爲"今"，音近相假（同爲見母字，冬、侵合韻。《禮記•表記》引《詩 穀風》"我躬不閱"即作"我今不閱"）。

2、"有"上所缺之字當爲"則"字。

3、"難"下所缺之字當爲"者"字，"備難者"與"務幾者"相對。"備難〔者〕易"，是說能察知險難而有所備預者可化險難爲平易。"成"，成就事功。《蹇》卦六二爻辭"王臣蹇蹇"下無"吉"或"凶"之占辭，按照《二三子問》的理解，這是因爲能"備難"、"務幾"則吉，否則有凶，所以這裏說"不言吉凶焉"（又按："不言吉凶焉"疑衍"吉"字，"不言凶焉"猶《蹇》卦六二小象之"終無尤也"）。

4、"非言獨今也"當作"言非獨今也"。"以"同"已"。"狀"，如此。"古以狀也"即自古已然、自古就是如此。

本章論《蹇》卦六二爻辭。

原文（六）

《易》曰：鼎折足，覆公餗，其刑屋，凶。

孔子曰：此言下不勝任也。非其任而任之，能毋折乎？下不用則城不守，師不戰(1)，內亂□上(2)，謂折足；路(3)其國，蕪其地，五種不收，謂覆公；口養不至，饑餓不得食，謂形屋(4)。二三子問曰：人君至于饑乎？

孔子曰：昔者晉厲公(5)路其國，蕪其地，出田七月不歸，民反(6)諸雲夢，無車而獨行□□□□□□公□□□□□□□□□饑不得食亓〈六〉月(7)，此其刑屋也。故曰德義無小，失宗無大(8)，此之謂也。

【疏證】

1、"下不用則城不守，師不戰"可與《黃帝四經•經法•君正》"若號令發，必廄（聚集）而上九（合），壹道同心，上下不赾（分離），民無它志，然後可以守戰矣"對看。

2、缺字蓋當作"反"，反叛。

3、"路"同"露"（《孟子音義》），敗也（《方言三》）。《黃帝四經•稱》"爲者弗居，雖居必路"、《管子•四時》"國家乃路"與此同。

4、今本作"形渥"（滿身沾汗），帛本作"刑屋"（讀爲"形渥"），此則或作"形屋"或作"刑屋"。

按：此處是形容饑餓不食、狼狽惶促之狀，所以可釋爲"形渥"（《廣雅•釋詁》"渥，濁也"。其形污濁，蓋猶所謂蓬首垢面）或"形握"（《史記•司馬相如傳》索隱"握齪，局促也"、同書《酈生陸賈傳》集解"握齪，急促之貌"）。

5、此所記晉厲公出亡受餓之事，于豪亮先生認爲"與《左傳》不合"，又

209

引《國語·吳語》（"昔楚靈王不君，其臣箴諫不入，……三軍叛於乾溪。王親獨行，屏營彷徨于山林之中。三日，乃見其涓人疇，王呼之曰：餘不食三日矣……"）說"佚書的作者，大約把楚靈王誤記爲晉厲公了"（《文物》1984、3）。

6、"田"，田獵。"反"，反叛。

7、"亓"字整理者認爲是"六"字之訛（按：也有可能"亓"即"其"，同"期"，"期月"即一個月）。

8、"宗"謂宗廟，指國家。此二句蓋謂修養道德仁義不分大小，只要懂得修養德義就是好的；失去宗廟不分大小，只要是失去了宗廟就是壞的。

本章論《鼎》卦九四。

原文（七）

《易》曰：鼎玉鉉，大吉，無不利。

孔子曰：；鼎大矣。鼎之遷也，不自往，必人舉之，大人之貞也(1)。鼎之舉也，不以其止，以□□□□□□□□□□□□□□(2)，賢以舉忌也(3)。明君立正(4)，賢輔弼之，將何爲而不利？故曰大吉。

【疏證】

1、"貞"是"正"的意思，這裏指道理。"大人之貞"，這是屬於大人的道理；"小人之貞"，這是屬於小人的道理。

2、"止"即《鼎》卦初九"鼎顛趾"的"趾"，鼎足。"以"下一字當爲"鉉"，用以插杠鼎的耳環。從下文看（"……賢以舉忌也，明君立正，賢輔弼之"），此以鼎喻明君，以玉鉉喻賢人，鼎之行待鉉之舉，君之立賴賢之舉。

3、"忌"字疑讀作"己"（《詩·大叔于田》鄭箋"忌，讀如彼己之子之己"），指明君。"賢以舉忌（己）也"上缺十二字，其大義當是說君猶鼎也，賢猶鉉也，君待賢以舉己也。

4、"立正"即蒞政，執政。

本章論《鼎》卦上九。

原文（八）

《易》曰：；康侯用錫馬蕃庶，晝日三接。

孔子曰：此言聖王之安世者也(1)。聖之正（政），牛參弗服，馬恒弗駕，不憂（擾）乘牝馬□□□□□□□□□□糧時至，芻稾不重，故曰錫馬(2)。聖人之立正（政）也，必尊天而敬眾，理順五行(3)，天地無困，民□不滲(4)，甘露時雨聚降，剽（飄）風苦雨不至，民心相酌以壽，故曰蕃庶(5)。聖王各有三公三卿，晝日三接，□□□□□□者也(6)。

【疏證】

1、虞翻訓"康"爲"安"，蓋與此"安世"相關。

2、"參"同"三"。三歲小牛不用以套車犁地，不用馬來駕車拉物（馬只用於乘坐），不乘坐母馬，喂牲口的食物按時提供而不使之饑餓，草料（"芻稾"）喂新鮮的（"重"是指吃剩的草料重復使用。又"重"可釋爲吝惜）。"錫"，恩賜、恩德。"錫馬"，對馬的恩德。

3、"天"謂天道，"眾"謂人道，"五行"謂地道（《要》篇"故《易》有天道焉⋯⋯有地道焉，不可以水火金土木盡稱也⋯⋯有人道焉⋯⋯"）。下文的"天地民"即此三道。《黃帝四經•十大經•前道》"聖人舉事也，闔（合）於天地，順于民"即此。

4、"滲"讀爲"慘"，憂勞。

5、"心"，容也（《廣雅•釋詁四》），悅樂（"心"或讀爲"欣"）。"酭"讀爲"觴"，舉杯勸酒。"壽"，進酒祝壽。相觴以壽即《詩•七月》"稱彼兕觥，萬壽無疆"。"蕃庶"指眾人口庶、生活富庶。

6、此釋"三接"爲接待三公三卿之禮，即《周禮•大行人職》所謂"上公之禮，三問、三勞"也。

本章論《晉》卦卦辭。聖王之治，澤及牛馬、敬眾富民、禮待公卿，正是《說卦》萬物、男女、禮儀的次序。

原文（九）

《易》曰：括囊，無咎無譽。

孔子曰：此言箴小人之口也(1)。小人多言多過，多事多患(2)，□□□以衍矣(3)。而不可以言箴之。其猶括囊也，莫出莫入，故曰無咎無譽。二三子問曰：獨無箴于聖□□□□□□聖人之言也(4)，德之首也。聖人之有口也，猶地之有川穀也，財用所剸（專）出也；猶山林陵澤也，衣食□□所剸（專）生也。聖人壹言，萬世用之(5)。唯恐其不言也，有何箴焉？

【疏證】

1、"箴"讀作"緘"，斂閉。下同。《易之義》"括囊無咎……有口能斂之"的"斂"即此"箴"（緘），《周易•咸》卦上六"咸（緘）其輔頰舌"、小象"咸（緘）其輔頰舌，滕（讀作"縢"，《廣雅•釋詁》"縢，緘也"）口說也"與此同。

2、此即《黃帝四經•經法•道法》的"事必有言，言有害"。

3、"衍"同"愆"，過咎（即《易之義》"有口能斂之，無舌罪"的"罪"）。此言小人常因口說以獲罪愆。

4、此句足文當作"獨無箴于聖〔人口何？孔子曰〕聖人之言也"

5、"用"猶"利"，受用、受利。《黃帝四經•經法•道法》"壹言以利之者，士也；壹言以利國者，國士也"同此。

此論《坤》卦六四。此上九章都是"《易》曰……孔子曰"的論述形式，所論諸卦，其排序與今所見各本之序列均不同。

原文（十）

卦曰：見龍在田，利見大人。

孔子曰：□□□□□□□□□謙易告也，就民易遇也 (1)，聖人君子之貞也。度（庶）民宜之 (2)，故曰利見大人。

【疏證】

1、"告"，教也（《獨斷上》），教化。聖人有謙德所以容易教化天下，《乾•文言》釋九二"善世而不伐，德博而化"即此。"就"，親近。"遇"，君民遇合、協調一致。

2、"度"，整理小組讀爲"庶"。按："度"或可如字。"度民"，爲百姓制定節度。"宜之"，使百姓感到適宜。《乾》卦九二居中位，陽爻處柔適宜，"龍德而中正"（《乾•文言》），所以說"度民宜之"。此即《節•彖》的"節以制度，不傷財，不害民"及郭店竹簡《性自命出》的"體其宜而節度之"。

本章論《乾》卦九二。自此至結尾都變爲"卦曰……孔子曰"的論說形式（除一二章論《乾》卦九五）。參照帛書《繆和》"《易》卦其義曰"（"曰"下引卦爻辭）的論說形式，此"《易》曰："、"卦曰"的"《易》"、"卦"當即"《易》卦"之省。

原文（一一）

卦曰：君子終日鍵鍵（乾乾），夕惕若屬，無咎。

孔子曰：此言君子務時，時至而動，□□□□□□屈力以成功(1)，亦日中而不止，時年至而不淹(2)。君子之務時，猶馳驅也(3)，故曰君子終日鍵鍵（乾乾）。時盡而止之以置身，置身而靜(4)，故曰夕惕若屬，無咎。

【疏證】

1、"屈"即《老子》"虛而不屈"的"屈"，竭、盡。初九即便時至亦不出，因"行而未成"；九二時中，並且其修養已具備君德，所以"見龍在田"；九三處上卦之極，時至而將盡，所以"至而動"、"盡而止"，《乾•文言》釋九三所謂"終日乾乾，與時偕行"。"時至而動"，"知至至之"也；"時盡而止"，"知終終之"也（《乾•文言》釋九三）。《艮•彖》"時止則止，時行則行"、《管子•勢》"未得天極，則隱於德；即得天極，則致其力"與此同。

2、"亦"猶"乃"、"以"（訓見《古書虛字集釋》），因爲。"日中"，爻已至三，在一卦之中；爻將繼續上進不停，猶日將繼續西行不止，所以說"日中而不止"。"時年"，蓋猶時光、時機。"淹"即《離騷》"日月忽其不淹兮"的"淹"，久留。此言時至而動，必須及時抓住時機竭力去成就事功，因爲日中而戻，大好時光不會永遠存在。

3、此釋爲"終日"爲"日中"、"乾乾"（鍵鍵）爲健行不息，所以這裏說"日中而不止……猶馳驅也……故曰君子終日鍵鍵（乾乾）"。

4、"置身"，安身、息身。

本章論《乾》卦九四。

原文（一二）

　　《易》曰：飛龍在天，利見大人。

　　孔子曰：此言 (1) □□□□□□□□□□□君子在上，則民被其利，賢者不離 (2)，故曰飛龍在天，利見大人。

【疏證】

1、此下缺十一個字，根據《乾·象》、《乾·文言》釋"飛龍在天"爲"大人造"、"大人與天地合德"、"聖人作"、"上治"、"位乎天德"，則此處所缺之字當與彼相類。

2、君子在上、民被其利、賢者不離（賢人輔弼，不離左右）等都是大人造、聖人作的結果，這即是《乾·文言》"本乎天者親上"之謂。

本章論《乾》卦九五。

原文（一三）

卦曰：見群龍無首，吉。

孔子曰：龍神威而精處 (1) □□□□□□□□□□□□□□用□□□□□首者 (2)，□□□□□□□□□□□□□□見君子□ (3) 吉也。

【疏證】

1、"精"同"靜"。"靜處"即無爲而而治的意思。《乾·文言》釋用九說"天下治也"、"乃見天則"，"天則"即《老子》"功遂身退"的"天道"。

2、此處足文當爲"用 九，見群龍無 首者"。

3、缺字當爲"之"。

本章論《乾》卦用九。

原文（一四）

卦曰：履霜，堅冰至。

孔子曰：此言天時譖，戒葆常也 (1)。歲 (2)……田產濕 (3)，以……乎？始于 (4)……之□□□□□□守之□□□□□□□□□□□德與天道始 (5)，必順五行，其孫貴而宗不滅 (6)。

【疏證】

1、"譖"當讀爲《坤·文言》釋初六"其所由來者漸矣"的"漸"（《列子·黃帝》《釋文》"潛或作漸"）。《易之義》釋"履霜堅冰至"說"君子見始弗逆，順而保□”。

2、“歲”後缺若干字，蓋本作“歲〔之義，成于西南……〕”（《易之義》“《易》曰：履霜堅冰至，子曰：遜從之謂也。歲之義，始于東北，成于西南……”）。

3、“田”，地。“產”，生。“濕”，陰濕。地生陰濕，蓋即《坤·象》“初六履霜，陰始凝也”。

4、此下缺若干字，準前引《易之義》釋“履霜堅冰至”文，“始于”下可補“東北”等。

5、“與”同“以”。“始”，本也。此言君子之德，以天道爲本。

6、懂得事物的積漸過程，慎積其德，就能夠使子孫繁衍顯貴、宗族長興不滅，這即是《坤·文言》釋初六的“積善之家，必有餘慶”。

本章論《坤》卦初六。

原文（一五）

卦曰：直方大，不習，無不利。

孔子曰：〔直者，言其〕……□也；方者，〔言其〕……〔也 〕大者，言其直或之容(1)□□□□□□□□□□□□□□□□□□□□□□□□無不□(2)，故曰無不利。

【疏證】

1、“或”讀作“又”（《老子》四章“而用之或不盈”，《文子·微明》引此文“或”作“又”。此二字同聲紐，韻部陰、入對轉）。“之”猶“有”（《古書虛字集釋》）。“直或之容”，是說正直而且又有容納精神。《書·君陳》“有容，德乃大”、《文子・上德》論《坤》卦說“地道方廣，聖人法之，德無不容”等與此近。

2、缺字似可補“容”字，《文子・上德》論《坤》卦也說“地承天，故定寧，地定寧，萬物形，地廣厚，萬物聚，定寧無不載，廣厚無不容”。

本章論《坤》卦六二。

原文（一六）

卦曰：含章，可貞。

〔孔子曰：□□□□□□□□□□□□□□□□□□□□□□□□□□含亦美，貞(1)之可也，亦□□□□□□□□□。

【疏證】

1、“貞”，守正，守持正道。

本章論《坤》卦六三。

原文（一七）

卦曰：□□□□□□□□□□□□□□□□□□□□□□之事矣。□□□□□□□□□□□□□□□□□□□□□□□□□□□□□□□□□□□者也。元，善之始也(1)。□□□□□□□□色之徒嗛(2)□□□□□□。

【疏證】

1、此"元"當即《坤》卦六五"黃裳元吉"的"元"。"始",首。六五居君位,故爲善首。

2、"色"釋"黃裳"之"黃",與"文在中也"(《坤》卦六五小象)、"美在其中"(《坤·文言》釋六五)的"文"、"美"同義,均指美德。"徒",類、人。"嗛",讀爲"謙"。這句的大概意思是:含有美德的人乃爲謙謙君子。《坤》卦六五"內其光,外其龍(寵),不以其白陽人之黑"(《易之義》釋《坤》卦六五),所以說"謙"。一章"名之曰君子謙,黃裳近之矣"與此同。

本章所引卦爻辭殘缺,但可以肯定是在論《坤》卦六五。

原文(一八)

卦曰:屯其膏,小貞吉,大貞凶。

孔子曰:屯……而上通其德,無□……小民家息以接衣(1)□□□□□□□□□□□□□屯輪之(2),其吉亦宜矣(3)。大貞□□□□□□□川流下而貨留□年穀(4)十□□□□□□□□□□□□□□□□□□□賃□財弗施則□(5)。

【疏證】

1、此處可句讀爲"小民家息,以接衣〔食〕"。"息",蓄養、繁育。"接",接續、供養。自此至"其吉亦宜矣"釋"小貞吉"。

2、"輪"同"經綸"之"綸"。"屯綸",屯蓄經治。

3、"其吉亦宜矣"即《繆和》釋《屯》卦"屯其膏,小貞吉,大貞凶"的

"其小之吉，不亦宜乎"。

4、"年"上之缺字可補作"積"，"年"下之字可讀爲"穀"（《左傳·莊公三十年》《釋文》"穀，《漢書》作穀"）。

5、"□財弗施則□"可足其文爲"□財弗施則凶"。

本章論《屯》卦九五，可參看《繆和》釋此卦此爻。

原文（一九）

卦曰：同人于野，亨，利涉大川。

孔子曰：此言大德之好遠也。□□□□□□□德，和同者眾，以濟大事，故曰利涉大川（1）。

【疏證】

1、鄭玄注《同人》卦卦辭說"……人君在上施政教，使天下之人和同而事之……風行無所不遍，遍則會通之德大行"，可與此參讀。

本章論《同人》卦卦辭。

原文（二十）

卦曰：同人于門，無咎。

孔子曰：□□□□□□□□□□而已矣，小德□□□（1）。

【疏證】

1、準上下文（上文"大德好遠也"、下文"此言其所同唯其室人而已"），此處足文似當作"〔此言其所同者唯其門人〕而已矣，小德〔好近也〕"。"門人"，一家之人。初九在最下，所以說"小"、說"近"。

本章論《同人》卦初九。

原文（二一）

卦曰：同人于宗，貞吝。

孔子曰：此言其所同唯其室人(1)而已，其所同……，故曰貞吝。

【疏證】

1、"室人"疑當作"宗人"，同宗之人。

本章論《同人》卦六二。

原文（二二）

卦曰：絞如委如，吉。

孔子曰：絞，日也；委，老也(1)。老日之□□□，故曰吉。

【疏證】

1、今本作"交如威如"，帛本"威"亦作"委"。"絞"讀作"皦日"之"皦"。《大有》卦上卦爲《離》日，所以說"皦，日也"。"委"訓爲"長"

（《文選·琴賦》注"委蛇，長貌"），"老"訓爲"久"；並爲長久之義。《大有》卦下卦爲《乾》，"乾爲老"（《大過》卦虞注）。日之長久，故曰吉。

本章論《大有》卦六五。

原文（二三）

卦曰：謙，亨，君子有終，吉 (1)。

孔子曰：□□□□□□□□□上《川》（坤）而下《根》（艮），《川》（坤）也 (2)；《根》（艮），精質也；君子之行也 (3)。□□□□□□□吉焉。吉，謙也；凶，驕也。天亂驕而成謙，地僻驕而實謙，鬼神禍〔驕而〕福謙，人惡驕而好謙 (4)。□□□□□□□□□□□□□□□□□好，美不伐也。夫不伐德者，君子也。其盈如□□□□□□□□□而再說 (5)，其有終也亦宜矣。

【疏證】

1、此引《謙》卦卦辭，今本、帛本無"吉"字。

2、此當作"《川》（坤），順也"（參《繆和》釋《謙》卦卦辭）。

3、"精"，精淳、精明。"素"，質樸。《艮》爲靜，又爲山，山亦主靜。"靜則精"（《管子·心術上》）、"寧則素，素則精"（《黃帝四經·經法·論》）。此言柔順、精淳而質樸乃爲君子之德行。帛本、簡本《艮》又作《根》，與《老子》"歸根曰靜"的思致一樣。

4、"亂"猶災難，言天道降災難於驕盈者而成就謙虛者。"僻"讀爲"辟"，除去，言地道除去驕盈者而充實謙虛者。原文"禍"下脫"〔驕而〕"

二字，今補，此言鬼神降禍於驕盈者而賜福於謙虛者。《謙·彖》"天道虧（《繆和》作"毀"）盈而益謙，地道變（《繆和》作"銷"）盈而流謙，鬼神害盈而福謙，人道惡盈而好謙"，《彖傳》、《繆和》皆不避漢惠帝劉盈諱。

5、"如"字下當缺"〔好下〕"等字（《繆和》論《謙》卦說"天之道崇高神明而好下"、"盛盈〔而好下〕"）。"而再說"即而後悅。"悅"是指因謙而快然自足之謂（《繆和》論《謙》卦說"夫務尊顯者，其心有不足者也"）。《謙》後接《豫》（"豫"，悅樂也，《說卦》"能謙必豫"），所以說"而後悅"。

本章論《謙》卦卦辭。上章和本章都是從上、下卦角度立說。

原文（二四）

卦曰：盱豫，悔。

孔子曰：此言鼓樂而不忘德也(1)。夫忘□□□□□□□□□□□□□□□□□□□□□□□□至者，其病亦至，不可辟（避），禍福成□□□□□□□□□□□□□□行，禍福畢至，知（智）者知之(2)，故廄客恐懼，日慬一日，猶有過行(3)。卒焉之□□□□□□□□□□□□。

【疏證】

1、"盱"，大。"豫"，樂。過分豫樂而放鬆警惕則有悔恨之事，所以孔子認為這是說作樂喜樂而不能忘記德行修養。此與《豫·象》"作樂崇德"相聯繫。

2、《繫辭下》論《豫》卦的"知幾其神乎"為此"智者知之"之所本。

3、"廄"，在此疑泛指舍、居（《廣雅·釋室》"廄，舍也"）。居客，家居不外出之人。"懻"爲"懼"字之形訛。"過",過失,此本於《豫•彖》"日月不過而四時不忒"之"過"。

本章論《豫》卦六三。

原文(二五)

卦曰:鳴鶴在陰,其子和之,我有好爵,與爾贏(靡)之(1)。

孔子曰:□□□□□□□□□□□□□□□其子隨之,通也(2);昌(倡)而和之,和也(3)。曰和同至矣。好爵者,言者(旨)酒也(4)。弗□□□□□曰□□□□□□□□□□□□□□□□之德。唯飲與食,絕甘分□(5)。

【疏證】

1、"贏"讀爲"靡",同爲哥部字。"靡",共、共用。

2、"通",交通、勾通。《繆和》論此卦此爻也說"歡欣交通"。

3、上"和"字謂應和,下"和"字謂和洽。

4、此釋爲"好爵"爲"旨酒",《繆和》釋爲"好爵"爲"爵祿",在《周易》本文中"爵"字兼此二義。

5、此處缺文似是"少"字。"絕甘分〔少〕"亦見於《漢書•司馬遷傳》("李陵素與士大夫絕甘分少,能得人死力"),謂爲數不多的甘美飲食自己不佔有而是分給別人。《繆和》論此卦此爻也說:"(君)欣焉而欲利之(施利給臣下)"、"(臣)以死力應之"。

本章論《中孚》卦九二。

原文（二六）

卦曰：密雲不雨，自我西郊，公射取彼在穴。

孔子曰：此言聖君之下舉乎山林(1)，拔取之中也(2)，故曰公射取彼在穴。□□□□□，故曰自我西郊。□□□□□□□□□□□□美，故曰利貞(3)。其占曰(4)：豐□□□□□□□□□□□□。

【疏證】

1、在上爲巢，在下爲穴，所以這裏說"下"。"舉"謂舉薦、選拔賢人。"乎"猶"于"。"山林"喻在野、在下層，在下之賢人當指六二。此猶堯舉舜於畎畝之中。

2、"中"，音"中的"之"中"，去聲，謂恰當、準確。

3、此爻爻辭無"利貞"，卦辭有"利貞"。

4、"其占曰"當是引前人之《易》說（二九章的"其占曰"也是這樣）。

本章論《小過》卦六五。

原文（二七）

卦曰：不恒其德，或承之憂（羞），貞吝。

孔子曰：此言小人知善而弗為，攻維而無止(1)，□□□□，故曰不恒其德。□□□□□□□□□□□□□□□□□也。飭行以後民者謂大寨(2)，遠人倡至謂(3)□□。

【疏證】

1、"善"即《恒•象》"雷風,《恒》;君子以立不易方"的"方"(正道)。"攻"猶"見善而弗爲"的"爲"(從事),即孔子"攻乎異端,斯害也已"的"攻"。"維",疑爲"雜"字之訛,謂異端。此言君子持守正道("立不易方"),小人則從事異端("攻雜")。

2、"飭行",端正己行。"後民",謙下待人。"寨"讀爲"塞",實也,實惠。正己後民謂之大惠也即《老子》七章的"聖人後其身而身先"之義。此句句義與《恒•象》"巽而動"相關聯。

3、"遠人倡至"(紛紛來歸)與《恒•彖》的"剛柔皆應"相關聯。

本章論《恒》卦九三。

原文(二八)

卦曰:公用射隼于高墉之上(1),無不利。

孔子曰:此言人君高志求賢,賢者在上(2),則因……用之,故曰……□□□□□。

【疏證】

1、《解》卦上六爻辭此下有"獲之"二字。

2、此以上六之"隼"爲"賢者",與小象以上六之"隼"爲悖逆不肖的解說迥異。

本章論《解》卦上六。

原文（二九）

　　卦曰：根其北，不獲其身；行其庭，不見其人 (1)。

　　孔子曰：根其北者，言□事也；不獲其身者，精□□□也 (2)。敬官任事，身□□者鮮矣 (3)。其占曰：能精能白，必為上客；能白能精，必為□ (4)。以精白𣥾 (5)，□□行其庭 (6)，不見其人。

【疏證】

　　1、“根其北”，今本《易經》作“艮其背”。此“根”借為“艮”，止。“北”可如字，指陰暗處。所謂止於陰暗處即《莊子・漁父》“處陰以休影”之義，所以說“不獲其身”（使別人不能見到他的形跡）。《二三子問》把這四句詮釋為無為之治，不著形跡。

　　2、從下文的“敬官任事”、“精白”來看，這幾句足文當作“艮其北者，言〔任〕事也；不獲其身者，精〔白敬官〕也”。“任事”，從事、從事於為官之事。“敬官”即從官，也是指從事於為官之事，與“任事”換文同義。“精白”，精妙質樸。此言止於陰處而不見其身影是說治事為官當精妙質樸，不著形跡。

　　3、此句足文當作“身〔不獲〕者鮮矣”。此言官治事而能做到不著形跡的太少了。

　　4、缺字疑為“君”。“上客”，上賓，指大臣、賢才。（《黃帝四經・稱》“霸者臣，名臣，其實賓也”）。

　　5、此字從長、從眾，蓋是為民眾君長之義（又或為“長眾”之合文），《黃帝四經・經法・道法》“至素至精，然後可以天下正”（“正”，長也）。

　　6、缺字當作“故曰”。

本章論《艮》卦卦辭，其解說乃老子道家旨趣。《艮》卦上九小象"敦艮之吉，以厚終也"（《老子‧一五章》"敦兮其若樸"，注"敦，質厚也"），本章的精白治事說與此相合。另外，二三章的"《艮》，精質也"與此亦相關。

原文（三十）

卦曰：艮其輔，言有序。

孔子曰：□言也⑴，吉凶之至也。必皆于言語擇善□□□□，擇利而言害⑵，塞人之美，陽人之惡⑶，可謂無德，其凶亦宜矣。君子慮之內，發之□□□□□□□□不言害，塞人之惡，陽人之美，可謂有序矣。

【疏證】

1、疑缺字為"此"，"也"字衍。這幾句疑當釋讀為"〔此〕言吉凶之至也，必皆〔階〕於言語"。《繫辭上》"亂之所生也，則言語以為階"即此之謂。

2、"言害"，出語傷人。

3、"塞"，掩。"陽"，張揚。

本章論《艮》卦六五。

原文（三一）

卦曰：豐，亨，王假之，勿自憂⑴，宜日中。

孔子曰：□□□也⑵。勿憂，用賢弗害也。日中而盛，用賢弗害，其亨亦宜矣。黃帝四輔，堯立三卿⑶，帝

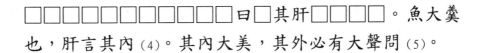

□□□□□□□□□□日□其肝□□□□。魚大羹
也，肝言其內（4）。其內大美，其外必有大聲問（5）。

【疏證】

1、"自"疑是"憂"字之訛衍，未塗掉，今本經文及下文均作"勿憂"，無"自"字。

2、此句疑作"（豐，日盛 ）也"。下文"日中而盛，用賢弗害"即是承此"（豐，日盛 ）也；勿憂，用賢弗害也"而說。此以日盛比君德，釋"勿憂 "為賢人勿憂，盛德之君將起用他而不加害之。

3、"四輔"，官名，古時天子之佐（《禮記·文王世子》"虞夏商周，有師保，有疑丞，設四輔及三公"）。"三卿 "，蓋即司徒、司馬、司空。《黃帝四經·十大經·果童》"黃帝問四輔"、《文子·自然》"昔堯之治天下也，舜為司徒，契為司馬，禹為司空"。

4、"內"下疑當有"也"字。此二句似可句讀為"魚，大羹也；肝，言其內 也」"。

5、"問"同"聞"。大聲聞，美好的聲譽。

本章論《豐》卦卦辭。

原文（三二）

卦曰：未濟，亨，小狐涉川幾濟，濡其尾，無攸利。

孔子曰：此言始易而終難也（1），小人之貞也。

【疏證】

1、今本經文作"未濟，亨，小狐汔濟，濡其尾，無攸利"。"汔"，幾乎、將要。"汔濟"（帛本"濟"作"涉"），將要渡過河岸、渡河將要成功。"濡其尾"，是說在渡河將成之際而浸濕其尾不再繼續前進；即所謂半途而廢、功虧一簣。《二三子問》與今本大致相同，讀"汔"爲"幾"（幾乎、將要），《韓詩外傳》引文相同。"濟"與"尾"爲脂、微協韻，帛本"濟"作"涉"，失韻（"涉"爲葉部字），當爲"濟"字之訛，亦或涉他本而誤，《史記•春申君傳》作"《易》曰：狐涉水，濡其尾。此言始之易終之難也"，此與《二三子問》相近（"水"與"川"形近，"水"、"尾"微部協韻，則《二三子問》之"川"蓋本當作"水"）。

本章論《未濟》卦卦辭。

《二三子問》論述了十七個卦的卦爻辭而尤重《乾》、《坤》，其始於《乾》、《坤》而終於《未濟》，與今本《易經》的卦序有合。只發揮卦爻辭之"德義"而不論卦象、卦名，與《繫辭上》九章及《繫辭下》五章相近。

《二三子問》無尾題，篇末不記字數，本篇題爲帛書整理者據篇首字擬定。

第 五 部 份
《易之義》疏證

原文（一）

　　子曰：《易》之義唯陰與陽，六畫而成章(1)。曲句焉柔，正直焉剛(2)。六剛無柔，是謂大剛，此天之義也(3)。□□□□□□□□□□□□□方。六柔無剛，此地之義也(4)。天地相衛（率）(5)，氣味相取(6)，陰陽流刑（形）(7)，剛柔成□(8)。萬物莫不欲長生而惡死，會心者而以作《易》，和之至也。

【疏證】

　　1、“章”指《易》卦的文理。《說卦》作“六位而成章”，《集解》本亦作“六畫”。

　　2、“句”同“勾”。“焉”，乃。

　　3、“大剛”，純剛。“天”，《乾》。

　　4、“地”，《坤》。“剛”下省“是謂大柔”（純柔、純陰）。

　　5、此字釋爲從行、率聲之字，讀爲“率”，用也（《詩·思文》毛傳）。言天地相互爲用（或“率”訓爲牽連、聯繫，言天地相互聯繫）。

　　6、此句言陰陽之氣相互取用。

　　7、“刑”同“形”，象。此言陰陽流通而成物象、陰陽爻錯綜而成卦象。

　　8、缺字似可補“卦”（“成卦”即《說卦》“六畫而成卦”）或“文”（即《繫辭》“遂成天地之文”）。此言剛位、柔位的變換而組成不同的《易》卦（或形成不同的卦理）。

　　《易之義》不以墨點分章（僅有兩處墨點），此與《二三子問》顯異。爲理解方便，茲據文意而大致分爲若干章。本章論《易》之作唯在陰陽（此與《莊子》"《易》以道陰陽"、《黄帝四經·稱》"凡論必以陰陽〔明〕大義……諸陽者法天……諸陰者法地"、《繫辭上》"陰陽之義配日月"相聯繫),以陰陽之和爲其大歸。其中的"長生惡死"與道家的"長生久視"應有聯繫。認爲《易》理的陰陽之和與作《易》者迎合"萬物莫不欲長生而惡死"相關聯,這倒是滿有新意的。

原文(二)

是故《鍵》(乾)□□□□□□□□□□□□□□□□□□□□□義沾下就,地之道也(1)。用六坎也,用九盈也(2)。盈而剛,故《易》曰:直方大,不習,吉也;因不習而備,故《易》曰:見群龍無首,吉也(3)。

【疏證】

1、此處的文字應是"是故《鍵》(乾)……〔天之道也〕《川》(坤)……義沾下就,地之道也",合論乾、坤之德。"義",善也。"沾",沾溉。"下就",就下、處下。這裏所說的川水坤土沾溉容載萬物而處下不爭,仍然可見川水與坤土的内在聯繫(《淮南·原道》"土處下,不在高;水下流,不爭先")。

2、"坎",虛。《坤》卦用六之"以大終"(《坤》卦用六小象語。"大"指陽、實),是因爲《坤》陰至用六盈極而虛。同樣,《乾》卦用九之"群龍無首",是因爲《乾》陽過於盈盛。

3、這幾句是緊承一章而說乾坤、陰陽相互爲用的道理。"備",充裕,《黄帝四經》"地俗(裕)德以靜"、"允地廣裕"即此"不習而備"。盈滿堅強者難以持久(《乾·象》"亢龍有悔,盈不可久也"),故濟之以地道之安靜不習;安靜而充裕,所以有天下之治(《乾·文言》釋"群龍無首"說"上治也"、"天下治也")。

本章合論《乾》、《坤》，與《二三子問》開篇之《乾》、《坤》合論同；而強調二者的相互用，這是很精到的。

原文（三）

是故《乾》者，得□□□□□□□□□□□□□□□□□□□□□□□□畏也（1）。《容》（訟）者，得之疑也（2）。《師》者，得之裁也（3）。《比》者，得鮮也（4）。《小畜》者，得之未□也（5）。《履》者，垂（6）之□行也。《益》者，上下交也（7）。《否》者，陰陽奸矣（8）。下多陰而紓□□□□□□□□□□□□□□□□□□□□□□而周，所以人背也（9）。

【疏證】

1、下文是按照今本卦序依次論述訟、師、比、小畜、履、泰、否等七個卦的性質，所以此處足文當是"是故《乾》者，得〔之剛；《坤》者，得柔；《屯》者，得×；《蒙》者，得×；《屯》者，得×；《需》者，得〕畏也"。"得"，讀爲"德"。此與後文之"三陳九德"略同，區別是彼處作"德"（作德行、修養德行講）而此處作"得"（作特點、性質講），這是很耐人尋味的。參照後文"是故天之義剛健動發而不息，其吉保功也……地之義柔弱沈靜不動，其吉保安也"，則此處的"是故《乾》者，得〔之剛；《坤》者，得柔〕"謂《乾》、《坤》之性質是剛健動發和柔弱沈靜。"《需》者，得〕畏也"是說《需》卦的特點是敬畏。《需》卦是"險在前"而須待"敬慎"，所以這裏說《需》卦表現爲敬畏。

2、《訟》卦卦辭說"有孚窒惕中吉"，《象傳》說"作事謀始"，都是講處《訟》之時戒備疑慮的重要性，所以此處說《訟》卦的性質在於疑慮。

235

3、"栽"同"載",容載。《象傳》說"地中有水,《師》;君子以容民畜眾",《師》卦是上《坤》地、下《坎》水,《集解》引陸績說"坤中眾者,莫過于水",所以此處說《師》卦的特點是善於容載。

4、"鮮",善、親善。"比"字本象二人相親比,《彖傳》說"上下應"、《象傳》說"親諸侯",所以此處說《比》卦的性質是相互親善。

5、"未"下所缺之字或是"成"字。《象傳》釋《小畜》卦說"自我西郊,施未行也","行",成也。這是說《小畜》卦表現的是做事尚未成功。

6、此字從言垂聲,蓋借為"揣",《說文》"揣,量也。一曰捶之"。此句可釋為"《履》者,揣之〔以〕行",謂《履》卦是講人在行為上要有所慮度思量。因為《履》卦是"履虎尾"、"柔履剛",所以要度量其行。

7、從論述的卦序上看,此"益"字當是"泰"字之訛,《泰·彖》說"上下交而其志同"。《益·彖》說"自上下下,其道大光"、《繫辭下》論《益》卦時說"定其交而後求"、"無交而求則民不與",也有關於上下交的論述,這可能是"泰"訛為"益"的原因。

8、"奸"是亂的意思。《彖傳》、《象傳》釋《否》卦說"天地不交",謂陰陽悖亂;《文子·上德》釋《否》卦說"天氣不下,地氣不上,陰陽不通"。

9、這一段話似乎仍然在補充論述《否》卦。《否》卦下《坤》三陰密比,所以說"下多陰而附"。下猶內,陰謂小人,"紵"字蓋讀為"親附"之"附"(《呂氏春秋·孟秋紀》"付牆垣",《禮記·月令》作"不牆垣")。朝內小人眾多而相親附即《否·彖》的"內小人"、"小人道長"。"周"蓋即小人比周之義(《黃帝四經·經法·亡論》"左右比周以壅塞"、《荀子·臣道》"朋黨比周"、《韓非子·孤憤》"朋黨比周以蔽主")。"人",蓋謂賢人、君子。"背",背離而去。

本章按今本卦序自《乾》至《否》依次論述十二個卦的卦德,與後文(及《繫辭下》)"三陳九德"中"一陳"(如"《履》,德之基也")的形式相近,區別是此處的"德"作"得"而彼處如字,此處"得"讀為"德"訓為性質而彼處則訓爲道德、修德。

原文（四）

《無妄》之卦，有罪而死，無功而賞，所以嗇，故□(1)。
《□》之卦，歸而强士諍也(2)。《需》〔之卦〕□□□
□□□□知未騰勝也(3)。《訟》失諸□□□□□□□□
□□□□□□□□□□□遠也(4)。《大有》之卦，遜位也
(5)。《大壯》，小動而大隨，□□□也(6)。《大畜》，兌
而誨也(7)。《隨》之卦，相而能戒也(8)。□□□□□□
□□□□□無爭而後(9)。

【疏證】

1、“有罪而死”疑當作“有罪不死”。“嗇”當作“吝”。“故”下所缺之字可能是“災”。“有罪不死，無功而賞，所以吝，故災”與《無妄》卦辭“匪正有眚”、《雜卦》“《無妄》，災也”相合。

2、所缺卦名當是“《蠱》”。“歸”疑讀爲“規”，規正。“强士”，剛直之士。“諍”，勸諫。此言《蠱》卦是講爲了規正君上的行爲而剛直之士進行勸諫，這與《蠱》卦初六小象“乾父之蠱，意承（正）考也”、《雜卦》“《蠱》則飭（正）也”有合。

3、《需》卦之“需”同“須”，是疑懼而有所待之義。“知未騰勝也”可有兩解。一解：“知”，知見。“騰”猶“稱”。“勝”，任也。這是說《需》卦是講人的知見不稱其任。二解：“知”，智慧。“騰”謂張揚、標舉。“勝”，强盛。這是說《需》卦是講內有智慧而不張揚其强。

4、《大有》卦前面一卦是《同人》卦，而且《二三子問》論《同人》卦時

也說"此言大德之好遠也",所以此處的"遠也"可能是在論《同人》卦。

5、《乾》爲君而在《大有》卦中處下位,陰五居尊位(即《大有·彖》所說"柔得尊位而大中"),所以說"遜位也"。

6、《大壯》初九說"壯于趾",初爲小而勇壯行動,所以說"小動";上六說"羝羊觸藩",上爲大卻隨初爻之壯動而觸藩,所以說"大隨"。缺字似可補"爲〔故不祥〕也"(上六小象"不能退,不能遂,不祥也")。以大隨小、上不能制下,所以不祥。

7、"兌",喜悅。"誨",訓爲誨。《大畜·彖》說"其德剛上而尙賢"、六四、六五小象說"六四元吉,有喜也"、"六五之吉,有慶也",所以"兌"應該是指賢人喜悅。六四、六五爻辭說"童牛之牿"、"豶豕之牙"、《大畜·彖》說"能止健",所以"誨"似指強健小人得到訓誨。

8、"相",觀察抉擇(《說文》"相,省視也"、《周禮·犬人》注"相謂視擇知其善惡")。"戒",自我遜戒。《隨》卦的卦辭"官有渝,出門交有功"、《彖傳》"剛來而下柔"、"隨時之義大矣哉"、《象傳》"澤中有雷,《隨》;君子以向晦入宴息"、"系小子,弗兼與也"、"系丈夫,志捨下也",似皆有觀察抉擇而自我遜戒之義。

9、"無爭而後"當是論《謙》卦。《繆和》也有《謙》德"好後"之說。

本章論述了十個卦,其論述形式近似後文(及《繫辭下》)"三陳九德"中的"二陳"(如"《履》和而至"),皆以"而"字連接,但十二個卦的前後次序卻與今本、帛本都不同。

原文(五)

……者,得……說,和說而知畏(1)。《謹》(艮)者,得之代刑也(2)。《家人》者,得處也(3)。《井》者,得之徹也(4)。《垢》(姤)者,□□□□□□□□□□□□

□□□□□□□也。《豐》者，得……之卦，草木……而從于不壹 (5)。《垢》（姤）之卦，足而知餘 (6)。《林》（臨）之卦，自誰（推）不先瞿（懼）(7)。《觀》之卦，盈而能乎（虛）(8)。《齋》（晉）之卦 (9)，善近而□□□□□□□□□□□□□其……絕誘也。……乎□□□□□□□忠身失量，故曰慎而侍（待）也 (10)。《噬嗑》紫紀 (11)。《恒》言不已 (12)。《訟》獄凶得也 (13)。勞之 (14)……易……者……行也。

【疏證】

1、此所論述疑爲《履》卦。"得"同"德"，性質。"說"同"悅"。《履·象》說"說（悅）而應乎乾"、後文（及《繫辭下》）"三陳九德"也說"《履》和（和悅）而至"、"《履》以行和"，所以此處說《履》卦的性質是和悅；《履》卦九四又說"履虎尾，朔朔（畏懼之義）終吉"，所以此處又說《履》卦的性質是"知畏"。

2、"代"訓爲"止"，息止（《素問·三部九候論》注"代，止也"）。"刑"字當爲"刑"之異體，同"形"。這是說《艮》卦的性質是息止形跡。此與《二三子問》論《艮》卦相近。

3、"處"，謂父子、兄弟、夫婦和睦相處。此與《雜卦》"《家人》，內也"相近（"內"也是相親相得之義）。

4、"徹"，通也，通暢、變通。此與《雜卦》"《井》，通"全同。

5、"壹"蓋讀爲"殪"，訓爲死、訓爲殺。《豐》卦講囚犯遇赦之事，所以說"不死"。

6、"餘"同"餘"，過度。《姤》卦一陰在下，五陽在上，陽氣過盛也會有失，後文論此卦上九時就說"剛之失也"，所以此處說在充足之時要懂得防止過盛。

7、"推"，蓋謂推行教化，這與《臨·象》"君子以教思無窮"相合，《雜卦》說"《臨》、《觀》之義，或與或求"，"與"也是指施與教化。"懼"，蓋謂以刑罰懼民（使民畏懼）。此謂以推行教化爲先而不以刑罰懼民爲先。

8、"盈而能虛"當就《觀》卦六三而說，六三小象說"觀我生進退，未失道也"，六三處下卦之上、《坤》之極，陰氣滿盛，而能知進知退，所以說"盈而能虛"。

9、此字從"齊"聲，與"晉"字古常互作。《二三子問》論《晉》卦卦辭"康侯用錫馬蕃庶，晝日三接" 爲聖王安世而禮待三公，則下文的"善近……"可能是善於親近下屬的意思。

10、此處似是在論《漸》卦。"忠"同"中"，亦指"身"（《國語·楚語》注）。"量"，審度。"待"，戒備（《國語·晉語》注"待，備也"）。此當是就《漸》卦九三而說。九三說"夫征不復，婦孕不育，凶，利禦寇"，《易之義》認爲九三的失誤是因爲自身失審（後文論述此卦此爻時也說"陰之失也"），所以《漸》卦是告戒人們當有所備禦。

11、"紫"字從"糸"，當有束縛之義。"紀"，法紀。《噬嗑》卦講人因行爲有失而受到法律懲處，《噬嗑·象》也說"先王以明罰敕法"，所以此處說《噬嗑》卦是講人的行要約束以法紀。

12、此處的"《恒》言不已"與《恒·象》的"天地之道，恒久而不已"完全相同。這是說《恒》卦體現著恒久之道。

13、"獄"，獄訟。這是說《訟》卦體現的是獄訟最終會有凶事，即《訟》卦卦辭所說的"終凶"。

14、此處的"勞之"可能是論《坎》卦（《說卦》"《坎》者，勞卦也"），也可能是錯簡。

本章論述了十餘個卦，其論說形式有與前兩章相重者，前後次序與今本、帛本也不同。

原文（六）

《損》以⋯⋯也⁽¹⁾。《大壯》以卑陰也⁽²⁾。《歸妹》以正女也⁽³⁾。《既濟》者，亨餘比貧⋯⋯而知路，凡⋯⋯埣也。

【疏證】

1、後文的“三陳九德”作“《損》以遠害也”。

2、《大壯》卦四陽爻居二陰爻之下、陽居二而六居五，所以此處說《大壯》卦是陽剛卑伏於陰柔之下；九三爻辭說“君子用罔”、大象說“君子以非禮弗履”、《雜卦》說“《大壯》則止”，都含有收斂陽剛的意思。

3、《歸妹》卦的彖、象傳講“位不當也”、“柔乘剛也”的女行之不正和“以恒也”、“相承也”、“未變常也”、“有待而行也”、“其位在中”的女行之正，總之是講正定規範女子行爲的，所以此處說《歸妹》卦是講正定女子的行爲。

本章論述形式與後文“三陳九德”的“三陳”相同（如“《履》以和行也”），前後次序也與今本、帛本不同。

原文（七）

子曰：⋯⋯□禁□也。

子曰：⋯⋯既窮□而⋯⋯晉如秋（愁）如⁽¹⁾，所以辟（避）怒⁽²⁾⋯⋯□□□□不事王侯⁽³⁾，□□之謂也。

不求則不足以難 (4) ……，《易》曰：……。……□□□□則危，親傷〔則〕□ (5)，《易》曰：何校則凶，屨（屨）校則吉 (6)，此之謂也。

【疏證】

1、此引《晉》卦六二爻辭，前當有"《易》曰："。"晉"，進也。"秋"（今本作"愁"）當讀作"揫"，斂抑（《禮記•鄉飲酒義》鄭注"愁讀爲揫，斂也"）。

2、"辟怒"猶制怒。前進斂抑得宜，所以制其冒進使氣。

3、此引《蠱》卦上九爻辭，前當有"《易》曰："。《蠱》卦上九"不事王侯，高尚其事"，小象說"志可則也"，都是稱許其選擇之明智，所以下句的意思大概是"〔明智〕之謂也"。

4、此句上省"子曰："。這句的意思是無所求取就不會有禍難。下面的"《易》曰："應是證明這句話的。

5、這兩句話是"子曰："的內容，後面引《易》也應是證明這兩句話的。"親"疑借爲"身"。

6、此引《噬嗑》卦上九和初九爻辭。上九說"何校滅耳，凶"、初九說"屨校滅趾，無咎"。"何校"、"屨校"分別爲"何校滅耳"、"屨校滅趾"的省文。"何"同"荷"，"校"，木制刑具。"荷校"，肩披刑具。"滅耳"，割耳，預兆殺身之禍。"屨校"，腳戴刑具。屨校滅趾喻小懲知戒，故吉；荷校滅耳喻怙惡不悛以致將有殺身之禍，故凶。

本章論述了《晉》、《蠱》、《噬嗑》等卦，大體是"子曰：……《易》曰：……"的論述形式，即以"《易》曰："證"子曰："。

原文（八）

子曰：五行□□□□□□□□□□□□用，不可學者也，唯其人而已矣 (1)。然其利□□□□□□□□□□□□□□□□贊于神明而生占也 (2)，參天雨地而義數也 (3)，觀變于陰陽而立卦也，發揮于剛柔而生爻也 (4)，和順于道德而理于義也，窮理盡生（性）而至于命〔也〕(5)。〔聖人作《易》，將以順性命之〕理也 (6)。是故立天之道曰陰與陽，立地之道曰柔與剛，立人之道曰仁與義 (7)。兼三財（才）兩之，六畫而成卦；分陰分陽，迭用柔剛，故《易》六畫而為章也 (8)。天地定位，山澤通氣，火水相射，雷風相薄，八卦相錯 (9)。數往者順，知來者逆，故《易》達數也 (10)。

【疏證】

1、這兩句的意思與《繫辭上》十二章“神而明之存乎其人”相近。

2、自此本章結尾文字與《說卦》一、二、三章相重。“幽”，深。“贊”通“闡”（《繫辭下》“微顯闡幽”，“闡”《易之義》作“贊”），明（《要》“幽贊而達乎數，明數而達乎德”，“贊”與“明”對舉，正用“闡”）。“神明”，宇宙神奇作用和現象。“生占”，創立用蓍草占筮之法。今本作“生蓍”，義同。又“贊”可訓為助。“幽贊于神明”謂暗得神明之助。

3、參天雨地而義數：

“雨”為“兩”字之訛（今本作“兩”）。“參兩”猶言考察度量。“天地”，指天奇數，地偶數。古人認為天圓地方，圓周上找不到對稱點，所以其數皆奇；方形上任何一點中分後都有對稱點，所以其數皆偶（如天空日做圓周運動而在大地上形成的春分秋分、夏至多至的分至點等）。

　　“義”，即“議”，論定。“議數”，論定奇偶之數。《說卦》作“倚”，立，確立（虞翻說）。兩通。

　　4、觀變于陰陽而立卦也，發揮于剛柔而生爻也：

　　“變”與“辨”通。“觀辨”即觀察辨別。自然現象有陰有陽，天陽地陰，天之陽，雷、雨、山（山之高可與天接），地之陰，風、火、澤。由陰陽現象而確立乾震坎艮與坤巽離兌兩類卦象。客觀物性有剛有柔，通過對客觀事物剛柔之性的理解和發揮而創造了組成卦象的剛柔爻畫。

　　5、和順于道德而理于義也，窮理盡性而至于命也：

　　“道”，宇宙規律。“德”，宇宙現象，即宇宙規律的具體體現。“理”，統理、統一。

　　“義”，宜，合宜。這是說聖人順和于宇宙規律和現象而創造了《易》，並使《周易》與宇宙規律及現象統一於合宜的狀態中。

　　“理”，事理。

　　“性”，物性。

　　“命”，自然與人類的終極命運。

　　“和順于道德而理于義”講《易》之生，“窮極盡性以至于命”講《易》之用。《要》篇起首也有“……至命者也”，與此有聯繫。

　　6、“〔聖〕人作《易》，將以順性命之〔理也〕”：

　　方括號內的文字爲筆者據《說卦》補。“性”，先天之本性。“命”，發展之命運。人類及天地的飛潛動植皆有其性有其命，因此“性命”在這裏統指宇宙萬物。“理”，規則、規律性。

　　7、是故立天之道曰陰與陽，立地之道曰柔與剛，立人之道曰仁與義：宇宙萬物之性不外乎兩類，析而言之，天道有陰與陽，如月與日；地道有柔與剛，如木與金；人道有仁與義，如賞與罰。

8、兼三才兩之，故《易》六畫而成卦；分陰分陽，迭用柔剛，故《易》六畫而爲章也：宇宙有三道（天地人），每道分兩類（陰陽、柔剛、仁義），《易》取象之，故 "兼三才〔而〕兩之"。組成六十四別卦的六畫具備了，再分別把不同的陰陽爻性交錯施之於不同的柔位剛位上，這樣六個不同的爻位就可形成各卦以表現天文、地文、人文（即宇宙現象和規律）。"章"，文理，即天地人的道理、規律。"六畫而爲章也"《說卦》作 "六位而成章"，意思相同。

9、天地定位，山澤通氣，火水相射，雷風相薄，八卦相錯：

前四句文字次序《說卦》作 "天地定位，山澤通氣，雷風相薄，水火不相射"，當從《易之義》（ "火水"當作 "水火"）。

"天地"即《乾》、《坤》。天地確定了高下的位置，此即老子 "高下相呈"（ "盈"、 "傾"均讀爲 "呈現"之 "呈"）。

"山澤"即《艮》、《兌》。山氣澤氣相互溝通，亦 "高下相呈"之意。

"雷風"即《震》、《巽》。

"薄"，迫，義猶接觸。

雷聲與風聲相互應和接觸，即《老子》 "音聲相和"之意。

"水火"即《坎》、《離》。

"射"，激射、往來。

水與火相消相長，即《莊子·則陽》 "陰陽相照，相治相害"之意。

"八卦"，指八經卦所象徵之天地、山澤、水火、雷風八種物象。

"相錯"，相互交錯聯繫。

八種物象構成四對範疇，象徵宇宙萬物皆存在著對立統一的關係。

10、數往者順，知來者逆，故《易》達數也：

"數"，筮、筮知。"順"，是指六子卦序由少至長順數下去；"逆"，是指六子卦序由長至少逆推上來。"數往者順"即本章山澤（艮兌）、水火（坎離）、雷風（震巽）的卦序，此與帛書《易經》卦序一致。

"知來者逆"，即下章雷風（震巽）、雨日（坎離）、艮兌的卦序。

"達數"即《要》篇"幽贊而達乎數，明數而達乎德"的"達數"，指通達蓍數。但此處是講卦序問題，所以"達數"可能應從《說卦》作"逆數"。《周易》的主要功能是占知來事，所以此處說《周易》的六子卦序大多是逆數的。

本章論《周易》的創作、六爻的象徵及六子卦序，文字與《說卦》前三章重合，《要》篇的有些詞句又與《易之義》略同，這兩篇都以"子曰："領起，這點與《說卦》有異。另外，這段文字與前後文不甚銜接，與前後文的論說形式差異亦很大。這一點與十四章的情形相類。

原文（九）

子曰：萬物之義，不剛則不能動，不動則無功，恒動而弗中則□(1)，此剛之失也。不柔則不靜，不靜則不安，久靜不動則沈(2)，此柔之失也。是故《乾》之亢龍，《壯》之觸藩，《句》（姤）之離角，《鼎》之折足，《豐》之虛盈，五繇者，剛之失也，動而不能靜者也(3)。《坤》之牝馬，《小畜》之密雲，《句》（姤）之蹢躅，《漸》之孕婦，《屯》之泣血，五繇者，陰之失也，靜而不能動者也(4)。是故天之義剛健動發而不息，其吉保功也；無柔救之(5)，不死必亡；重陽者亡，故火不吉也(6)。地之義柔弱沈靜不動，其吉保安也；無剛〔救〕之，則窮賤遺亡(7)；重陰者沈，故水不吉也。故武之義保功而恒死，文之義保安而恒窮。是故柔而不狂（枉），然後文而能勝也(8)；剛而不折，然後武而能安也。《易》曰：直方大，不習，吉，□□□之屯于文武也(9)。此《易贊》也(10)。

【疏證】

1、"中"，適中，謂有動有靜、動靜適宜。據下文"久靜不動則沈"、"重陽者亡，重陰者沈"，此缺字當作"亡"。

2、"沈"，沒、滅，與"亡"同義。

3、《乾•文言》釋上九"亢龍有悔"說"窮之災也"、"知進而不知退"，是其失之剛動而不能靜。《大壯》九三說"羝羊觸藩，羸其角"、上六說"羝羊觸藩，不能退，不能遂，無攸利"，九三爲下卦《乾》剛之極、上六爲《大壯》之極，壯極當止（《雜卦》"《大壯》則止"），而《大壯》上卦爲《震》、震爲動，上六動之極而仍蠻動觸藩，所以說其失在於剛動而不能靜。《姤》卦上九說"姤其角，吝"，"姤"可讀爲"鉤"，言其角被住、被纏住；"離"也是附著、糾纏之義。上九本卦之極、又是上卦《乾》剛之極，所以說其吝失也在於剛動而不能靜。《鼎》卦九四說"鼎折足"，足之折在於過剛，四互三、二爲《乾》，《乾》屬動，所以折足之凶亦在於剛動而不能靜。《豐•彖》說"天地盈虛，與時消息"、《豐》卦上六爻辭說"豐其屋，蔀其家，闚其戶，闃其無人，三歲不覿，凶"，上六爲卦之極、又爲動之極（《豐》卦上卦爲《震》動），本應及時虛靜、與時消息，反而剛動不已、逞其盈滿，故凶。"繇"，本指卦爻辭。但本章的"《豐》之虛盈"則一方面是對上六爻義的概括，同時也包括《彖傳》的"天地盈虛"，因此，可能所謂"繇"，一方面作動詞講指宣讀卦爻辭及解釋卦爻辭的文字（如《左傳•僖公十五年》），另一方面作名詞講則在秦漢時不但指卦爻辭而且也包括《易傳》。按：以上五卦論"剛之失"，其中四卦都是就上爻及單卦的剛卦（即陽卦）起義，僅《鼎》卦除外（《鼎》卦是上《離》下《巽》，兩個單卦都是陰卦，"折足"之九四亦非上爻；不過九四互三、二爲爲《乾》、亦居《乾》剛之極）。

4、《坤》卦卦辭說"元亨，利牝馬之貞"、《坤·象》說"牝馬地類，行地無疆，柔順利貞"、《坤·文言》說"坤至柔而動也剛，至靜而德方……承天而時（是）行"，對"牝馬"皆無異詞（《易經》"牝"字兩見，皆或言"利"或言"吉"，如《離》卦卦辭"畜牝牛吉"），此言《坤》卦"牝馬"靜而不能動的陰之失大概是認為它過於被動、過分安靜（即"承天是行"的"至靜"）。《小畜》卦卦辭說"密雲不雨，自我西郊"、《小畜·象》說"密雲不雨，尚往也；自我西郊，施未行也"，可能《易之義》認為"尚往"是貴在行動的意思，《乾》卦剛動，故"雲行雨施"（《乾·象》），《小畜》由於過於安靜，所以有密雲不雨的陰之失。《姤》卦初六"有攸往，見凶，羸豕孚蹢躅"，《釋文》"滴躅，不靜也"，符合經義；《易之義》則把"蹢躅"理解為靜而不動（《禮記·三年問》注"蹢躅，不行也"）。《漸》卦九三說"婦孕不育，凶"，《漸》卦下卦為《艮》止，九三為靜止之極，所以《易之義》認為其失在於過於靜。《屯》卦上六說"乘馬班如，泣血漣如"，"屯"本有"止"義，卦至上六，仍然徘徊不進（"乘馬班如"），所以有泣血之凶。

5、"救"，輔助。

6、《黃帝四經·十大經·觀》中也有"重陽"、"重陰"之辭例，與此處及下文的"重陽"、"重陰"宜同，謂陽氣、陰氣過重。南方為火，火性炎上，與陽同類；反之，北方為水，水性潤下，與陰同類。

7、"遺亡"謂流於死亡（或即《離》卦的"死如，棄如"）。

8、"枉"，邪曲。"能勝"，謂能有勝功。

9、此引《坤》卦六二爻辭。缺字似可補為"此言吉"。"屯"義猶"處"。正直、端方、宏大乃陽之性，《坤》柔而能濟之以陽剛，所以說吉祥是處於文武之間的。

10、"贊"，輔助。從《鄭司農集》所收之《易贊》看，著錄中所載之《易贊》是輔助理解《周易》經、傳的文字，此亦與《易之義》所謂的《易贊》相合。

本章論靜動、剛柔、陰陽、文武之相輔相成。

原文（十）

子曰：《乾》，六剛能方(1)，湯武之德也。潛龍勿用者，匿也(2)。見龍在田也者，德也(3)。君子終日乾乾，用也(4)。夕惕若屬，無咎，息也。或躍在淵，陰而能靜也。飛龍在天，□而上也(5)。亢龍有悔，高而爭也(6)。群龍無首，文而聖也(7)。《坤》，六柔相從順，文之至也(8)。君子先迷後得主，學人之謂也(9)。東北喪朋，西南得朋，求賢也。履霜堅冰至，豫□□也(10)。直方大，不習，吉，□□□也。含章可貞，言美請（情）也。括囊無咎，語無聲也(11)。黃裳元吉，有而弗發也(12)。龍戰于野，文而能達也(13)。或從王事，無成有終，學而能發也(14)。《易》曰：何校，剛而折也(15)。鳴謙也者，柔而□也(16)。《遯》之黃牛，文而知勝矣(17)。《渙》之緣（彖）辭，武而知安矣(18)。《坤》之至德，柔而反于方(19)；《乾》之至德，剛而能讓(20)。此《乾》、《坤》之參說也(21)。

【疏證】

1、"能"，而。"方"，正直。"剛方"猶《乾•文言》的"剛健中正"。

2、"匿"即《乾•文言》釋初九"潛龍勿用"的"隱"（"龍德而隱者也"、"隱而未見"）。

3、"德"指具有君主的品德，即《乾•文言》的"見龍在田，利見大人，君德也"。

4、"用"，施用於世，即《乾·文言》的"終日乾乾，行事也"。

5、缺字似可補"達"字（下文說"夫龍，下居而上達"、釋"飛龍在天"說"齊明而達"），言通達在上。

6、此與後文釋用九的"讓善"相對。無德而高高在上，故有權位之爭。

7、"文"謂謙退，"聖"謂無爲，後文釋"群龍無首"爲"讓善"即此。"文而能聖"即《乾·文言》"其唯聖人乎，知進退存亡而不失其正者"。

8、《坤·彖》"柔順利貞"、《說卦》"《坤》爲文"即此"六柔相從順，文之至也"。

9、此與《坤·文言》"後得主而有常"句讀同。此句說賢人求主，下句說主求賢人；此句猶曹詩"烏鵲南飛"，下句猶曹詩"越陌度阡"。

10、"豫"，預先。此句是"豫爲備（戒備）也"的意思，即《坤·文言》釋此句所說的"其所由來者漸矣，由辯之不早辯也"。

11、此與《易之義》"此言箴（緘）小人之口也"同。

12、此謂內有美德而不外發。此與六五小象"黃裳元吉，文在中也"一致，與《坤·文言》釋六五"發于事業，美之至也"則有異。

13、此"文"即《二三子問》釋"龍戰于野，其血玄黃"的"見文也"的"文"，"達"，通，即"《易》窮則變，變則通"。

14、此句當在"言美情也"之下，後文也是"含章可貞"與"或從王事"依次論述。"學而能發"即六三小象的"知光大"。

15、《噬嗑》上九說"何校滅耳，凶"，陽剛處一卦之極，不思退止，故有"滅耳"、"剛折"之凶。

16、《謙》卦六二說"鳴謙，貞吉"。六二柔爻處柔位，又居中謙柔，所以說因柔獲吉。缺字可補"吉"字。

17、《遯》卦六二"執之用黃牛之革，莫之勝說"。"黃"者，"文"也，又六二柔爻居柔位，所以此處的 "文" 謂文柔。"知" 猶 "能"。此言六二雖文柔卻能勝過別人。

18、此《渙》"當作"《巽》"，後文 "三陳九德" 中 "巽" 即訛作 "渙"。"彖辭"，卦爻辭，在此指爻辭。《巽》卦初六爻辭說 "進退，利武人之貞"，謂勇武之人欲進而退之，所以此處說剛武而能保安。

19、"反" 同 "返"。《坤》卦用六說 "利永貞"，小象說 "用六永貞，以大終也"，"大" 指 "陽"，"方" 即前文 "《乾》六剛能方" 的 "方"。此言《坤》柔至極而能返於陽剛之正直。

20、《乾》卦用九說 "見群龍無首，吉"，小象說 "天德不可爲首"，謂《乾》剛至極而能遜退辭讓（即後文的 "讓善"）。

21、"參"，參互交錯。陰陽交錯，剛柔相易，此爲《周易》的特點，也是《易之義》說《易》的特點。

本章主要論述《乾》、《坤》兩卦而兼論《噬嗑》、《謙》、《豚》、《巽》等卦，承上章從陰陽、剛柔、文武角度立說而尤重其轉化之理。

原文（十一）

　　子曰：《易》之用也，殷之無道，周之盛德也(1)。恐以守功，敬以承事，知（智）以避患(2)，□□□□□□□□文王之危知，史說之數書，孰能辩焉(3)？

【疏證】

1、今本《繫辭下》十一章的 "《易》之興也，其當殷之末世，周之盛德耶，當文王與紂之事耶，是故其辭危，危者使平，易者使傾" 及《要》篇 "故《易》剛者使知瞿（懼），柔者使知剛……文王仁，不得其志以成其慮，紂乃無道，文王作，諱而避咎，然後《易》始興也"與本段文字有聯繫。這幾句文字是說《周易》是在殷朝末世無道與周朝盛德大業正在建立的時候開始興用的。

2、此三句言《易》之用。

3、"危知"，文王危難時的知慮（即文王所作之卦爻辭）。又疑"知"當為"辭"，"危辭"即《易》之卦爻辭，亦即所謂的"其辭危"。"史說之數書"謂古史傳說中的數術之書，如《連山》、《歸藏》等。"辯"謂辯其真正底蘊。

本章論《易》的創興及作用，與《繫辭下》十一章相聯繫。

原文（十二）

《易》曰：(1) 有名焉曰《乾》。《乾》也者，八卦之長也；九也者，六爻之大也。為九之狀，浮首兆（頫，俯）下，蛇身僂曲，其為龍類也 (2)。夫龍，下居而上達者 □□□□□□□□□而成章。在下為潛，在上為亢 (3)。人之陰德不行者，其陽必失類 (4)。《易》曰：潛龍勿用，其義潛清勿使之謂也 (5)。子曰：廢則不可入于謀 (6)，勝則不可與戒 (7)，忌者不可與親 (8)，繳 (9)〔者不可與 〕□，〔故 〕《易》曰：潛龍勿用。亢龍有悔，言其過也，物之上盛而下絕者 (10)，不久大位，必多其咎，《易》曰：亢龍有悔，大人之義不實于心則不見于德，不單于口則不澤于面 (11)，能威能澤，謂之龍。《易》曰：見龍在田，利見大人。子曰：君子之德也。君子齊明好道 (12)，日自見以待用也 (13)。見用則動，不見用則靜 (14)。

《易》曰：君子終日乾乾，夕惕若屬，無咎。子曰：知息也，何咎之有（15）？人不淵不躍則不見□□□□□□反居其□□。《易》曰：或躍在淵，無咎。子曰：恒躍則凶。君子躍以自見，道以自成（16）。君子窮不忘達，安不忘亡，靜居而成章（17），首福又（有）皇（18）。《易》曰：飛龍在天，利見大人。子曰：□□□□□□□□□□□□□文而溥，齊明而達矣（19）。此以專名，孰能及〔之〕？《易》曰：見群龍無首。子曰：讓善之謂也（20）。君子群居莫亂首（21），善而治（22），何疾其和也（23）？龍不待光而動，無階而登（24），□□□□□□□□□□□□。此《乾》之詳說也。

【疏證】

1、整理者認爲“《易》曰：”的“曰”字爲衍文。按：準下章“子曰：《易》有名曰《坤》”，則此處當作“子曰：《易》有名焉曰《乾》”。

2、《說文》說“九象屈曲究盡之形”，此以“九”字之形比附龍形。

3、“下”謂“初九潛龍”，“上”謂“上九亢龍”。

4、此似就《乾》之上九而說。“陰德”謂柔德。《乾》九五居中、德合天地，是能兼行柔德，所以有民與賢人皆從順之的“各從其類”；上九不能兼行柔德，所以無民從之、無賢輔之而“失其類”。此與《乾·文言》釋九五及上九文字相關。

5、“清”讀爲“靜”。

6、“廢”猶敗。“則”猶“者”。“入于”當作“與”（“入”訓爲“與”故“與”訛作“入”，“于”、“與”音同而衍）。此言敗者智寡故不可與之言謀略之事。

7、此言勝者驕盈故不可與言戒備之事。

8、此言妒忌賢能者不可與之親近。

9、"繳"讀作"徼",訓爲僥倖或愚塞不明。此下五字爲筆者補。

10、"上盛下絕"即《乾・文言》釋上九的"貴而無位,高而無民"。

11、"實",誠實。"單",誠信(《書・盤庚》注"單,誠也"、《詩・天保》傳"單,信也")。

12、"齊"訓爲中正,"明"訓爲精明。《乾》卦九二居中,時至而動,所以此處說"齊明"、《乾・文言》釋九二說"龍德而正中"、"天下文明";九五居中得正,所以下文論九五說"齊明而達"。《荀子・修身》"齊明而不竭,聖人也",楊倞注"齊,謂無偏無頗也"。

13、"日",每日、經常。"見",展現才能。此與《乾・文言》釋初九的"日可見之行也"句法相近。

14、此二句與《論語》的"用之行而舍則藏"同。

15、"子曰:"上有墨點,但"子曰:"以下的文字是對"《易》曰:君子終日乾乾"的解釋,所以可見此處的墨點是很隨意的,並不起劃分章段的作用(下句"子曰:"前的墨點與此同)。此與前文"夕惕若厲無咎,息也"相同。朝行夕止(前文"君子終日乾乾,用也;夕惕若厲無咎,息也","用"謂行用,"息"謂息止),與《乾・文言》釋九三的"行事也"、"與時偕行"一致。

16、"道以自成"與《乾・文言》釋九四的"乾道乃革"相近。

17、"成章",自成章法,謂與天地合德、與日月合明、與四時合序。

18、"首"謂趨向。"皇",大。

19、"齊明",中正賢明。"達",通達。九五居中得正而位乎天德,所以說齊明而達。

20、"讓善",禮讓賢人。《乾・文言》釋用九說"天下治也",李鼎祚《集解》說"此當三皇五帝禮讓之時，垂拱無爲而天下治矣"，與此說相近。

21、"亂"，妄。"亂首"，妄爲首領。

22、"善而治"謂完善自身而天下自然治理。

23、"疾"，急疾、汲汲。"和"，和諧，治理。此言人人向善而自然治理，又何必汲汲於天下和諧之治呢。此"和"字出於《乾 彖》的"保合大和"。

24、此《莊子》逍遙無待之境。

本章專論《乾》卦。其中兩次出現的墨點看來很隨意。其以"《易》曰：……子曰："的形式立說，但有些地方似乎缺少內在聯繫。

原文（十三）

子曰：《易》有名曰《坤》，雌道也。故曰牝馬之貞，童獸也（1），《坤》之類也。是故良馬之類，廣前而景後（2），遂臧（3），尚受而順（4），下安而靜，外有美形，則中有□□□□□□□□乎灻以來群（5），文德也。是故文人之義，不待人以不善，見惡默然而反（6），是謂以前戒後；武夫昌慮，文人緣序（7）。《易》曰：先迷後得主，學人之謂也，何先（8）主之有？天氣作□□□□□□□□，其寒不凍，其暑不曷（渴）（9）。《易》曰：履霜堅冰至，子曰：遜從之謂也（10）。歲之義，始于東北，成于西南（11）。君子見始弗逆，順而保斳（12）。《易》曰：東北喪朋，西南得朋，吉。子曰：非吉石也（13）。其□□□□與賢之謂也。武夫有梻（拂），文人有輔；梻（拂）不橈（撓），輔不絕，何不吉之有（14）？《易》曰：直方大，不習，吉。子曰：生（性）文武也，雖強學，是弗能及之也。《易》曰：含章可貞，吉，言美情之謂也。文人動，小事時說(15)，大事順成，知毋過數而務柔和(16)。《易》曰：或從王事，無成有終。子曰：言詩書之謂也(17)；君子苟得其終，可必可盡也(18)。君子言于無罪之外，不言于有罪之內，是謂重福，《易》曰：利永貞(19)。此《坤》之詳說也。

【疏證】

1、"童"，幼小。大爲陽，小爲陰，所以牝馬、童獸皆屬坤類，此即《說卦》"《坤》爲子母牛"之類。

2、"廣前"，馬的前部寬廣。"景後"，馬的後臀碩大（景，大也）。上章論《乾》卦開端說龍，本章論《坤》卦開端說馬，與經文合。

3、"遂臧"，因從於善。

4、"尚"同"上"。"受"猶"承"。

5、"來"，招徠。《說卦》"《坤》爲眾，爲文"、《彖傳》"西南得朋，乃與類行"、"利西南，往得眾也"，所以此處說以文德招徠眾人。

6、"反"謂反省自身。此即《論語》所謂"見不賢則內自省"。

7、"昌"同"倡"，首倡。"慮"，計議。"緣序"謂循其次第而接續之。即《文言》"承天而時行"。

8、"先"謂先得。

9、"曷"，整理者讀作"渴"。按：似當讀作"喝"。"凍"謂傷於寒，"喝"謂傷於暑。《莊子·則陽》"凍者假衣於春，喝者反多乎冷風"（王先謙《集解》"喝，傷暑也"），也是"凍"、"喝"對舉。

10、此與《坤·文言》"履霜堅冰至，蓋言順也"同。

11、此爲《說卦》"帝出乎震"的後天卦序，東北爲《艮》，爲立春；西南爲《坤》，立秋，物之生長始於春而成於秋。

12、"始"謂"歲之義始於東北"的《艮》，《艮》爲阻險。"逆"，迎。"斬"字從斤聲，可讀作"訢"，謹敬之義。此言見險阻不要迎上前去，應順循其漸而保持謹敬。

13、"石"當借爲"所"（聲紐相近，韻部魚、鐸對轉），《莊子·外物》《釋文》"石本又作所"。此言喪朋之東北《艮》方非吉祥處所。

14、"拂"，搏擊赴敵（又《荀子·臣道》"有能抗君之命，竊君之重，反君之事，以安國之危，除君之辱，功伐足以成國之大利謂之拂"、《賈子·保傅》"潔廉而切直，匡過而諫邪者謂之拂；拂者，拂君之過也"，此二"拂"字之說施於此亦可）。"輔"，順輔。"不撓"說其堅強，"不絕"說其韌性。

15、"時"，時時。"說"，計議、進諫。

16、"知"，知見、智慧。"過數"，過度。

17、這幾句可譯爲：追隨君王做事而不敢佔有其功，這是詩書教導人具有敦厚美德的。

18、上"可"字疑衍。"必"似讀爲"匪"或"不"（《詩·淇奧》《釋文》"匪，《韓詩》作必邲"）。此言即便得其終（"終"猶"成"，成功）亦不可盡有之，因爲"地道無成而代有終"。

19、"君子言于無罪之外，不言于有罪之內"兩句是釋說《坤》卦六四"括囊無咎"的，所以"《易》曰：利永貞"疑當作"《易》曰：括囊無咎"或"《易》曰：利永貞"前後有脫文，說見下章。

本章專論《坤》卦，但次序有誤，即下章的部份文字當移至本章，說詳下章。

原文（十四）

子曰：《易》之要，可得而知矣（1）。《乾》、《坤》也者，《易》之門戶也（2）。《乾》，陽物也；《坤》，陰物也。陰陽合德而剛柔有體，以體天地之化（3）。又（有）口能斂之，無舌罪，言不當其時則慎閉而觀（4）。《易》曰：括囊無咎。子曰：不言之謂也，〔既不言也〕何咎之有（5）？默亦毋譽，君子美其慎而不自著也，淵深而內其華（6）。《易》曰：黃裳元吉。子曰：蔚文而不發之謂也（7）。文人內其光，外其龍（8），不以其白陽人之黑，故其文滋彰（9）。《易》……□□既沒，又（有）爵□□□□□□居其德不忘（10）。龍戰于野，其血玄黃。子曰：聖人信哉（11）。隱文且靜，必見之謂也（12）。龍七十變而不能去其文，則文其信于而達神明之德也（13）。其辯名也，雜而不越，于指（稽）易□，衰世之童〈意〉與（14）？《易》□□□□□□而察來者也（15）。微顯贊絕，巽而恒當；當名辯物，正言巽辭而備（16）。本生（性）仁義，所行以義（儀）剛柔之制也（17）。其稱名也少，其取類也多，其指間（簡），其辭文，其言曲而中，其事隱而單，因濟人行，明失得之報（18）。

【疏證】

1、"要"，綱領性的大要，指上章《乾》、《坤》之詳說。《要》篇的"夫子曰：吾好學而才聞要"的"要"所指可能與此同。

2、這兩句與上章《乾》、《坤》之詳說相銜接。但第一，此章部份文字與前面文字的論說形式迥異；第二，其中的部份文字次序有誤。另外，本章自此至結尾的部份文字與《繫辭下》六章相重合，請參看彼處的文字疏證。

3、《繫辭下》六章作"以體天地之撰，以通神明之德"，"撰"訓爲"作"，與"化"義相同，謂用以表現天地化育之功。

4、按：自此至"則文其信于"當緊接上章"是謂重福"之下，是繼續論述《坤》卦六四"括囊無咎"以下各爻的。此"慎閉"源自《坤•象》的"慎不害"和《坤•文言》的"天地閉"。

5、"既不言也）"四字爲筆者意補。

6、"美"猶"貴"。《坤•文言》"無咎無譽，蓋言謹也"即此"默亦無譽，君子美其慎"之謂。初、四爲"淵"，故此以"淵深"釋《坤》卦六四爻辭。"內"，納藏。

7、"蔚"，文采之盛，與《革•象》"其文蔚"的"蔚"同。"蔚文而不發"即《坤》六五小象"文在中也"的意思。

8、"內"，內斂、納藏。"光"，鋒芒、智慧。"外"，澹泊、遺忘。"龍"同"寵"，榮譽。

9、"白"，優點。"陽"，彰顯。"黑"，短處。"其文滋彰"即《坤•文言》的"美之至也"。

10、"居"，擁有。"忘"疑讀作"亡"。此二句似仍是論說《坤》六五"黃裳元吉"的。所謂"有爵"、"居德"似與《坤•文言》釋六五的"正位居體"相聯繫。

11、"聖人信哉"即"信哉聖人"，言誠然爲聖人。《二三子問》亦以"大人"、"聖人"釋"龍戰于野，其血玄黃"。

12、"必見"，其文采必然會顯現出來。此即《二三子問》的"其血玄黃者，見文也"。

13、疑當於"則文其信于"處讀斷。"于"同"歟"。此謂其文德信篤。

"而達神明之德"接前文"以體天地之化"。這樣釋讀和拼接,一方面與上章
"《坤》之詳說"相連貫,同時也與《繫辭下》六章相合。

　　14、自此至章末與《繫辭下》六章基本一致,見彼處疏證。又按:"于"
同"於"。"指"同"旨",意旨。"易",簡易、平易。"其辯名也……于
旨易"與下文"其稱名也……其旨簡"相對爲文。

　　15、此句《繫辭下》六章作"夫《易》彰往而察來"。

　　16、見《繫辭下》六章疏證。

　　17、"儀",衡量、確定。此二句不見於《繫辭下》六章。

　　18、見《繫辭下》六章疏證。"少"、"多"《繫辭下》六章作"小"、
"大",同。謂其指稱事物之概念有限而其取喻之事類卻無限。

　　本章論《易》的特點和作用,除去論《坤》卦的部份文字當屬上章,其餘
大部份文字與《繫辭下》六章重合。

原文(一五)

　　《易》之興也,于中古乎,作《易》者其有憂患與?(1)
上卦九者,贊以德而占以義者也(2)。《履》也者,德之
基也。《謙》也者,德之枋也(3)。《複》也者,德之本
也。《恒》也者,德之固也。《損》也者,德之修也。《益》
也者,德之譽(裕)也。《困》也者,德之欲(穀)也。
《井》,德之地也。《渙》(《巽》)者,德之制也。是故
占曰:《履》和而至。《謙》尊而光。《複》少而辨于物。
《恒》久而不厭。《損》先難而後易。《益》長裕而與。
《宋》〈困〉窮而達。《井》居其所而遷。《渙》(《巽》)

□□□而救。是故《履》以果〈和〉行也。《謙》以制禮也。《複》以自知也。《恒》以一德也。《損》以遠害也。《益》以興禮也。《困》以避咎也。《井》以辨義也。《渙》（《巽》）以行權也。子曰：《渙》而不救，則比矣。

【疏證】

1、本章文字與《繫辭下》七章的"三陳九德"重合，均請見彼處疏證。

2、"贊"同"闡"，"贊德"即闡明其德性。"占"謂斷，"占義"即評斷其義理。"一陳"是"贊以德"，"二陳"、"三陳"是"占以義"。

3、"秎"音假爲"柄"。

本章論《履》、《謙》等九卦的性質和義理。

原文（一六）

《易》之為書也難前，為道就遷(1)。□□□動而不居，周流六虛；上下無常，剛柔相易也；不可為典要，唯變所次(2)。出入有度，外內皆瞿(3)。又知患故，無有師保而親若父母。卬率其辭，揆度其方，无有典常(4)。後（苟）非其人，則道不虛行〔也〕；〔後〕（苟）無德而占，則《易》亦不當(5)。

【疏證】

1、此與《繫辭下》八章文字重合，詳見彼處疏證。"前"讀爲"贊"，明。"就"訓爲隨或善。

2、"次",處。

3、"出入",六爻的往返;"外內",上下卦組合。"瞿"當作"戄",與"度"同義。

4、"印",驗、按驗(《一切經音義》"印,驗也")。"率",統計、比較。"无"疑是"既"之缺訛,"既"同"即",訓爲"則"。

5、此處的"也"、"後"(茍)二字爲筆者意補。後二句不見於《繫辭下》八章。

本章論變與不變的辨證關係。其與《繫辭下》八章文字重合。

原文(一七)

《易》之義,贊始反終以為質,六爻相雜,唯侍(時)物也(1)。是故其初難知而上易知,本難知也而末易知也(2)。□則初如疑(擬)之,敬以成之(3),終而無咎。□□□□□□□□修道,鄉物巽德(4),大明在上,正其是非,則□□□□□□□□□□□□占,危哉,□□不當;疑德占之,則《易》可用矣。子曰:知者觀其緣(象)辭而說過半矣(5)。《易》曰:二與四同功而異位,其善不同,二多譽,四多懼,近也;近也者,謙之謂也(6)。《易》曰:柔之為道,不利遠者,其要無咎,其用柔若中也。《易》曰:三與五同功異位,其過□□,三多凶,五多功,貴賤之等〔也〕……(7)。

【疏證】

1、本章與《繫辭下》九章文字重合，詳見彼處疏證。"贊始"，探明事物之開始。"反終"，反求事物之終局。"質"，實質、本質。"時物"，隨其時位元不同而分辨其不同事理（《周易淺述》釋爲"隨其時而辨其物"）。

2、"初"，初爻。初爻象事物幾微之時，故難知。"上"，上爻。上爻象事物彰顯之時，故易知。

3、"初"即上文之"初"。"如"當爲"始"字形訛，"始"讀爲"辭"。"初辭"，初爻爻辭。"擬"，擬測一卦所象事物之全過程。"敬"當作"卒"，猶上文之"上"，指上爻爻辭。"成"，定、判定，指判定全卦的終局。

4、"鄉"疑讀爲"相"，觀察（《禮記·祭義》"饗者，鄉也"，鄭注"饗或作相"）。"物"指爻畫。"巽"讀爲"撰"。"撰德"，確定卦德（《廣雅·釋詁四》"撰，定也"）。

5、"象辭"，卦爻辭（鄭玄注引師說謂指"爻卦之辭"。《易之義》"渙〈巽〉之象辭，武而知安"，這是就《巽》卦初六爻辭"進退利武人之貞"而說，可見秦漢之際亦稱爻辭爲"象辭"）。"說"，《周易》所陳說的理論。

6、這幾句的意思是二與四同爲柔位，陰柔功能相同，所以說"同功"。二處下卦中位，四處上卦初位，所以說"異位"。"善"，好。在這裏兼好壞而言。二居下卦中位，多有美譽；四處上卦初位，多有戒懼。四之所以多懼，因爲近逼於五。也正因近逼於五，所以要謙卑。自此之下，有三處"《易》曰："，這說明：其一、"二與四同功而異位"等等既然被《易之義》徵引作"《易》曰："，則說明今本《繫辭》的這段文字雖然晚於帛本《繫辭》，但早於《易之義》的寫作，並已取得近於"經"的地位。其二、從"近也者，謙之謂也"可以猜測《易之義》的性質是對《繫辭》的推演發揮。

7、三與五同爲剛位，陽剛功能相同，所以說"同功"。三處下卦之上位，五處上卦之中位，所以說"異位"。"其過□□"與上文"其善不同"相對。此當作"其遇〔不同〕"。"過"爲"遇"字之訛（"過"與"遇"在今本及帛本《系傳》中常常互訛），遭遇、境遇。三居下卦之極，故多凶；五居一卦尊貴之中位，故多功。五之多功、三之多凶，是貴賤等差不同的緣故。

本章所論相當於《易》的部份義例。

末行殘缺，不知是否有尾題，整理者據篇首字擬其題爲《易之義》。

第六部份
《要》疏證

原文（一）

……反疏……矣……至命者也⑴。《易》……明而甚……
行其義，長其慮，修其……易矣。若夫祝巫卜筮龜□□
□□□□□□□□□□□□□□□□□□□□□□□□
□巫之師□□□□□□無德，則不能知《易》⑵，故君
子奠（尊）之。□□□□□□□□。〔夫〕子曰：吾好
學而才聞要⑶，安得益吾年乎⑷？吾□焉而產道，□
焉益之，□而貴之，難⑸……。

【疏證】

1、此與《說卦》及《易之義》的"窮理盡性而至于命"當有聯繫。

2、此即《易之義》"無德而占，則《易》亦不當"之義。

3、這個"要"即《易之義》"《易》之要可得而知矣"的"要"，指乾坤
之德、天地之道，即宇宙人生規律。

4、此"益年"之說與《易之義》"萬物莫不欲長生而惡死，會心者而以作
《易》，和之至也"可能有聯繫，也有可能即《論語》的"加（益也）我數年"
的意思。池田知久所作的釋文"年"作"身"（《道家文化研究》第六輯王博《要
篇略論》引）

5、此處文字與四章的"……產之室也……產，道窮"等文字相關，或是原
抄寫次序有誤，或是整理者拼接有誤。

本章缺字很多，其中談到的"益年"值得注意。

原文（二）

……〔夫子曰：〕⑴危者安其位者也，亡者保其存者也，亂者有其治者也；是故君子安不忘危，存不忘亡，治不忘亂，是以身安而國家可保也；《易》曰：其亡其亡，系于苞桑。

夫子曰：德薄而位尊，□□鮮不及。《易》曰：鼎折足，覆公餗，言不勝任也。

夫子曰：顏氏之子其庶幾乎。見幾有不善，未嘗弗知；知之，未嘗複行之。《易》曰：不遠複，無祇悔，元吉。天地絪，萬物潤；男女構精而萬物成。《易》曰：三人行則損一人，一人行則得其友；言至一也。君子安其身而後動，易其心而後認，定位而後求，君子修于此三者，故存也；危以動則人弗與也，無位而求則人弗予也；莫之予，則傷之者必至矣。《易》曰：莫益之，或擊之，立心勿恒，凶，此之謂也。

【疏證】

1、據《繫辭下》五章"子曰：危者安其位者也"而補"夫子曰："。

本章文字見於《繫辭下》五章，請見彼處疏證。結尾處"此之謂也"之下有表示分章的墨點，整個《要》篇墨點僅此一見。

原文（三）

夫子老而好《易》，居則在席，行則在囊⑴。

子贛曰：夫子它日教此弟子曰：德行亡者，神靈之趨；智謀遠者，卜筮之蔡(2)；賜以此為然矣。以此言取之，賜緡行之為也(3)。夫子何以老而好之乎？

夫子曰：君子言以（橐）方也(4)。前羊（祥）而至者，弗羊（祥）而好也(5)。察其要者，不趰（詭）其德(6)。尚書多于（闕）矣，《周易》未失也(7)，且有古之遺言焉。予非安其用也(8)。

子贛曰：賜聞于夫子曰：必于□□□□如是，則君子已重過矣(9)。賜聞諸夫子曰：遜正而行義，則人不惑矣。夫子今不安其用而樂其辭，則是用倚于人也(10)，而可乎？

子曰：校（謬）哉，賜！吾告汝，《易》之道，□□□□而不□□□百姓之□□□易也。故《易》剛者使知懼，柔者使知剛，愚人為而不忘（妄），儌(11)人為而去詐。文王仁，不得其志以成其慮，紂乃無道，文王作，諱而避咎，然後《易》始興也。予樂其知(12)之□□□之□□□予何日事紂乎？

子贛曰：夫子亦信其筮乎？

子曰：吾百占而七十當(13)，唯周梁山之占也，亦必從其多者而已矣。

子曰：《易》，我複其祝卜矣(14)，我觀其德義耳也。幽贊而達乎數，明數而達乎德(15)，又仁□(16)者而義行之耳。贊而不達于數，則其為之巫；數而不達于德，則其為之史。史巫之筮，鄉 (17) 之而未也，好之而非也。後世之士疑丘者，或以《易》乎？吾求其德而已，吾與史巫同途而殊歸者也。君子德行焉求福 (18)，故祭祀而寡也；仁義焉求吉，故卜筮而希也。祝巫卜筮其後乎 (19)？

【疏證】

1、《論語》說“加我數年”，這裏說“益吾年”；《齊論語》說“五十以學《易》”，這裏說“老而好《易》”（《史記》說“晚而喜《易》”），《論語·季氏》皇疏“老，謂五十以上也”。這裏說“居則在席，行則在囊”，《史記》則誇張說“韋編三絕”。

2、“遠”訓為“去”（《論語·顏淵》皇疏），與“亡”同義。“蔡”，王博認為當從池田本作“蘩”，同“繁”。此謂無德行、智謀者則趨附神靈、淫事卜筮。

3、“取”，取法、衡量。“緡”當讀為“勉”。

4、“方”，合於法度。

5、“好”，當從池田本作“巧”，讀為“考”，考察。此言前面有吉祥顯現，則後面不祥的東西便可考察得知。下句的“察”字即呼應此處的“考”。

6、這兩句是說要考察《周易》的精髓而不要歪曲它的德義。

7、“尚書”，上古之書。“閼”同“遏”，絕滅。此言秦火之後，上古之書很多都絕滅了，因不焚卜筮之書，所以《周易》沒有丟失。

8、“安”，樂，喜歡。“用”，實占應用。

9、“重過”似即《論語》的“貳過”。

10、"辭"即前文的"古之遺言"。"用倚于人"是說對《易》採取因人取用的實用態度。

11、此字整理者釋爲"漸",可讀爲"僭"或"譖",不信之義。

12、"知"疑當作"辭",此"樂其辭"與前面的"不安其用而樂其辭"相照(《易之義》的"危知"可能也當作"危辭",說見前)。

13、"七十",王博認爲當從池田本作"乾",讀爲"罕"。

14、"複"同"覆",相反之義。與祝卜相反即下文的"殊歸"("複"也可能當作"後"。此言我把祝卜之事看得很輕,關鍵是考察其德義。後文"祝巫卜筮其後乎"與此同)。

15、"幽贊",深明宇宙間的神奇現象(即《說卦》"幽贊于神明"的省文)。"達數",精通《周易》的占法著數。"達德",領悟《周易》的真正底蘊(如"足以觀天地之變"的"古之遺言")。此"德"與前文的"德義"同

16、王博據《荀子·不苟》"唯仁之爲守,唯義之爲行"而補此缺字爲"守"。

17、"鄉"同"嚮",謂努力接近。

18、這是說君子靠德行來求福,下句"仁義焉求吉"是說靠仁義求吉。

19、"後"謂不重要。

本章是對一章"聞要"的"要"的說明,亦即觀古之遺言而領悟其德義。

原文(四)

孔子繇 (1)《易》,至于《損》、《益》二卦,未嘗不廢書而歎,戒門弟子曰:二三子,夫損益之道,不可不審察也,吉凶之□也 (2)。《益》之爲卦也,春以授夏之時也,

萬物之所出也，長日之所至也，產之室也，故曰《益》(3)。《損》者，秋以授冬之時也，萬物之所老衰也，長夕之所至也，故曰產(4)。道窮□□□□□□□□(5)。《益》之始也吉，其終也凶；《損》之始凶，其終也吉(6)。《損》、《益》之道，足以觀天地之變，而君者之事已(7)。是以察于《損》、《益》之總(8)者，不可動以憂〈喜〉(9)。故明君不時不宿，不日不月，不卜不□□□□□□□□□□地之也，此謂《易》道(10)。故《易》有天道焉，而不可以日月星辰盡稱也，故為之以陰陽；有地道焉，不可以水火金土木盡稱也，故律之以柔剛；有人道焉，不可以父子君臣夫婦先後盡稱也，故要(11)之以上下；有四時之變焉，不可以萬物盡稱也，故之以八卦(12)。故《易》之為書也，一類不足以極之，變以備其情者也，故謂之《易》(13)。有君道焉，五官、六府(14)不足盡稱之，五正(15)之事不足以至之，而《詩》、《書》、《禮》、《樂》不〔足〕百篇，難以致之。不問于古法，不可順以辭令，不可求以志善(16)。能者由一(17)求之，所謂得一而君（群）畢(18)者，此之謂也。損、益之道，足以觀得失矣。

【疏證】

1、"籀"，研讀。

2、此缺字似可補"鄉"，讀爲"向"。

3、"長日至"及下文的"長夕至"即《呂覽》的"日長至"（夏至）、"日短至”（冬至）。《益》卦下《震》上《巽》，《震》屬春分，《巽》屬立夏，卦爻由下上行，所以說“春以授夏之時”；因爲“萬物出乎《震》”，所以此處說“萬物之所出也”；立夏過後夏至將至，所以說“長日之所至也”。“產之室也”四字當是他處之文誤置於此。物出於《震》而不斷增益並齊備於《巽》，所以說“故曰《益》也”。此與《說卦》五章所言之卦序相近。

4、“曰”下當脫“《損》”字，“產”字可能應屬下讀。《損》卦下《兌》（秋分）上《艮》（立春），時跨秋冬，萬物衰減，所以說“秋以授冬”、“萬物老衰”、“故曰《損》”。

5、此“產道窮……”與一章的“產道……”當有聯繫，或許當入一章。

6、《益》卦初九“元吉”而上九“凶”，《損》卦九二“征凶”而上九“貞吉”，《序卦》也說“益而不已必決”、“損而不已必益”。

7、“變”謂盈虛規律。“已”，盡、包括。

8、“總”與“要”同，謂概括、概要，《黃帝四經・十大經・成法》“千言有要，萬言有總”，要、總互文。

9、“憂”字整理者以爲當作“喜”（即“憙”）。按：疑“憂”讀爲“擾”，紛亂。此言洞察損、益之重要規律而不可爲紛亂的表像所動。

10、王博認爲此處足文當從池田本作“不卜不〔筮，而知吉與凶，順于天〕地之也”。如此，則“之”字衍，或“之”下脫“道”字。“不時”，不計數四時八節。“不宿”，不辨四象、二十八宿。“不日不月”，不計數日月。此猶《黃帝四經・十大經・順道》的“大庭氏之有天下也，不辨陰陽，不數日月，不志四時”。“此謂《易》道”，此爲《易》的易簡无之道。

11、“要”，約。

12、八經卦分別代表四時八節，見《說卦》。

13、“極”，盡、包括。“情”，萬物的類別性質。“故謂之《易》”，以其能通過變易而達到廣大悉備，所以稱其爲《易》。

14、"五官、六府"，古代官職名稱。《禮記·曲禮》"天子之五官，曰司徒、司馬、司空、司士、司寇，典司五衆"、"天子之六府，曰司土、司木、司水、司草、司器、司貨，典司六職"。

15、《黃帝四經·十大經·五正》"（黃帝曰）吾欲佈施五正"，《管子·四時》作"五政"，指四時政令。

16、"順"，教訓。"辭令"，政教法令。"志"，擬定的、理想的。

17、"一"指《易道》。

18、"群畢"謂萬事都可得到治理。"得一群畢"的說法屢見於《黃帝四經》、《管子》，只不過它們的"一"是指"道"，具體說是指道法、精氣。

本章通過《損》、《益》二卦的研讀釋例，說明如何領悟《周易》中的"古之遺言"和"德義"。

《要》篇結尾標有尾題及字數。

《要》篇一章談到"益年"、"益之"等，二章也談到《益》卦（及《損》卦等）並以《益》卦爻辭終結，四章則專論《損》、《益》，一方面說明可能它的讀本是帛本（《二三子問》以今本爲讀本故終於《未濟》而《要》以帛本爲讀本故終於《益》的情況完全一樣），另一方面可能也包含著對秦亡漢興、"天地之變"的再反省的意思。

第七部份

《繆和》疏證

原文（一）

　　繆和問于先生曰：請問《易•渙》之九二曰：渙賁其階，悔亡 (1)。此辭吾甚疑焉，請問此之所謂。

　　〔子 〕(2) 曰：夫《易》，明君之守也。吾□□不達，問學不上歟 (3) ？恐言而貿易 (4)，失人之道；不然，吾志亦願之。

　　繆和曰：請毋若此，願聞其說。

　　子曰：渙者，散也 (5)。賁階，幾也 (6)，時也。古之君子，時福至則進取，時亡則以讓(7)，夫福至而能既焉(8)，□走其時 (9)，唯恐失之 (10)，故當其時而弗能用也 (11)，至于其失之也，唯欲為人用，豈可得也哉？將何無悔之有？受者昌 (12)，賁福而弗能蔽者窮 (13)，逆福者死 (14)。故其在《詩》也曰：女弄不敝衣裳，士弄不敝車輪 (15)。無千歲之國，無百歲之家，無十歲之能 (16)。夫福之于人也，既焉 (17)，不可得而賁也 (18)，故曰賁福 (19) 有殃。聖人知福之難得而賁也 (20)，是以有矣。故《易》曰：渙賁其階，悔亡；則言于能賁其時 (21)，悔之亡也。

【疏證】

　　1、此與帛本《周易》同，今本作"奔其机"。"賁"讀爲"奔"，下同。"机"是"下基"之義，與臺階之"階"義略同。

　　2、整理者補作"〔先生〕"，據全篇文例，此當補作"〔子〕"。

3、這兩句大概是說我雖魯鈍不敏達，但在求學精神上還算是上乘。

4、"貿易"，貿然輕易。

5、後文釋"渙其群"爲"散其群黨"。此釋"渙"爲"散"，與《彖》、《象》不同而與《序》、《雜》相合。

6、此聲訓"階"爲"幾"，時機。

7、"時福"可能當作"福時"，即"福，時至則進取，時亡則以讓"。此二句言時機到了則取福爲己有，時機過了則讓福於他人。

8、"既"讀爲"即"，接近、求取。

9、"走"同"趨"。

10、"失之"謂失時。下同。

11、此言時機到了卻不能及時取福以爲己用。

12、"受"謂接受天賜之福。

13、"賁"讀爲"奔"，釋奔逃、溜走。"奔福"，使福溜掉。"蔽"訓爲"障"（《廣雅·釋詁》），義猶阻止。

14、"逆"，辭卻、拒絕。

15、"弄"，嬉戲。"敝"，毀壞。此蓋就上文取福而說，謂人皆珍惜其所好者。此所引《詩》，不見於《毛詩》，或是逸詩。

16、此三句蓋就上文趨時而說，謂時不我待、時不再來。

17、"既"同"即"，接近、到來。

18、"賁"同"奔"，謂使福溜掉。

19、"賁福"即"奔福"，謂使福溜掉。

20、"賁"同"奔"，謂容易溜掉。

21、"于"讀爲"如"。"賁時"即奔時、趨時。

《繆和》以墨點分章。

本章論《渙》卦九二，其釋"渙"爲"散"，與《序》、《雜》同。其以"《易》曰："、"《詩》曰"共文，後來的《淮南子》之論《易》形式與此相近，這很值得注意。另外，其趨時取福說與先秦黃老道家之說一脈相承，如《黃帝四經·十大經·兵容》"因天時，與之皆斷，當斷不斷，反受其亂；有祥〔福至者也而〕弗受，反隨以殃"、《黃帝四經·稱》"聖人……不爲得，不辭福，因天之則，失其天者死"、《國語·越語下》"得時無怠，時不再來，天予不取，反爲之災，贏縮變化，後將悔之"、《文子·符言》"遵天之道……不棄時，與天爲期；不爲得，不辭福，因天之則"等等。

原文（二）

繆和問于先生曰：凡生于天下者，無愚智、賢不肖，莫不願利達顯榮。今《周易》曰：困，亨，貞，大人吉，無咎，有言不信。敢問大人何吉于此乎？

子曰：此聖人之所重言也 (1)。曰有言不信，天之道，壹陰壹陽，壹短壹長，壹晦壹明，夫人道（讎）之㠯 (2)。是故湯□□王 (3)，文王拘于牖裏，秦繆公困于殽，齊桓公辱于長勺，越王勾踐困于會稽，晉文君困于驪氏，古古至今 (4)，伯王之君，未嘗憂困而能□□曰美惡不□□□也。夫困之爲達也，亦猶 (5) □□□□□□其□□□□□□□□□□□□□□，故《易》曰：困，亨，貞，大人吉，無咎，有言不信，此之謂也。

【疏證】

1、此釋"有言不信"爲有所言說者反而不可信，因此主張"重言"（即《老子》的"貴言"）和"不言而信"（《黃帝四經•經法•名理》）。

2、此字整理者讀爲"讎"。按：此字從"九"聲，可讀爲"仇"，訓爲"合"（《爾雅•釋詁》），此言人道與天道相吻合，亦即《黃帝四經•十大經•前道》所說的"聖人之舉事也，合于天地"的意思。"陰陽"，指四季。"晦明"，指晝夜。"短長"，謂生殺（《書•盤庚上》孔傳）。《黃帝四經•經法•論》中有"一晦一明"辭例，並且在《黃帝四經》中晦明、陰陽、生殺常常共文。四季更迭、晝夜交替、生殺輪轉，此出於自然天道，即《論語•陽貨》的"子曰：天何言哉，四時行焉"。這幾句是證說"有言不信"，以下的幾個歷史故事則證說"困亨貞大人吉"。

3、《說苑•雜言》有一段文字與此接近，其文說"（孔子曰：）吾聞人君不困不成王，列士不困不成行。昔者湯困於呂，文王困於牖裏，秦穆公困於殽，齊桓困於長勺，勾踐困於會稽，晉文困於驪氏。夫困之爲道，從寒之及暖，暖之及寒也，唯賢者獨知而難言之也。《易》曰：困亨貞，大人吉，無咎，有言不信。聖人所與人難言信也"。

4、上"古"字當作"自"。十章有"自古至今"語。

5、此下似可補"〔從寒之及暖也〕"。

本章以湯、文、秦穆等古事論說《困》卦卦辭，其中有些文字也見於《說苑》。

原文（三）

繆和(1)問于先生曰：吾年歲猶少，□□□□□□□□□□□敢失忘吾者。

子曰：何……□□□《書》、《春秋》、《詩》語，蓋……者莫不願安……者……以高下，故□□禹之取天〔下者〕，當此卦也(2)。禹□其四肢(3)，苦其思□(4)，至于手足胼胝，顏色(5)□□□□……能□細，故上能而果□□下□號聖君(6)，亦可謂終矣，吉孰大焉？故曰勞謙君子，有終，吉，不亦宜乎？今有土之君，及至布衣□□□□□□其妻孥，粉白黑涅(7)□□□□□□□□矣，日中必傾，□非能□(8)而有功名于天下者，殆無有矣。故曰勞謙君子，有終，吉，此之謂也。

【疏證】

1、“繆和”上當有墨點，另起段。

2、整理者所補的“〔下者〕”當作“〔下也〕”。“此卦”當即指本章所論述的《謙》卦。後文論《謙》卦說“天之道崇高神明而好下”與前句的“以高下”正相合，尤其九章論《謙》卦時說“舜取天下也，當此卦也”與此處的“禹之取天〔下也〕當此卦也”相近。

3、缺字可補作“勞”，後文即有“勞其四肢”語。

4、缺字可補作“慮”。

5、“顏色”下可補“〔黎黑〕”。《史記·李斯列傳》作“手足胼胝（長滿厚繭），面目黎黑”。

6、“能”，稱讚其有能力。“果”，信任（《漢書·五行志》注）。這兩句大概是說在上位的稱讚他有能力並且信任他，在下位的都呼他為聖君。

7、“粉”同“白”。“涅”同“黑”。“粉白黑涅”，妝飾、粉飾，如《楚辭·大招》“粉白黛黑，施芳澤只”。

8、此缺字似可補爲" 謙〕"。

本章以禹之古事論說《謙》卦九三，似乎還對不能勞又不能謙的"今有土之君及至布衣"進行了批評。

原文（四）

繆和問先生曰：吾聞先君其□義錯（措）法(1)，發號施令于天下也，皎焉若□□□□□□世，循者不惑眩焉。今《易·豐》之九四曰：豐其剖(2)，日中見鬥，遇其夷主，吉，何謂也？

子曰：豐者，大也；剖者，小也；此言小大之不惑也(3)。□君之爲爵(4)、立賞慶也，若膿（禮）埶然(5)，大□□□□□□□使下(6)，君能令臣，是以動則有功，靜則有名；死埶尤奠(7)，賞祿甚厚；能弄傳君而國不損敝者(8)，蓋無有矣。日中見鬥，夫日者，君也；鬥者，臣也。日中而鬥見，君將失其光(9)，□□□□□幾失君之德矣。遇者，見也。見夷主者，其始夢（萌）兆而亟見之者也，其次秦穆公、荊莊、晉文、齊桓是也(10)。故《易》曰：豐其剖，日中見鬥，遇其夷主，此之謂也。

【疏證】

1、缺字可補爲" 〔立 〕"。"義"同"儀"。"立儀"，建立禮儀制度。"措"，設置。

2、"剖"，讀爲今本的"部"，遮蔽。

3、《豐》卦下《離》上《震》，《說卦》說“《離》爲日”、“《震》爲萑葦”，所以《豐》卦象君主盛大的光明被葦席（喻臣子）遮蔽。“部”字有葦席及以葦席遮蔽二義。君爲大，臣爲小，所以說“豐，大也；部，小也”。“惑”，亂也。臣不可蔽其君，君臣之位不可亂，所以說“此言小大之不惑也”。《黃帝四經·經法·六分》（及〈亡論〉）屢言“臣蔽主”之危害，可參讀。

4、缺字可補爲“〔明〕”。“爲爵”，封命爵號。此“〔明〕君之爲爵、立賞慶”與六章的“明君……藝爲賞慶爵死”略同。

5、“埶”即古“藝”字（《漢書·楚元王傳》師古注），樹立。“禮藝”，禮義制度建立起來。此與上文的“〔立〕義（儀）”意思相近（又此“藝”字亦可訓爲“法”）。

6、“使下”之上可補“〔上能〕”。

7、“埶”同“藝”，封建、樹立。“尤”訓爲“甚”（《左傳·襄公二十六年》服注）。“奠”即“尊”字。後文“藝死爵位之尊，明厚賞慶之名”可與此參讀。此謂爲效死者封建的爵號甚尊（十一章的“賢君之爲死藝爵位也，與實俱……”與此略近）。

8、“能”，假若。“弄”，戲弄、玩弄。“傅”訓爲敷、訓爲覆，猶言遮蔽。“敝”，壞。此言假若群臣糊弄遮蔽君主而國家卻不受損害這是不可能的。

9、下文“群黨……比〔周〕相譽，以奪君明”、《文子》“月望，日奪光”等與此“日中見鬥，君將失其光”同。

10、“次”似讀爲“即”（《書·康誥》“義刑義殺勿庸以次”，《荀子·致士》作“以即”）。就周天子而言，齊桓、晉文等是“鬥”、是“夷主”。

本章論《豐》卦九四爻辭。其中有與《黃帝四經》相重合者，其中“動靜”、“名功”、“慶賞”、“儀法”、“號令”等辭彙爲戰國中晚期黃老道家所習用。

原文（五）

呂昌問先生曰：《易·屯》之九五曰：屯其膏，小貞吉，大貞凶，將何謂也？夫《易》(1)，上聖之治也。古君子處尊思卑，處貴思賤，處富思貧，處樂思勞。君子能思此四者，是以長有其利而名與天地俱。今《易》曰：屯其膏，此言自潤者也。夫處上位厚自利而不自恤下，小之猶可，大之必凶。且夫君國有人而厚斂致正以自封也(2)，而不顧其人，此除也。夫能見其將□□□□□，未失君人之道也，其小之吉，不亦宜乎？物未夢（萌）兆而先知之者(3)，聖人之志也，三代所以治其國也。故《易》曰：屯其膏，小貞吉，大貞凶，此之謂也。

【疏證】

1、"夫《易》"上省"子曰："。

2、"君國"，統治國家（下文"君人"謂統治人民）。"有人"，擁有百姓（下句的"人"即"民"）。"致"，極。"正"讀爲"徵求"之"徵"，十一章"賦斂無限，徵求無時"與此處的"斂"、"徵"對舉同。"封"，大。

3、此即《老子·四十六章》"其未兆易謀"之義。

本章論《屯》卦九五。

原文（六）

呂昌問先生曰：天下之士，皆欲會□□□□□□□□樓與以相高(1)也，以爲至是也。今《易·渙》之六四曰：

渙其群，元吉，何謂也？

子曰：異哉天下之士所貴。夫渙者，散；元者，善之始也；吉者，百福之長也。夫群黨朋□(2)□□□□□□□比□(3)相譽，以奪君明，此古亡國敗家之法也，明君之所行罰也，將何元吉之有矣？

呂昌曰：吾聞類大又（有）焉耳(4)，而未能以辨也，願先生少進之，以明少者也。

子曰：明君□□□□□□□然立為刑辟，以散其群黨；埶(5)為賞慶爵死，以勸其下群臣、黔首男女。夫人(6)竭力盡知（智），歸心于上，莫敢朋黨侍（待）君，而主將何求于人矣？其曰渙其群，元吉，不亦宜乎？故□□□□小星，參五在東，肅肅宵正（征），蚤（早）夜在公，是命不同(7)，彼(8)此之謂也。

【疏證】

1、"樓"同"摟"，可訓為牽曳或相聚。"與"可訓為贊許或接觸。"相高"，相互高。

2、"朋"下似可補"比"字。

3、"比"下可補"周"字。《黃帝四經·經法·六分》"左右比周以壅塞"，即此辭例。

4、"類"，事類、事例。此句大概是說我聽到這樣的事例很多。

5、此字當讀為"藝"，訓為樹、立。"藝為賞慶爵死，以勸其下臣"與"立為刑辟（法），以散其群黨"相儷。此"藝賞慶"與四章的"立賞慶"同義。"爵死"，授爵位於效死力者。

6、"人"，人人。

7、此所缺四字當補爲"〔《詩》曰：彗彼 〕"。此所引《詩經》爲《召南·小星》一章，原詩說"彗彼小星，三五在東，肅肅宵征，夙夜在公，寔命不同"，毛傳"嘒，微貌。小星，眾無名者。三，心（心星）；五，噣（噣星）；在天更見。肅肅，疾貌。宵，夜。征，行。寔，是也。命不得同於列位也"。鄭箋"眾無名之星隨心、噣在天，猶諸妾隨夫人以次序進御於君也。心在東方，三月時也；噣在東方，正月時也；如是終歲列宿更見。夙，早也。謂諸妾肅肅然夜行，或早或夜，在於君所，以次序進御者，是其禮命之數不同也"。此引《詩·小星》，以諸妾依禮命之數不同而以次進御於君來證說群臣當竭力盡知、歸心於上而不可朋黨比周以奪君明。

8、此"彼"疑涉"彗彼小星"之"彼"而衍，又或訓爲"其"。

本章論說《渙》卦六四爻辭並引證《詩·召南·小星》。這是本篇第二次論《渙》卦。

原文（七）

呂昌問先生曰：夫古之君子，其思慮舉措也，內得于心，外度于義，外內合同，上順天道，下中地理，中適人心，神□□□□□□□管(1)之聞。今《周易》曰：蒙，亨，非我求童蒙，童蒙求我，初筮吉，再三瀆，瀆則不吉，利貞(2)。以昌之和〈私〉(3)，以爲夫設身無方(4)，思索不察，進退無節，瀆焉則不吉矣，而能亨其利者，古有之乎？

子曰：□有也(5)，而有不然者。夫內之不答，外之不

逆 (6)，管管然能立志于天下 (7)，若此者，成人也 (8)；成人也者，世無一夫，豈可強及輿哉 (9)？故言曰：古之馬及古之鹿，今之馬及今之鹿 (10)。夫任人□過，亦君子□ (11)。

呂昌曰：若子之言，則《易·蒙》上矣 (12)。

子曰：何必若此，而不可察也。夫蒙者，然少未有知也。凡物之少，人之所好也，故曰蒙亨。非我求童蒙，童蒙求我者，有知能者不求無能者，無能者求有能者 (13)，非我求童蒙，童蒙求我 (14)。初筮吉者，聞其始而知其終，見其本而知其末，故曰初筮吉。再三瀆，瀆則不吉者，反覆問之而瀆，瀆弗敬，故曰不吉。弗知而好學，身之賴也，故曰利貞。君子于仁義之道也，雖弗身能，豈能已 (15) 哉。日夜不休，終身不倦，日日載載，必成而後止，故《易》曰：蒙，亨，非我求童蒙，童蒙求我，初筮吉，再三瀆，瀆則不吉，利貞，此之謂也。

【疏證】

1、"百"疑讀為"莫"，二字皆為鐸部字，《荀子·非十二子》注"莫，讀為貊"。

2、此論《蒙》卦卦辭，引文與帛本同，兩"吉"字今本均作"告"。

3、"私"原訛作"和"。"私"謂一己之見。

4、"設"，立。"方"，法。此言立身處世不得其法。

5、缺字似可補"無"。

6、"內之不咎"即"內得于心"，"外之不逆"即"外度于義"。

7、"管管"疑音假"莫莫"，《廣雅·釋詁》"莫，強也"，在此可解爲努力（又，"莫莫"亦可訓爲默然安靜）。

8、"成人"，完美無缺之人。《論語·憲問》"子路問成人。子曰：若臧武仲之知，公綽之不欲，卞莊子之勇，冉求之藝，文之以禮樂，亦可以爲成人矣"。

9、"輿"似讀爲"歟"。

10、這兩句大概意思是說古今時不同，所以對古代的馬、鹿和今天的馬、鹿理解也就不一樣。

11、此二句足文大概是"任人〔之〕過，亦君子〔也〕"。"任"可訓爲包容、容忍。

12、"上"。高尚、高明。此與《易之義》"三陳九德"前所說的"上卦九者"的"上"義同。

13、此"知"字疑衍，"能"即"知"，所以古籍中"知"、"能"常互作，下句"弗知而好學"的"知"正與此處的"能"對舉。

14、這兩句或爲衍文，或"非"字上脫"故曰"。

15、"已"，停止對仁義之道的修習。

本章論說《蒙》卦卦辭。

原文（八）

吳孟問先生曰：《易·中複（孚）》之九二，其辭曰鳴鶴在陰，其子和之，我有好爵，吾與爾贏（靡）之⑴，何謂也？

子曰：夫《易》，聖君之所尊也，吾庸與焉乎(2)？

吳子〈孟〉曰：惡有然(3)，願先生試略之，以為毋忘(4)，以匡弟子。

□□(5)□□□□□□者所獨擅也，道之所見也，故曰在陰。君者，人之父母也；人者，君之子也。君發號出令，以(6)死力應之，故曰其子和之。我有好爵，吾與爾贏之者，夫爵祿在君在人□(7)君不徒□□□□□臣□□其人也(8)，欣焉而欲利之(9)；忠臣之事其君也，歡然而欲明之(10)。歡欣交通，此聖王之所以君天下也，故《易》曰：鳴鶴在陰，其子和之，我有好爵，吾與爾贏（靡）之，其此之謂乎？

【疏證】

1、帛本亦作“贏”，均讀為今本的“靡”（二字同為歌部字），訓為共、共用。

2、“庸”，豈。“與”，參與、評議。

3、此蓋即有何妨礙之義。

4、“毋”同“勿”。此謂以其為永記在心之理。此“勿忘”當出自《孟子·公孫醜上》“必有事焉而勿正，心勿忘，勿助長”。

5、此當補“子曰：”。

6、“以”上當脫“人”（或“臣”）字。

7、此處當讀斷並釋讀為“夫爵祿在君、在人〔也〕”。

8、此處足文當作"〔明君之畜〕其人也"或"〔君畜〕其人也"。後文"明君之畜其臣也不虛，忠臣之事其君也有實"與此處文字略同。

9、"利之"，謂予人臣以爵祿。

10、"明之"，謂以實際行動表明效死之忠。

本章論說《中孚》九二爻辭。

原文（九）

莊伹問于先生曰：敢問于古今之世，聞學談說之士君子，所以皆牧（1）焉勞其四肢之力，竭其腹心而索者，類（2）非安樂而為之也。以伹之私心論之，此大者求尊嚴顯貴之名，細者欲富厚安樂之實，是以皆□□必勉輕奮其所縠幸于天下者（3），殆此之為也。今《易・謙》之初六，其辭曰：謙謙君子，用涉大川，吉，將何以此論也？

子曰：夫務尊顯者，其心有不足者也。君子不然，畛焉不自明也（4），不自尊，□□高世□（5）。《謙》之初六，《謙》之《明夷》也（6）。聖人不敢有位也，以有知為無知也，以有能為無能也，以有見為無見也，憧焉無所設也（7）。以使其下，所以治人情，牧群臣之偽也（8）。□□（9）君子者，夫□□□□（10）然以不□□于天下，故奢侈廣大遊樂之鄉不敢渝（11）其身焉，是以而〈天〉下歡然歸之而弗厭也（12）。用涉大川，吉者，夫《明夷》，《離》下而《川》（坤）上。《川》（坤）者，順也，君

子之所以折其身者，明察所以□□□□□，是以能既致
(13) 天下之人而有之。且夫《川》（坤）者，下之為也，
故曰用涉大川，吉。

子曰：能下人若此，其吉也，不亦宜乎？舜取天下也，
當此卦也。子曰：聰明睿知（智）守以愚(14)，博聞強
識守以□(15)，□□□貴而守以卑(16)，若此故能君人，
非舜其孰能當之？

【疏證】

1、“牧”，治理事務。

2、“類”，似。

3、“輕”似讀為“勁”，強也。“彀”即“勃”（錢大昕《廿二史考異》
說“古書勃為彀”），爭也（《莊子·外物》《釋文》“勃，爭也”）。“幸”，
寵也。

4、“畛”似讀為“抮”，抱持隱伏。

5、此似作“﹝不自﹞高世﹝也﹞”。

6、“之”，往也、變也。《左傳》、《國語》中皆以“遇某卦之某卦”的形
式表示所占之變爻，所以“《謙》之初六，《謙》之《明夷》也”是說《謙》卦
初六變初九，即由《謙》卦變為《明夷》卦，而《明夷》初九說“明夷于飛垂
其翼”、《象傳》說“用晦而明”。

7、“憧”，懵懂無知貌。“無設”，因應無而不設置機心。“無設”一詞
亦見於《管子》、《文子》等，如《管子·心術上》“恬愉無為，去知與故，其
應也，非所設也”。

8、“情”，真實。“牧”同“治”，督治。“偽”，虛假。《黃帝四經·

經法•四度》"美惡有名,逆順有形,情偽有實"。

9、"君子"上可補"謙謙"。

10、"然"上可補"謙"字。

11、"渝"同"偷"、"愉",苟安、嬉樂。

12、"厭",厭棄。《老子•六十六章》"聖人處上而民不重,處前而民不害,是以天下樂推而不厭"、《管子•形勢》"美人懷之,定服而勿厭"。

13、"折其身"謂《坤》之柔順,"明察"謂《離》之明。此即《明夷》卦的《彖》、《象》所說的"內文明而外柔順"、"君子以蒞眾,用晦而明"。"既",盡。"致",招致、羅致(《繫辭下》所謂"致天下之民,聚天下之貨")。又按:"離"有羅網之義,所以此處說"能既致天下之人"。

14、《荀子•宥坐》"孔子曰:聰明聖知,守之以愚……富有四海,守之以謙"、《孔子家語•三恕》"聰明睿智,守之以愚"。

15、缺字當補為"讓"(謙虛)。《禮記•曲禮上》"博聞強識而讓"。

16、"貴"字上所缺三字即本章前文的"尊嚴顯"。

本章論《謙》卦初六,這是本篇第二次論《謙》卦,三章說"禹取天下當此卦也",本章說"舜取天下當此卦也"。以變卦(即"某卦之某卦")說《易》,在戰國末和秦漢之交的《易》說中較為少見。

原文(十)

張射問先生曰:自古至今,天下皆貴盛盈。今《周易》曰:謙,亨,君子有終,敢問君子何亨于此乎?

子曰:所問是也。□□□□□□埶死爵位之尊(1),明厚賞慶之名,此先君之所以勸其力也宜矣。彼其貴之

也，此非聖君之所貴也。夫聖君卑體屈狠以舒孫（遜）
(2)，以下其人，能至(3)天下之人而有之，□□□□□
□孰能以此終(4)？

子曰：天之道，崇高神明而好下，故萬物歸命焉(5)；
地之道，精博以尚而安卑(6)，故萬物得生焉；聖君之
道，尊嚴睿知（智）而弗以驕人，謙然比德而好後(7)，
故□□《易》曰：謙，亨，君子有終。

子曰：謙者，謙然不足也；亨者，嘉好之會也(8)。夫
君人者，以德下其人，人以死力報之，其亨也，不亦宜
乎？

子曰：天道毀盈而益謙，地道銷盈而流謙，鬼神害盈而
福謙，人道惡盈而好謙(9)。謙者，一物而四益者也；
盈者，一物而四損者也。故聖君以為豐荏，是以盛盈
(10)。使祭服忽，屋成加茇，宮成朼隅(11)，謙之道也，
君子貴之，故曰謙，亨，君子有終。盛盈□□(12)下，
非君子其孰當之？

【疏證】

1、“埶”同“藝”，封建、樹立。此言為效死者封建爵號尊崇。參讀十一
章“夫賢君之為死藝爵位也”，此處的“藝死爵位之尊”前似可補“〔夫古之
賢君之〕”等字樣。

2、“狠”字當讀為《艮》卦九三“艮其限”的“限”，訓為“腰”。“屈
腰”即“折腰”、即上章的“折其身”。“舒”同“徐”，謹慎（《老子》王注
“徐，詳慎也”）。此即《黃帝四經·稱》所謂“地之德安徐正靜，柔節先定”

之謂。

3、"至"同"致"，招致、羅致。

4、此處似可足其文爲"㦛故非君子其𠧩孰能以此終？"。

5、"故萬物歸命焉"謂成爲萬物的終極所托。《文子·上德》"天覆萬物，施其德而養之，予而不取，故精神歸焉"的"精神歸焉"與此"歸命焉"同。

6、此言地之道精深、博大、高尚而安於低卑。

7、"比"，合（《國語·吳語》注）。

8、"嘉"，美。這是說美好的東西會合在一起就稱爲亨通。《左傳·襄公九年》及《乾·文言》有此文，但作"嘉"而不作"嘉好"（因爲是與"善"、"義"、"事"等單字相對）；此作雙詞"嘉好"，是爲了與雙詞"謙然"相對。

9、此文見於《謙·彖》、《二三子問》（避"盈"諱而作"驕"），《文子·上德》亦有與此相近的文字。"銷"，削減（《謙·彖》作"變"）。"流"，流注。削減盈滿而流注充實謙虛。

10、"茬"，大。這兩句即《老子》的"既以與人己愈多"。

11、"忽"，整飭（《漢書·王嘉傳》集注"忽，治也"）。"菩"當讀爲"藉用白茅"（《大過》卦初六）的"藉"，墊襯。此蓋謂屋宇落成儀式中，在禮神的祭品下加上白茅草以爲襯墊，即《繫辭上》所謂"苟錯諸地而可矣，藉之用茅，何咎之有，慎之至也"。"扨"當讀爲"刃"，作動詞，謂宮室落成，殺牲以祭。"隅"，角落。按：此三事似是在喻說謙謹之道。

12、所缺二字似可補爲"而好"。"盛盈〔而好〕下"與前文的"崇高神明而好下"相近。

本章論《謙》卦卦辭。這是本篇第三次論《謙》卦。

原文（一一）

李羊問先生曰：《易•歸妹》之上六曰：女承匡（筐）無實，士刲羊無血，無攸利，將以辭，是何明也(1)？

子曰：此言君臣上下之求者也。女者下也，士者上也，承者□□，匡者□之名也(2)，刲者上求于下也，羊者眾也，血者郵(3)也，攸者所也。夫賢君之為死埶爵位也，與實俱(4)，群臣榮其死，樂其實，夫人(5)盡忠于上。其于小人(6)也，必談博知其有無而□□□□□□行，莫不勸樂以承上求(7)，故可長君也(8)。貪亂之君不然，群臣虛位，皆有外志，君無賞祿以勸之。其于小人也，賦斂無根（限），嗜欲無厭，徵求無時，財盡而人力屈，不勝上求，眾有離□(9)□□□□□所以亡其國以及其身也。夫明君之畜其臣也不虛，忠臣之事其君也有實，上下通實，此所以長有令名于天下也。夫忠言情愛而實弗隨(10)，此鬼神之所疑也，而況人乎？將何所利？故《易》曰：女承筐無實，士刲羊無血，無攸利，此之謂也。孔子曰：夫無實而承之，無血而刲之，不亦不知（智）乎？且夫求于無有者，此凶之所產也。善乎謂□(11)無所利也。

【疏證】

1、“以辭”，用普通的、淺顯的言辭來表述。“何明”，所要闡明的是什麼意思。

2、此二句應作“承者，□也；筐者，虛之名也”。

3、“郵”同“恤”，供給（《禮記•月令》疏）。此解“士刲羊無血”為上求下而下對上無所供給，這與《左傳·僖公十五年》解"女承筐無實"爲下求上而上對下無所賞賜（"女承筐，亦無貺也"，"貺"，賜也）的思路一致。

4、"埶"同"藝"，封建、樹立。這是說賢君爲效死力者封建爵位名號與實際頒給的俸祿相符。

5、"人"，人人。

6、"小人"蓋謂賢君統治下的小民、民眾（下文的"小人"謂貪亂之君統治下的小民百姓）。

7、此謂民眾皆勉力主動地奉承君上之所求。

8、"長君"，長久作君長。

9、此缺字可補爲"志"。《黃帝四經·經法·六分》有"群臣離志"辭例。

10、此即郭店竹簡《忠信之道》所謂的"口惠而實弗從"。

11、此缺字似可補爲"之"。

本章論《歸妹》上六。

原文（一二）

子曰：君人者有大德于臣而不求其報，□則不□□要，晉、齊、宋之君是也。臣人者，有大德于□（1）□□□□□□□□□□□□□□□□□□□王子比乾、伍子□（2）、□子雋是也。君人者有大德于臣而不求其報，□（3）道也；臣者有德于人而不求其報，死道（4）也。是故聖君求報□□□□□□□□□□□□□□□□□□□也，□（5）其在《易》也，《復》之六二曰休復（6）吉，則此言以□□□□□也，有□□□□□□□……將何吉之求矣。

【疏證】

1、此缺字可補爲"君"或"人"（"人"也指"君"，下文"臣者有德于人"的"人"即指"君"）。

2、此當補"胥"或"員"。

3、此似可補爲"施"。

4、"死道"，效死之道。

5、此缺字可補爲"故"。

6、"休"，止，不需要。"複"，報，報答。

本章論《複》卦六二。

本章及十三章、十四章、十五章、十六章論述形式有變，即變爲"子曰：……《易》曰："的非問答形式。

原文（一三）

子曰：昔者先君□□□□□□□□□□□□□□□□□□□□□□□□□□不相□□□前不相……正之成也，故人□□□□□□□□□□□□□□□□猶恐人之不順也(1)，故其在《易》……□□□□□□□□□□□□無成(2)，子曰：□□□□□□□□□□乾事，食舊德以自(3)屬□□□□□□□□□□□□□□□□也，夫産于今之世而□□□□□

□□□□□□□□□不亦宜乎？故曰食舊德，貞厲，或從王事，無成（4）。

【疏證】

1、此"猶恐人之不順也"的"順"字與《訟》卦六三小象"食舊德，從上吉也"的"從"相關。

2、此處足文當作"故其在《易》〔也，《訟》之六三曰：食舊德，貞厲，或從王事 〕無成"（此可參照十二章的"〔故〕其在《易》也，《複》之六二曰：休複，吉"文例）。

3、"自"疑"貞"字之訛。

4、今本在"貞厲"下有"終吉"二字，帛本無，此同帛本。

本章論《訟》卦六三。

原文（一四）

子曰：《恒》之初六曰：夐恒，貞凶，無攸利。

子曰：夐，治□（1）□□□□□□□□□□□□用（2），人之所非也，凶必……，故曰恒，貞凶，無攸利。

【疏證】

1、此缺字可補"也"。今本作"浚恒"，帛本同《繆和》。此釋"夐"為"治"，《漢書·趙充國傳》師古注"浚，深治也"。此二字音義相通。

2、"用"猶"利"。

本章論《恒》卦初六。

原文（一五）

子曰：《恒》之九三曰：不恒其德，或承之羞，貞吝。

子曰：不恒其德者，言其德行之無恒也。德行無道則親疏無辨，親疏無辨則必將□□□□□□□不吝，故曰不恒其德，或承之羞，貞吝。

子曰：《恒》之九五曰：恒其德，貞婦人吉，夫子凶。婦德一人之為，不可以有它(1)；有它矣，凶□(2)產焉，故曰恒其德，貞婦人吉。其男德不……□□□□□有□德必立而好比于人，賢不肖，人得其宜□則吉(3)，自恒也則凶(4)，故曰恒其德，貞婦人吉，夫子凶。

【疏證】

1、"為"讀去聲，即為一人而存在，而不可移情他人，即《象傳》的"婦人貞吉，從一而終也"。

2、此可補"吝"字。

3、缺字可補"也"。"人得其宜〔也〕則吉，自恒也則凶"文正相儷。"人"指上句的賢者及不肖者。此句即《象傳》的"夫子制義"（"義"同"宜"，謂因時制宜）。

4、此句即《象傳》的"從婦凶也"（謂象婦人那樣"從一而終"地守恒不變則凶）。

本章論《恒》卦九三、九五。是本篇第二次論《恒》卦。

原文（一六）

子曰：《川》（坤）之六二曰直方大，不習，無不利。子曰：直方者，知之謂也（1）；不習者，□□□□□□□□也；無不利者，無過之謂也。夫贏德以與人過，則失人和矣。非人之所習也，則近害矣，故曰直方大，不習，無不利。

【疏證】

1、"知"，明智、聖智。此"直"、"方"即《老子·五十八章》的"聖人方而不割，直而不肆"；另外，《莊子·人間世》說"內直者，與天為徒"、《淮南子·主術訓》說"行方者，有不為也"（注"非正道不為也"），所以此處說"直、方者，知（智）之謂也"。

2、"贏"，敗。

本章論《坤》卦六二、

原文（一七）

湯出巡守，東北有火，曰：彼何火也？有司對曰：漁者也。湯遂□□□□子之祝曰：古者蛛蝥（1）作網，今之人緣序（2）。左者、右者，上者、下者，率突乎土者（3），皆來（離）乎吾網（4）。湯曰：不可，我教子祝之曰：古者蛛蝥作網，今之人緣序。左者使左，右者使右，上者使上，下者使下，□□□□□□□□□（5）。諸侯聞之曰：湯之德及禽獸魚矣！故供皮幣（6）以進者四十有餘國。《易》卦其義曰：顯比，王用三毆（驅），失前禽，邑人不戒，吉，此之謂也。

【疏證】

1、"蛛蝥"即蜘蛛。

2、《呂氏春秋·異用》、《新書·諭誠》、《新序·雜事五》述湯網開三面之事與此相近，"緣序"作"循序"、"循緒"、"學紵（緒）"等，義即按照它的方法製作網罟。

3、"率"義猶舉凡。"突"，出。"土"，大地四方。此謂所有自大地四方出而至者。此句《呂覽》、《新書》、《新序》作"從四方來者"或"從四方至者"。

4、"來"讀為"離"或"罹"（《呂覽》等即作"離"或"罹"），遭遇、進入。

5、據《新書》等，此處可補為" 㞢請取其犯命者也 "。

6、"幣"，帛。

本章論《比》卦九五。自此至結尾論述形式有兩個變化，一個是以歷史故事說《易》，另一個是以"《易》卦其義曰"的形式引證《易》的卦爻辭，這與《二三子問》引《易》或作"《易》曰："或作"卦曰"可能有聯繫。

原文（一八）

西人舉兵侵魏野而□□□□□□□□□□而遂出見諸大夫，過段乾木之閭而式(1)，其仆李義曰：義聞之，諸侯先財而後財，今吾君先身(2)而後財，何也？

文侯曰：段乾木富乎德，我富于財；段乾木富于義，我富于地。財不如德，地不如義。德而不吾為者也，義而不吾取者也，彼擇取而不我與者也，我求而弗得者也，若何我過而弗式也？

西人聞之曰：我將伐無道也。今也文侯尊賢□□□□□兵□□□□□□□□何何而要之，局而宰之，獄獄吾君敬女，而西人告不足(3)。《易》卦其義曰：有覆(4)惠心，勿問元吉，有複惠我德也。

【疏證】

1、皇甫謐《高士傳》："（段乾）木，晉人也，守道不仕。魏文侯欲見，造其門，乾木逾牆避之。文侯以客禮待之，出過其閭而軾"。"式"同"軾"（下同），車箱前橫木。此做動詞，謂憑軾探身致禮。

2、"先身"，先求修身。又解："身"疑當作"仁"。又解：這兩句的兩個"先"字可能都應作"无"。"无身"，即沒有身份的尊卑。

3、"不足"，德不足。

4、"覆"同下句的"複"，報償。

本章論《益》卦九五。所引古事亦見於《淮南·修務》、《新序·雜事五》等。

原文（一九）

吳王夫差攻當夏(1)，大子辰歸冰八管(2)，君問左右，冰□□□□□□□□□□□□□，注冰江中上流，與士飲，其下流江水未加清 (3) 而士人大悅，斯疉為三遂而出擊荊人 (4)，大敗之，襲其郢，居其君室，徙其祭器。察之，則從八管之冰始也。《易》卦其義曰：鳴謙，利用行師征國 (5)。

【疏證】

1、于豪亮先生認為“攻”下疑脫“楚”字（《文物》1984、3）。

2、“歸”，饋贈。“管”，竹筒，用以盛冰。

3、“清”同“青”，涼。

4、“疉”，重重排列（《廣雅·釋詁》“疉，重也”）。“遂”，隊。“荊人”，當指楚之舟師。

5、今本作“征邑國”。此認為在上位者謙敬在下位者方能上下同心。

本章論《謙》卦，也是本篇第四次論《謙》卦。其中所講歷史故事與《左傳》、《史記》相關而又有不同，見于豪亮先生文。

原文（二十）

越王勾踐即（既）已克吳，環周（舟）而欲均荊方城之外 (1)。荊王聞之，恐而欲予之。左史倚相曰：天下吳為強，以越踐 (2) 吳，其銳者必盡，其餘不足□ (3) 也。是知晉之不能以踐尊□，齊之不能逾鄒魯而與我爭于吳也，是恐而來觀我也 (4)。君曰：若何則可？左史倚相曰：請為長轂 (5) 五百乘，以往分于吳地。君曰：諾 (6)。遂為長轂五百乘，以往分于吳地。其先君作□而不服者，請為君服之 (7)。曰旦 (8)。越王曰：天下吳為強，吾既踐吳，其餘不足以辱大國。士人請辭，又曰：人力所不至，周（舟）車所不達，請君服之。王謂大夫重 (9)□□□不退兵□□□□□不可。天下吳強，以我踐吳，吾銳者既盡，其餘不足用也，而吳眾又未可起也，請與之分于吳地。遂為之封于南巢至于北蘄，南北七百里，命之曰倚相之封 (10)。《易》卦其義曰：睽孤，見豕負途，載鬼一車，先張之弧，後說之壺 (11)，此之謂也。

【疏證】

1、"均"，平分、共用。"方城"，楚北之長城。《韓非子·說林下》作"越已勝吳，又索卒于荊而攻晉"、《說苑·權謀》作"越破吳，請師于楚以伐晉"。

2、"踐"，剪滅（下同）。

3、據下文，此可補"用"字。

4、《說苑·權謀》作"此恐吾攻己，故示我不病"。

5、"長轂"，兵車。《說苑·權謀》作"請為長轂千乘，卒三萬，與分吳地"。

6、《韓非子·說林下》作"荊王曰：善。因起師而從越"。

7、"先君"，楚先君。缺字似可補"師"。"作師"即起師、興師。"不服"，未能攻取而使歸服。按：這兩句當仍是倚相之言。

8、"曰旦"疑當作"曰諾"，即前文的"君曰諾"。

9、"重"借為"種"，文種，越王謀士。《韓非子·說林下》作"荊王曰：

善。因起師而從越。越王怒，將擊之。大夫種曰：不可"。

10、《韓非子・說林下》作"（越）乃割露山之陰五百里以賂之"。

11、此《睽》卦上九爻辭。今本"壺"作"弧"。"說"在此兼"脫"（置）、"悅"二義。越先以師威脅，猶"先張之弧"也（弧，弓）；後分地以賂之，猶"後說之壺"也（後置壺酒以悅之）。

本章論《睽》卦上九。就本章語境來說，"後說之弧"作"後說之壺"更順。

原文（二一）

> 荆莊王欲伐陳，使沈尹樹(1)往觀之。沈尹樹返，至令(2)曰：其城郭修，其倉實，其士好學，其婦人組疾，君曰：如是則陳不可伐也。城郭修，則其守固也；倉廩實，則人食足也；其士好學，必死上也；其婦組疾，其財足也，如是陳不可伐也。沈尹樹曰：彼若若君之言則可也，彼與君之言之(3)異。城郭修，則人力竭矣；倉廩實，則□之人也；其士好學，則有外志也；其婦組疾，則士祿不足食也，故曰陳可伐也。遂舉兵伐陳，克之。《易》卦其義曰：入于左腹，獲明夷之心，于出門廷(4)。

【疏證】

1、"樹"借為作"戍"，《左傳・昭公十九年》作"沈尹戍"。

2、"至令"猶"致命"，複命、回報。

3、"之"，有。

4、此引證《明夷》卦六四爻辭，似乎是說要人們透過表面的現象而明察深層的本質。六四小象說"入于左腹，獲心意也"、《明夷》卦象爲上《坤》地下《離》日，便是根據。

本章論《明夷》六四。所說古事亦見於《呂氏春秋·似順》、《說苑·權謀》等。

原文（二二）

趙簡子欲伐衛，使史黑往睹之，期以三十日，六十日焉返 (1)。簡子大怒，以爲有外志也。史黑曰：吾君殆乎大過矣。衛使蘧伯玉相，子路爲浦（輔），孔子客焉，史子突 (2) 焉，子贛出入于朝而莫之留也 (3)。此五人也，一 (4) 治天下者也，而皆在衛□□□□□□□有是心者，況□□而伐之乎？《易》卦其義曰：觀國之光，利用賓于王 (5)。《易》曰：童童（憧憧）往來 (6)，仁不達也；不克征 (7)，義不達也；其行塞 (8)，道不達也；不明晦 (9)，明不達也。□□□□□□□□□□□□□善，義達矣；自邑告命 (10)，道達矣；觀國之光，明達矣。

【疏證】

1、此事亦見於《呂氏春秋·召類》、《說苑·奉使》。"黑"或作墨、默、黯。"六十日"作"六月"。"期"，約定。

2、《呂覽》、《說苑》"突"作"佐"。疑"突"讀爲"倅"（皆爲物部字），佐也。

3、"莫之留"謂暢行無阻。

4、"一"，皆、同樣。

5、此處引《觀》卦六四爻辭"觀國之光，利用賓于王"是在說明國家政治開明、君王聖明（即後文的"觀國之光，明達也"），所以能有眾多賢人賓從於王。《呂覽》述此古事後引《易•渙》六四爻辭說"渙者，賢也；群者，眾也；元者，吉之始也。渙其群元吉者，其佐多賢也"。

6、此引《咸》卦九四爻辭。"憧憧"，往來的樣子。《繆和》將九四小象的"憧憧往來，未光大也"理解爲賢人往來不定，是因爲君主的仁愛尚未通達於下。

7、此引《複》卦上六爻辭（"迷複凶，有災眚，用行師，終有大敗，以其國君凶，至于十年不克征"），認爲君主沒有力量出征是因爲道義不通（即上六小象的"反君道也"）。

8、此引《鼎》卦九三爻辭（"鼎耳革，其行塞"），認爲之所以政令不行，是因上下溝通聯繫的道路不暢通（九三小象說"失其義也"）。

9、此引《明夷》卦上六爻辭，認爲國家前途的昏暗，是因爲君主的不明智（即上六小象的"失則也"）。

10、此引《泰》卦上六爻辭，《周易集解》釋"告命"爲"宣佈君之命令也"，政令暢行，所以說"道達（通）也"。

本章以《觀》卦六四"觀國之光，利用賓于王"證說群賢輔佐的重要性，這與《呂氏春秋•召類》、《說苑•奉使》相近，而從"《易》曰：童童往來"以下所引《咸》卦、《複》卦、《鼎》卦、《明夷》卦、《泰》卦等與本章所述古事關係不是很大，而且與此前各章之論述體例亦不合；其合論幾個卦的爻辭的形式有點象《昭力》。"繆和"是原文保存的尾題，未記字數；《昭力》緊接《繆和》，其前半部的論說形式與《昭力》相近，所以它的字數被統計在《昭力》篇尾。

第八部份
《昭力》疏證

原文（一）

昭力問曰：《易》有卿大夫之義乎？

子曰：師之左次，與闌輿之衛，與賣豕之牙 (1)，參（三）者，大夫之所以治其國而安其□□ (2)。

昭力曰：可得聞乎？

子曰：昔之善為大夫者，必敬其百姓之順德，忠信以先之，修其兵甲而衛之，長賢而勸之，不乘勝 (3) 名以教其人，不羞卑俞 (4) 以安社稷。其將督誥也，吐言，以為人次 (5)；其將報□，□□□一 (6)，以為人次；其將取利，必先其義，以為人次。《易》曰：師左次，無咎。師也者，人之聚也；次也者，君之位也。見事而能左（佐）其主，何咎之有？問闌輿之義。

子曰：上正（政）衛國以德，次正（政）衛國以力，下正（政）衛國以兵。衛國以德者，必和其君臣之節，不以耳之所聞，敗目之所見，故權臣不作。同父子之欲 (7)，以固其親，賞百姓之勸，以禁諱（違）教，察人所疾，不作苛心，是故大國屬力 (8) 焉，而小國歸德焉。城郭弗修，五兵弗□ (9)，而天下皆服焉。《易》曰：闌輿之衛，利有攸往。若輿且可以闌 (10) 然衛之，況以德乎？何不吉之有？有問瀆豕之牙何謂也？

子曰：古之伎強者也，伎強以侍（待）難也。上正（政）衛兵而弗用 (11)，次正（政）用兵而弗先也，下正（政）

311

銳兵而後威。幾（12）兵而弗用者，調（13）愛其百姓而敬其士臣，強爭其時而讓其成利。文人為令，武夫用國。修兵不解（懈），卒伍必固；權謀不讓，怨弗先昌。是故其士驕而不頃（14），其人調而不野，大國禮之，小國事之，危國獻焉，力國助焉，遠國依焉，近國固焉。上正（政）垂衣裳以來遠人，次正（政）槖弓矢以伏天下（15）。《易》曰：貫豕之牙，吉。其豕之牙，成而不用者也。有笑而後見（16），言國修兵不戰而威之謂也。此大夫之用也，卿大夫之事也。

【疏證】

1、此處所引的是《師》卦六四（"師左次，無咎"）、《大畜》卦九三（"良馬逐，利艱貞，日閑輿衛，利有攸往"）、《大畜》六五（"豮豕之牙，吉"）。"闌"讀為"閑"，謂經常練習而嫺熟。此處"師之左次"及"闌輿之衛"的兩個"之"字不是爻辭原文所有（可標點為："師"之"左次"、"闌輿"之"衛"）。

2、缺字可補"社稷"。下文有"安社稷"語。

3、"乘"，追逐。"勝"，強盛。

4、"羞"，辱。"俞"，遠。此蓋謂不辱卑賤在野者（或不以卑賤在野為恥、或不辱卑弱之遠國）。

5、"督"，監臨、督察。"誥"，教（《廣雅·釋詁》）。"吐"上疑脫"必先"二字。"吐"疑讀作"度"（《書·費誓》《釋文》"杜，本又作數"）。"言"，言辭教令。"次"，次序。這三句大概是說：大夫在臨治教導百姓的時候，必先審度他的言辭教令，以此作為應遵守的次序準則。

6、此二句疑足文當作 "其將報〔仇〕，〔必先志〕一" （謂向他國復仇，必先使國內一心）。《黃帝四經•稱》 "諸侯不報仇，不修恥" ，是 "報仇" 之辭例。

7、 "同父子之欲" ，謂君臣關係如父子之情。

8、 "屬" 訓爲 "敬" （《廣雅•釋訓》）。言大國敬重其有力量，小國歸服其有仁德。下文 "大國禮之" 與此近。

9、缺字可補 "佇" 或 "貯" ，藏積。《黃帝四經•十大經•本伐》 "諸（儲）庫藏兵之國" 、《慎子》 "藏甲之國" 的 "藏兵" 、 "藏甲" 即此 "貯兵" 。 "五兵" ，矛、戟、鉞、盾、弓矢。

10、 "闌" 讀爲 "閑" ，嫺熟。

11、這是說最好的政治制度是有保衛國家的軍隊而不用（《老子》所謂 "雖有甲兵而無所陳之" ）。

12、 "幾" 釋 "關幾而不征" 的 "幾" （也作 "譏" ），檢察、督察。言經常檢察修治軍隊而不使用。

13、 "調" ，和合。

14、 "驕" ，強壯。 "頃" 同 "傾" ，邪亂。

15、 "槖" ，用袋子盛。 "伏" ，取。

16、 "笑" 謂以禮相待（即郭店竹簡《性自命出》所說的 "笑，禮之淺澤也" ）， "見" 謂觀之以兵（ "威之" 也，即古語所謂 "觀兵" ）。

本章通過《師》卦及《大畜》卦的三個爻的爻辭來論說爲臣之道（ "卿、大夫之義" ）。

原文（二）

昭力問曰：《易》有國君之義乎？

子曰：《師》之王參賜命，與《比》之王參毆，與《泰》之自邑告命者(1)，三者國君之義也。

昭力曰：可得聞乎？

子曰：昔之君國者，君親賜其大夫，親賜其百官，此之謂參召(2)。君之自大而亡國者，其臣屬(3)以最（聚）謀，君臣不相知，則遠人無勸矣，亂之所生于忘(4)者也。是故君以愛人為德，則大夫共（恭）德，將軍禁戰；君以武為德，則大夫薄人矣(5)，□□□柢(6)；君以資財為德，則大夫賤人，而將軍走(7)利。是故失國之罪必在君之不知大夫也。《易》曰：王參賜命，無咎。為人君而能亙(8)賜其命，〈夬〉國何失之有？又問《比》之三毆何謂也？

子曰：□□□□□□人以裹(9)，教之以義，付(10)之以刑，殺當罪而人服(11)。君乃服小節以先人曰義(12)，為

上且猶有不能，人為下，何無過之有？夫失之前，將戒諸後，此之謂教而戒之。《易》曰：《比》之王參毆，失前禽，邑人不戒，吉。若為人君毆省其人，孫（遜）戒在前，何不吉之有(13)？

又問曰：《泰》以(14)之自邑告命，何謂也？

子曰：昔之賢君也，明以察乎人之欲惡，詩書以成其慮，

外內親賢以為紀綱。夫人弗告則弗識，弗將不達（15），
弗遂不成（16）。《易》曰：《泰》之自邑告命，吉（17），
自君告人之謂也。

【疏證】

1、此引《師》卦九二（“王三錫命”）、《比》卦九五（“王用三驅，失前
禽，邑人不誡，吉”）、《泰》卦上六（“自邑告命，貞吝”）。

2、此字釋爲“召”、“劭”，召見勉勵。

3、“厲”，奸亂、作亂。

4、“忘”似當讀爲“妄自尊大”之“妄”。

5、“薄人”，不珍惜百姓的生命。

6、此句足文疑當作“〔將軍不〕柢”。“柢”同“底”，止（《爾雅•釋
詁》）。此句蓋謂將軍攻伐進兵不止。《黃帝四經•十大經•三禁》“進不氏（同
“底”，止），立不讓，徑遂凌節，是謂大凶”，《老子》說“用兵有言：吾不
敢進寸而退尺”。

7、“走”讀爲“趨”，追求。

8、“亟”，多次（“王三錫命”的“三”也釋爲多次，與此同）。

9、此處足文當作“〔昔之賢君也，戒〕人以憲”（“𢅏”字當釋作“憲”，
法也）。

10、“付”讀爲“輔”。

11、“當罪”，應當治罪者。

12、“服”，聽從、容納。“先”，引導。這是說通過容納百姓小節方面
的過失來引導他們。

315

13、"毆"同"驅"，駕馭。"省"，監督。"遜戒"，恭敬戒備。這三句是說作爲國君的如果能夠駕馭監督好他的百姓，使他們事先都能恭敬戒備，那怎會有不吉呢？

14、此"以"字衍。

15、此即"弗將則不達"，省"則"字。"將"，幫助。"達"，通達、明白。

16、此句即"弗遂則不成"，省"則"字。"遂"訓爲"進"，在此處可能應釋爲引導、督促。又"遂"或讀爲"說"，教導。

17、各本均作"自邑告命，貞吝"，獨《繆和》作"吉"。

本章通過《師》卦九二、《比》卦九五及《泰》卦上六來論說爲君之道。

原文（三）

昭力問先生曰：君、卿、大夫之事既已聞之矣，參或有乎(1)？

子曰：士數(2)言數百，猶有所廣用之，況于《易》乎？比卦六十又□(3)，終六合之內，四勿之卦(4)，何不有焉？□之潛斧，商夫之也(5)；《無孟》之卦，邑途之義也(6)；不耕而獲(7)，戎夫之義也；良月幾望，處女之義也(8)。

【疏證】

1、"參"，三，蓋指前面所說的君、卿、大夫。"三或有乎"，大概是說除此三事外還有別的什嗎。

2、此“數”字衍。

3、“比”，排比組成。缺字當補“四”。

4、“六合”，天地四方。“勿”同“物”，象也。“四象”，春夏秋冬。這是說六十四卦可以極盡天地四方和春秋四季宇宙時空中所有的事物。

5、缺字當補爲“《旅》”。“潛”字即“滔”、“晉”，讀爲“齊”，同《旅》卦“得其資斧”之“資”。《太玄·裝》准《旅》卦，其次六說“經六衢，商旅事也”。所以此處說“《旅》之資斧，商夫之義也”。

6、“《無孟》”今本作“《無妄》”。《無妄》卦六三說“無妄之災，或系之牛，行人之得，邑人之災”。牛之偶然失於城邑路途，所以說“《無妄》之卦，邑途之義也”。

7、此引《無妄》卦六二爻辭“不耕獲，不菑畬，則利有攸往”。

8、此引《歸妹》六五爻辭，今本作“帝乙歸妹，其君之袂不如其娣之袂良，月幾望，吉”。《歸妹》卦講未嫁女及將嫁女之事，所以說“處女之義也”。

本章概括性地論說《旅》、《無妄》、《歸妹》三卦的四個爻的爻辭。

《昭力》篇尾標有尾題及字數。

出土簡帛《周易》疏證

著　　　者	：趙建偉
發　行　人	：許錟輝
出　版　者	：萬卷樓圖書有限公司
	台北市和平東路一段 67 號 14 樓之 1
	電話(02)23216565・23952992
	FAX(02)23944113
	劃撥帳號 15624015
出版登記證	：新聞局局版臺業字第 5655 號
網 站 網 址	：http://www.wanjuan.com.tw/
E -mail	：wanjuan@tpts5.seed.net.tw
經 銷 代 理	：紅螞蟻圖書有限公司
	台北市內湖區文德路 210 巷 30 弄 25 號
	電話(02)27999490
	FAX(02)27995284
承 印 廠 商	：晟齊實業有限公司
電 腦 排 版	：浩瀚電腦排版股份有限公司
定　　　價	：500 元
出 版 日 期	：民國 89 年元月初版

ISBN 957-739-255-5